辦苗紀略

〔清〕俞益謨　編集
楊學娟 田富軍　點校

上海古籍出版社

全國高等院校古籍整理研究工作委員會項目成果

餘慶堂編輯
辨苗紀畧
本堂藏板

北京大學圖書館藏
清康熙四十四年(1705)餘慶堂刻本《辨苗紀略》書影

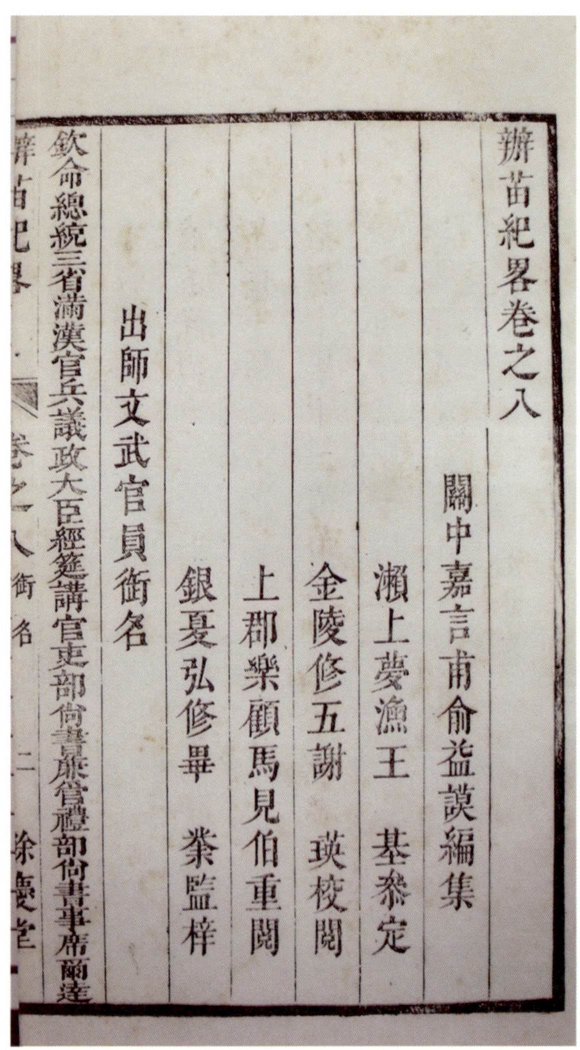

辨苗紀畧卷之八

關中嘉言甫俞益謨編集

灞上夔漁王基叅定

金陵修五謝瑛校閱

上郡樂顧馬見伯重閱

銀夏弘修畢棨監梓

出師文武官員銜名

欽命總統三省滿漢官兵議政大臣經筵講官吏部尚書席爾達

辨苗紀畧　卷之八　銜名　二　餘慶堂

北京大學圖書館藏

清康熙四十四年（1705）餘慶堂刻本《辨苗紀略》書影

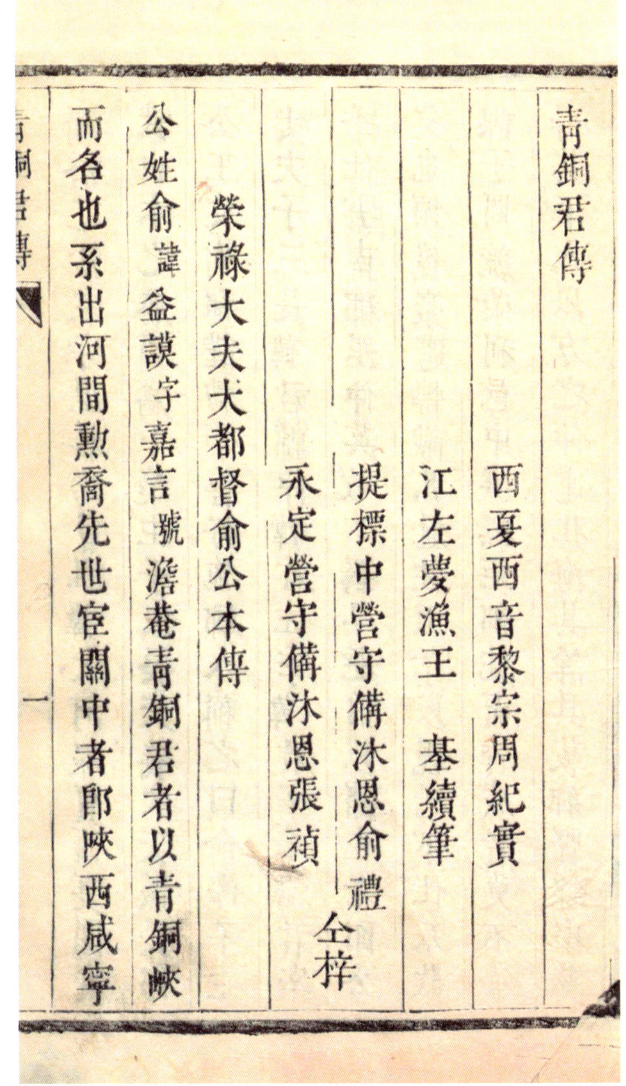

青銅君傳

西夏西音黎宗周紀實

江左夔漁王　基續筆

提標中營守備沐恩俞禮

永定營守備沐恩張禎　仝梓

榮祿大夫大都督俞公本傳

公姓俞諱益謨字嘉言號澹菴青銅君者以青銅峽

而名也系出河間勳裔先世宦關中者即陝西咸寧

青銅君傳　一

内蒙古圖書館藏

清康熙五十二年（1713）至五十六年（1717）間刻本《青銅君傳》書影

計卉齋抄録

康熙肆拾貳年拾貳月內撫剿紅苗書示稿一冊

康熙肆拾柒年閏叁月　拾伍　日提督湖廣總兵官臣俞益謨

紅苗事小征剿事大不可不同督撫細心商
量妥當百發百中纔好尔即將此摺情形
密同督撫確議再寫密摺來奏。

中國第一歷史檔案館編《康熙朝漢文硃批奏摺彙編》第一册（檔案出版社 1984 年版）所影印俞益謨手書奏摺及康熙硃批

御使列甘而公已蓋棺浹旬矣嗚呼痛哉聞公之垂絶也
有星炯炯自窗牖出不疾不徐傍簷而上初如螢漸
如椽如炬直昇天際不知所竟人皆見之非誕也因
附筆于此以見
上天之生公也豈偶然哉豈偶然哉
賜進士出身鎮守山西大同等處地方掛印總兵左都
督門生俞益謨頓首謹述

中國國家圖書館藏清抄本《孫思克行述》書影

整理前言

俞益謨官至湖廣提督，從一品，在平吴三桂、征噶爾丹的過程中逐漸成長起來，軍事方面頗有建樹。"能詩文，軍中每手草露布，詞理可觀"。[①] 俞益謨著述頗多，有《孫思克行述》(不分卷)、《辦苗紀略》八卷、《青銅自考》十二卷、《(康熙)新修朔方廣武志》(簡稱《廣武志》)二卷等多部著述傳世，另有《道統歸宗》《投贈瓊集》《投壺廣義》《上諭直解訓戎簡本》《路程》《便覽》等多種著述散佚。就俞益謨的建樹和歷史功績而言，其貢獻和影響有限；就其著述來看，多爲題奏條移、咨呈移會、尺牘書啓等文書類内容，有一定的史料價值，卻也較爲普通；就其詩詞進行品評，才氣不足，"强唫"而已，[②]比起清代文壇的名家文豪來説，他連流都不入，更無論整個中國古代文學史。但是，俞益謨作爲馬上將官，雅好文學，實屬難得，特别是作爲清代寧夏地區有著述傳世的文人，更是難得。基於對家鄉歷史人物的關注和對鄉邦文獻的偏愛，我們多年關注并研究此人，發表過多篇關於俞益謨生平仕履、家世傳承、著述概況、詩文内容及藝術特色、《青銅自考》版本等方面的文章。[③] 2012 年，將

---

① (清)張金城等修纂，胡玉冰、韓超校注：《乾隆寧夏府志》，中國社會科學出版社，2015 年，第 313 頁。

② 《青銅自考》卷一二收俞益謨《强唫詩集》，有詩詞 129 首。

③ 參見田富軍《清代寧夏籍湖廣提督俞益謨著述考》，《寧夏社會科學》2005 第 2 期，第 97—103 頁；田富軍：《清代寧夏籍湖廣提督俞益謨生平考》，《寧夏大學學報》(人文社會科學版)2005 年第 6 期，第 29—33 頁；楊學娟、田富軍：《清代寧夏籍湖廣提督俞益謨家世考》，《寧夏社會科學》2008 年第 3 期，第 106—109 頁；田富軍、葉根華：《"試罷吴鉤學詠詩"——清代寧夏籍湖廣提督俞益謨詩詞的思想内容探析》，《寧夏大學學報》(人文社會科學版)2011 年第 5 期；田富軍、葉根華：(轉下頁)

《青銅自考》點校出版。[①] 2014 年,田富軍所撰博士論文《寧夏明清人士著述研究》對俞益謨及其《青銅自考》進行專章研究。[②] 2018 年,《廣武志》校注出版。[③] 本書及書後所附内容出版後,我們這個課題組關於俞益謨及其著述的研究就將告一段落。

前期的研究成果中還存在很多問題和不足: 有的不足因資料得之不易,某些關鍵史料是後來逐步發現的;有些問題是認識不到位,後來逐步有了更清晰的看法。因而,藉此次機會,我們也將以前的問題和不足予以糾正和完善,以使有些問題更清楚,某些認識更準確。

一、俞益謨著述的有關情況

此前,因資料所限,對於俞益謨的著述羅列不全,今確定的有: 前述傳世集子四種二十三卷,散佚集子六種;傳世散見詩歌二首,即《過大清閘》《詠百八塔有小引》;傳世散見文二篇,即《湖廣提督俞益謨奏謝賞賜肉品摺》《湖廣提督俞益謨奏陳所屬苗民情況及撫剿之法摺》。《孫思克行述》及散見詩文均已附本書後。至此,目前我們所知的俞益謨的所有傳世文獻均已整理出版。

原來我們認爲,《道統歸宗》已佚,無法了解其相關情況。今查《青銅君傳》有載:"政閑事簡,公(案: 指俞益謨)讀書自娱。及觀《西銘》《原道》諸篇,恍然有得,由是究心程朱之學,博延師儒,辨天人之合一,體知行之同歸,凡所張施,悉准於道,出詞吐氣,雅雅彬

(接上頁)《寧夏籍湖廣提督俞益謨散文創作簡論》,《寧夏社會科學》2012 第 6 期,第 129—132 頁;田富軍:《清代寧夏籍湖廣提督俞益謨〈青銅自考〉版本論略——兼論臺灣抄本的價值》,《圖書館理論與實踐》2012 年第 11 期,第 93—97 頁;(清) 俞益謨著,田富軍、楊學娟點校:《青銅自考》代序《俞益謨及其〈青銅自考〉》,上海古籍出版社,2012 年,第 1—40 頁。

① (清) 俞益謨著,田富軍、楊學娟點校:《青銅自考》,上海古籍出版社,2012 年。

② 田富軍:《寧夏明清人士著述研究》,陝西師範大學中國古典文獻學專業博士學位論文,2014 年。

③ (清) 俞益謨、高嶷修,(清) 李品馪、俞汝欽等纂,田富軍校注:《(康熙)新修朔方廣武志》,上海古籍出版社,2018 年。

彬,儼一醇儒氣象矣。”由此可以確定,《道統歸宗》約作於康熙二十二年(1683)俞益謨任四川達州遊擊時,其主要内容當是對程朱理學的闡發和理解。

之前我們曾考證過《孫思克行述》作於康熙三十九年(1700)至康熙四十二年(1703)間。今查,俞益謨落款自稱大同掛印總兵、左都督;且文中有孫思克“今年春正月,遂具疏以老病辭”之語,緊接着就寫康熙三十九年(1700)二月孫思克病卒的過程,作者對振武將軍的評價等内容。文中所敍“今年”指康熙三十九年(1700),結合文章總體内容,可以確定,《孫思克行述》作於康熙三十九年(1700)。

二、俞益謨生平的有關情況

近來新得《青銅君傳》,根據這一新的史料,對俞益謨生平作一補充和更新。

俞益謨曾祖俞大河,生子二,長天義,次天誠。天義即俞益謨祖父。

俞益謨有子四人:長子俞汝欽,字念兹,俞益謨妻張氏所生;另一子俞汝亮,俞益謨副室秦氏所生;另二子情況不詳,只知道康熙五十二年(1713)左右,他們尚年幼,還在習童子業。俞汝翼,字在兹,俞益謨侄,俞皋謨子,俞君宰之孫。

俞益謨康熙三十六年(1697)前生平事跡,因資料所限,此前只知梗概,而《青銅君傳》記載詳明,極大地彌補了史料之不足,將俞益謨從一在家候銓之武進士到大同總兵官的成長過程詳細呈現。康熙三十六年(1697)以後的事跡,因《青銅自考》《辦苗紀略》等記載頗詳,《青銅君傳》内容也多相同,筆者之前也曾撰文考述。[①] 綜

① 参見田富軍《清代寧夏籍湖廣提督俞益謨生平考》,《寧夏大學學報》(人文社會科學版)2005 年第 6 期,第 29—33 頁;楊學娟、田富軍:《清代寧夏籍湖廣提督俞益謨家世考》,《寧夏社會科學》2008 年第 3 期,第 106—109 頁;(清) 俞益謨著,田富軍、楊學娟點校:《青銅自考》代序《俞益謨及其〈青銅自考〉》,第 1—40 頁。

合這兩部分内容,可將俞益謨一生事跡梳理得完整、清晰。另外,《青銅君傳》還記載了俞益謨的其他一些典型事跡,如壬申、癸酉關内大祲,俞益謨周濟鄉人,資助寧夏武舉戴國瑾,以及幫助程睿、楊鳴吾,不忍心忠勤淹没而自解俸橐、仁及枯骨、不掩劉伯玉之功等事,皆爲以前所未見,對於認識俞益謨的思想觀念和性格特點都有很好的補充作用。詳細内容可參看書後所附《青銅君傳》和《康熙年間孤本〈青銅君傳〉考述》。

三、關於《辦苗紀略》内容的統計情況

此前,因統計方法和認識不同,對《辦苗紀略》的内容統計數量表述不一致,雖然後來的研究内容,特别是《俞益謨及其〈青銅自考〉》和《寧夏明清人士著述研究》中糾正了有關説法,[①]但爲慎重起見,今再次明確如下:

《辦苗紀略》全書凡八卷,共收詩、文、圖等二百零五首(篇、幅)。卷一爲地形圖五幅(《辰州府圖》《苗地情形圖》《苗寨全圖》《天星寨圖》《滿漢營壘圖》)、《苗寨圖説》一篇,以及交代基本情況的《苗源》《鎮筸傳邊録》《民苗起釁由》等三篇文。卷二爲采議,主要收録了一些遊擊、守備對撫剿紅苗的認識、建議等,凡二十三篇。卷三爲康熙對此次撫剿紅苗的諭旨和欽差席爾達、總督喻成龍、巡撫趙申喬以及俞益謨等人有關此次撫剿紅苗的起程、回汛上疏,凡十五篇。卷四爲其他提督如李芳述等人得勝回汛的上疏和喻成龍等人有關撫剿紅苗善後事宜的上疏,凡七篇。卷五爲撫剿期間的來往咨移,共二十七篇。卷六爲咨文,十四篇。卷七收録軍檄三十篇、告示四篇、要略二十七則。卷八爲此次撫剿紅苗文武官員名單、馬步戰守數目和俞益謨致他人書札等,共十篇;以及此次撫剿

① (清)俞益謨著,田富軍、楊學娟點校:《青銅自考》代序《俞益謨及其〈青銅自考〉》,第1—40頁;田富軍:《寧夏明清人士著述研究》,第252頁。

期間俞益謨、謝瑛、王基等多人互相唱和詩歌集,總其名曰《軍行偶拈》,共收詩歌三十九首。此外,書前收有“序”三篇,分别爲俞益謨的《辦苗紀略自序》、王基的《序》,以及謝瑛的《辦苗紀略序》。

除上述需要訂正和明確的内容外,對《辦苗紀略》的一些基本情況也略作一介紹:

《辦苗紀略》八卷,俞益謨編集。主要記録了清康熙四十二年(1703)十一月至康熙四十三年(1704)正月俞益謨會同欽差席爾達、湖廣總督喻成龍、偏沅巡撫趙申喬等在鎮筸(今湖南省鳳凰縣)鎮壓紅苗的歷史。現有清康熙四十四年(1705)餘慶堂刻本,爲俞氏家刻本。線裝,二函十六册,每半頁八行,行二十字,四周單邊,單黑魚尾,版心上鎸書名,中鎸卷次及類目名,下有頁碼及堂號。北京大學圖書館藏。

最早著録本書的是清代沈初等《浙江採集遺書總録》,①且附有簡要題解。《四庫全書總目・史部・雜史類存目三》亦有著録題解。② 清嵇璜、劉墉《皇朝通志》卷九九,③光緒十一年重修《湖南通志》卷二四八《藝文志四・史部・地理類二・邊防》,④《四庫采進書目・浙江省第七次呈送書目》,⑤賀長齡、魏源等編《清經世文編》卷七七《兵政八》,⑥嚴如熤《苗防備覽》卷二一《藝文志下》等均有著録,⑦但部分内容著録有誤。1997 年,徐莊《明清時期寧夏版

① (清)沈初等:《浙江採集遺書總録》,乾隆三十九年(1744)刊本。
② (清)永瑢等:《四庫全書總目》,中華書局,1965 年,第 491 頁。
③ (清)嵇璜、劉墉等:《皇朝通志》卷九九,《景印文淵閣四庫全書》第 645 册,臺灣商務印書館,1986 年,第 382 頁。
④ (清)卞寶第、李翰章等編纂:《(光緒)湖南通志》卷二四八《藝文志四・史部・地理類二・邊防》,《續修四庫全書》第 667 册,上海古籍出版社,1996 年,第 646 頁。
⑤ 吴慰祖校訂:《四庫採進書目》,商務印書館,1960 年,第 126、250 頁。
⑥ (清)嚴如熤:《苗防備覽》,清道光間重刻本,紹義堂藏版。
⑦ (清)賀長齡、魏源等編:《清經世文編》卷七七《兵政八》,中華書局,1992 年,第 1899 頁。

本經眼録》對《辦苗紀略》的版本情況作了介紹。[①] 此外,前述本課題組成員發表的關於俞益謨研究的論文和點校出版的《青銅自考》等,都對《辦苗紀略》有一定的介紹和研究。

本書是研究俞益謨生平的重要材料,對於研究清代苗民起義和清政府對苗民的政策等相關情況有很重要的史料價值,特别是書前所附《辰州府圖》《苗地情形圖》《苗寨全圖》《天星寨圖》《滿漢營壘圖》,爲後人了解鎮筸一帶紅苗地理情況及此次戰事官軍布防情況價值重大。書中所收作者的一些上疏、咨移和軍檄後選入《青銅自考》並補充了部分内容,《撫剿紅苗記》《苗源》《民苗起釁由》等文七篇及《軍行偶拈》内的十二首詩也收入了《青銅自考》;關於行軍操作規範的《要略》部分,被輯入賀長齡、魏源等編《清經世文編》卷七七《兵政八》中,題作《行軍策略》,可以起到資料互見、相互校勘的作用。與古代兵書類文獻不同的是,此前的兵書多注重總體戰略思想的闡述、戰術方法上的分析、謀略管理上的宣揚、兵將素質的論述等,而俞益謨所撰《要略》部分,相當於古代部隊行軍打仗的具體行爲規範,包括行軍安營、警戒樵汲、哨探埋伏、遊擊分敵、安置傷病等等具體行動,是研究古代行軍打仗的重要資料,有很高的軍事研究價值。

出於對寧夏地方文獻的熱愛,我們將此書及所附内容整理出版,由於水平有限,整理過程中難免有錯誤和不規範的地方,懇請方家批評指正。

楊學娟　田富軍

2018 年 8 月

① 徐莊:《明清時期寧夏版本經眼録》,《固原師專學報》1997 年第 2 期,第 57—61 頁。

目　　録

整理凡例

一、本書主要以校勘、標點等方式對《辦苗紀略》進行整理。以北京大學圖書館藏康熙四十四年(1705)刻本爲底本,以《青銅自考》(中國科學院國家科學圖書館藏清康熙末至雍正年間餘慶堂刻本)、甘肅省圖書館藏康熙五十六年(1717)刻本《(康熙)新修朔方廣武志》及其他有關歷史文獻爲參校本。附録部分整理所采用的底本、参校本等情況以注釋形式予以説明。

二、整理成果以繁體横排形式出版。校勘和注釋均以頁下注形式出現。整理中以"□"符號表示原本漫漶不清或破損的文字,一個"□"符號代表一個字符;原本缺漏内容較多者在腳注中予以説明,並以"……"號標明;凡正文中"[　]"符號括注的文字,均係整理者增加。

三、校勘以校文字訛誤爲主,酌校異同,兼以部分考辨。底本或參校本中存在明顯的誤、脱、衍、倒等現象,於正文中校改後出校説明。較重要的異文亦出校説明。

四、凡校勘,徑出校勘條目;凡注釋,在序號後加"【注】",以示區别。校注中"本書"均指《辦苗紀略》。

五、底本明顯誤刻之字,如"己""巳""已"等相誤,整理時徑改,不出校。異體字、俗體字、古今字等,酌情統一爲規範的字體,不出校記。

六、腳注中凡徵引文獻書名較長者,首次用全稱,以後出現時則用簡稱。

七、腳注中,凡引古代文獻,均只注明書名、卷次、篇名等,其作者、版本等詳見《參考文獻》。

八、書後所附三類内容，一爲俞益謨除《青銅自考》《辦苗紀略》《(康熙)新修朔方廣武志》外的其他散見著述彙編；二爲俞益謨本傳《青銅君傳》；三爲關於《青銅君傳》考述的文章，便於讀者進一步了解本書作者。

九、參考文獻依文獻産生年代先後爲序，整理古籍隨古籍産生先後排列。

十、爲保持原貌，原書中反映錯誤觀點的文字和稱謂，如稱苗人爲"苗賊"，稱瑶族爲"猺"等，均不予更改。凡爲避康熙諱缺省之筆均予以補足；以"元"代替"玄"字則予以保留。

十一、本書前附《苗寨全圖》《苗地情形圖》、正文前後同一地名文字記載多有不一致而發音相近相同者，在此地名首次出現時出校指出，如"七都樹""七兜樹""齊頭樹"等，不改原文。爲使校記簡潔，筆者通過請教有關語言學專家，對此類同地異名(文)徑作判斷，但不詳出考辨。

《辦苗紀略》自序[①]

夫苗何以言"辦"也？曰"撫"之、"剿"之之事也。而不直言"撫""剿"者，奚以故？曰"撫"者，天子之大恩；曰"剿"者，[②]天子之大法。總統鉅公等一稟廟謨，爲之布德宣威，凡所招徠誅斬，悉曰天子貸之殺之，初未嘗謂政自己出也。矧余爲翊贊，爲馳驅，皆以奉令承教於總統鉅公者，而顧貿貿出於此乎！是故"撫""剿"云者，天子命師、大帥奉行之名；"辦"之云者，余一人所效之力，猶曰"辦"，勸是事者也。然則《紀略》一編可無述乎！余曰："今夫力穡服賈者，受命主人，則必取畝之宜黍宜稌、道之由舟由車者，先爲集議而計之。既竣，更取畝之所獲者斛幾何，息之所贏者鏹幾許，靡不縷悉署簿，上之主人。余之是'紀'，殆力穡服賈之署簿，[③]主人即不見徵，余何敢爲不備？識此者，其知余所稱'辦苗'之義矣。"或者曰："昔杜征南不言平吴之功，曹武惠既下江南但稱'勾當公事回'。公今日將無類此乎？"余矍然曰："是何言歟！是何言歟！古名將帥不居域内之功。矧兹小醜實在域中貸之殺之，總統鉅公等一以宣播天德天威而止，余幸備翊贊馳驅之末，無忝勸事，亦云幸矣！其敢以'辦苗'自詡乎！"或曰："善。"

時皇清康熙四十三年，歲在甲申三月上巳之吉。闗中俞益謨撰。

---

① 【注】文亦見於《青銅自考》卷一一，題目同。

② 曰：原文無，據《青銅自考》補。另根據上句之句式，亦應補"曰"字。

③ 之：原作"之一"，據《青銅自考》改。

序

俞大都督《辦苗紀略》一編，天下萬世之利也。

苗自干羽既格而後，千數百年相安無事，迄周宣而蠻荆始叛畔。雖夏商之代控馭得宜，要之禹益徂征之始，必有良法美意，區畫多方，足以垂裕久遠所致。惜其書未及傳，後世靡所考鏡，苗因得縱恣於秦漢以下。世傳諸葛輔蜀，以七擒七縱懾伏孟酋，南人遂不復反。是或然矣，而未盡也。諸葛要亦有所束縛久遠，不耑一時擒縱爲能事者。公之是編，殆禹益之區畫處置，諸葛之束縛勝具也乎哉，曷言乎天下萬世之利！曰使禹益、諸葛當日者詳厥要領垂之簡册，苗至今不亂可也。何也？制馬者御其口，天下無不調之馬；制牛者貫其鼻，天下無泛駕之牛。《紀略》者，御苗口、貫苗鼻者也。自有是編，而制苗之肯綮我操，動而摧之，如折萌振籜；静而攝之，苗自爲俛首帖耳而不敢肆，故曰“天下萬世之利”也。

試觀編之内：列苗圖，識所負固也；遡源，晰所從來也。采衆議，審利害，取善弘也。讀上諭而頌神聖廟謨，遠駕千古；讀奏疏、咨檄、善後諸策而知將相設施，和衷濟美。山川道里之患該，土俗人情之畢備，直有以開生民之耳目矣。行軍之號令如山，制勝之機宜莫測，更有以補從來兵法之未備矣。況爲示爲戒，剴切淋漓；有文有歌，彬彬風雅。洵盛世之休光，閫外之盛事也乎！蘭台秘省有是書而可以奉起居，備顧問；筦樞秉軸有是書而可以資運籌，得勝算；膺全省者有是書而知德威，無偏廢；任藩籬者有是書而知功利，無倖邀。降及邊鄙細民、扞圉戍士，皆不可不家有一編，手有一册。世之相承，各相安於無事。斯無事矣，故曰“萬世之利”。

惟是公以一己之精神而部筌，將軍、督撫、提鎮諸鉅公之碩畫弘猷莫不具備，文武並垂，小大弗遺，匪矜能，匪要譽，而一片苦心，脤誠懇篤，無非欲千萬年奠斯民斯苗於衽席，以享我聖天子太平無斁之休猗歟！盛哉，禹益、諸葛奚以加兹！昔人謂孟子砥世之功不在禹下，昌黎之功不在孟子下，基亦謂平蠻之功，諸葛不在禹益下；都督公之爲是編，功尤不在諸葛下矣。世有識者，當不哂愚言爲妄云。

時皇清康熙四十四年歲在乙酉三月上巳之辰，年家眷晚生瀨上布衣王基頓首拜撰。

《辦苗紀略》序

粤稽古帝王有文德者必有武功,是猶天之有春生不能無秋肅也,故軒轅陳涿鹿之師,虞舜振三苗之旅,高宗之伐鬼方,宣王之征蠻荆,非明證歟? 欽惟我皇上御極以來,懷柔萬拜,混一六合,拓先代未拓之疆土,隸前王未隸之編氓,東西朔南,固無思不服矣。獨兹蠢苗梗化,叛復不常。癸未春,天威震怒,爰命六師大張撻伐。時大將軍俞公提衡全楚,奉天子命,與總統尚書、制撫兩院憲、粤黔兩軍門合兵進討,凜遵上谕,撫剿兼施,於諸寨之歸誠者咸安撫之,其抗順之天星、龍蛟等寨悉蕩平之。更編版籍,税田畝,設官寮,置防卒,靡不棋布星羅,區畫盡善。俾昔之紅苗,今爲赤子;向之蓁蕪,漸作膏腴。斯固聖天子威德之所敷,要亦我大將軍下車之初,弘諮博采,先有以得其要領,既而出奇制勝,因時措宜,與諸憲之和衷決策,故能不一月而奏千古未有之奇勳,以視昔之干羽兩階七旬乃格者,不更爲神速也耶! 故望風稱頌者莫不曰:"稟天語以征不庭,至義也;恩威互施,至仁也;歸誠弗誅,至信也;先干櫓而後詩書,至禮也;處置咸得其宜,至智也。數德備,雖頑如有苗,有不革面革心、輸誠嚮化者乎!"凱旋,著《辦苗紀略》一書,首旨訓,昭廟算之神明;次官兵,著軍威之赫奕。至山川道路之必載,則據險扼要,可按圖而稽;人情風土之雜陳,則復性遂生,可循序而理。招徠之檄,藹若春熙;露布之文,懽同雷動。唱酬聲和鐃歌,條議謀徵石畫。原始要終,條分縷晰,是不特史館先資,定邀聖天子實録之選,而一副計深慮遠之苦心,直欲使萬世得其安攘,勝算豈不大哉!

瑛以駑鈍,猥蒙大將軍調移九谿,馳赴行間,親見指麾奏捷,與諸憲之奇勳偉伐，洵堪勒鼎鐘以光朝廷所繫，良非浅鲜，豈徒公綽之紀《武岡銘》、伏波之度瀘溪曲，志一時之勝已哉！敬拜手而爲之序。

賜進士出身標下前營遊擊加二級謝瑛撰。

凡　例

一、輿圖首繪辰郡者，統於所尊。次即苗地全圖，而環以楚黔鎮郡、營哨、土司者，以見苗之歷來負固。凡鎮郡、營哨、土司皆爲紅苗而設也。苗寨孔多，而僅繪天星寨者，寨爲苗中極險極固，嗣後有事於苗者，知所要領也。終以三省官兵駐扎營圖者，得形勝，踞要害，罪人斯得，大功有成，雖非八陣之奇，亦是將來指南之助也。

一、郡乘所載兹不復贅者，是編特紀余一人從事撫剿巔末，不暇旁及。有心者其取郡乘並觀，則源委利害審矣。

一、道里遠近俱係往復丈量，不失尺寸，較所傳聞爲確。

一、集議内多有縉紳建白，不載韋布。談言微中，毋論今古，即得採收者，識議允當，不以顯晦殊觀也。

一、總統、督撫及粤黔兩提諸鉅公在軍設施最多，兹但載其奏疏文移者，因本衙門有案同爲一事例得並載，若夫碩畫鴻猷，諸鉅公應有紀載，不敢叨光，編者誠恐挂一漏萬，返爲珥筆之誚。

一、册末附以藝文俚詠者，非敢濫廁風雅，總以辦苗往返所有事得類載之，以博大雅諸君子掀髯之一笑。

一、粤黔兩提所統官兵銜名未列於楚省出征項内者，因本衙門無案，罔所考據，非略之也。

凡 例

總　目　録

---

① 滿漢：卷一目録作“三省”。

② 傳邊録：正文作“鎮筸傳邊録”。

③ 邑：卷二目録作“民”。

辦苗紀略卷之三

---

① 躭：卷二目録作“擔”。
② 卷二目録“功加”後有“副將”二字。

辦苗紀略卷之四

辦苗紀略卷之五

咨移

---

① 起程會勦：正文標題作“會勦起程”。
② 正文標題作“恭請效力起程疏”。
③ 正文標題無“自京”二字。

① 正文標題"筸鎮"後有"雷"字。
② 正文標題無"據"字。

辦苗紀略卷之六

辦苗紀略卷之七

軍檄

① 鎮筸：正文標題爲“筸鎮”。
② 正文標題“偏撫”後有“趙”字。

行參將周應武檄
准總督咨行各營官兵撫剿檄
准總督咨行長沙、九谿、辰州等官兵檄
行鎮筸遊擊李德嚴守城池檄
傳令進兵檄 並圖
行副將趙文璧駐火麻營檄①
行竹谿等官兵駐白菓窑檄
飭各營官兵分派扎立營盤檄②
飭陳嘉謨嚴謹麻沖檄
飭陳大勳留守白菓窑檄
行副將高一靖等進兵檄
再行副將高一靖等進兵與貴州官兵聲援聯絡檄
傳令副將韓永傑等搜剿楓木坪檄
傳令副將趙文璧等搜剿排六梁檄
傳令遊擊王佩接援韓趙二副將檄
傳令遊擊包成等搜剿布勒地方檄
傳令包成等互相接應檄
傳令參將王廷瑚移營大塘檄
准總統獎勵官兵檄
撤兵檄 附次序捯捲略
留守防筸邊官兵檄③
飭委遊擊包成駐防五寨司檄④
飭更調貼防官兵檄

① 正文標題"駐"後有"扎"字。
② 正文標題無"分派"二字。
③ 守：卷七目録作"貼"。
④ 防：卷七目録作"扎"。

① 正文標題無"略"字。

② 正文標題作"申明立表略"。

③ 正文標題無"略"字。

④ 正文標題作"申明樵牧三則"。

① 馬步戰守：正文標題作"出征各標鎮協營"。

② 卷八目録無"苗地"二字。

③ 附苗納糧數目：正文標題中作"共三百一十三寨"。

辨苗紀略卷之一[①]

目　　録

東漢建武間,馬援率中郎將馬武等討溪蠻,武欲由充,援以道迂運艱由壺頭,險不得進,遂無成功。夫由充者扼其背,由壺頭者刺其腹,兼而由之,蠻弗支矣。惜乎援知其一,未審其二,謨是以先將苗圖拈出,以俟後之從事者先得要領云。

苗寨圖说

紅苗寨落甚多,名不勝數,有屬黔者,有屬蜀者,即屬楚亦不止有此數。第其歸誠之始,或小寨附大寨以彙送户口,如天下蒼生之衆不能一一盡載丁版,理固然也。惟慮新設百户、寨長等輩,凌以

---

① 【注】原書每卷首頁上題書名和卷數,下署"關中嘉言甫俞益謨編集。瀨上夢漁王基參定。金陵修五謝瑛校閲。上郡樂顧馬見伯重閲。銀夏統修畢業監梓"。

② 滿漢營壘圖:原作"三省營壘圖",據原圖標題及總目録改。

③ 原作"傳邊録",據正文標題改。

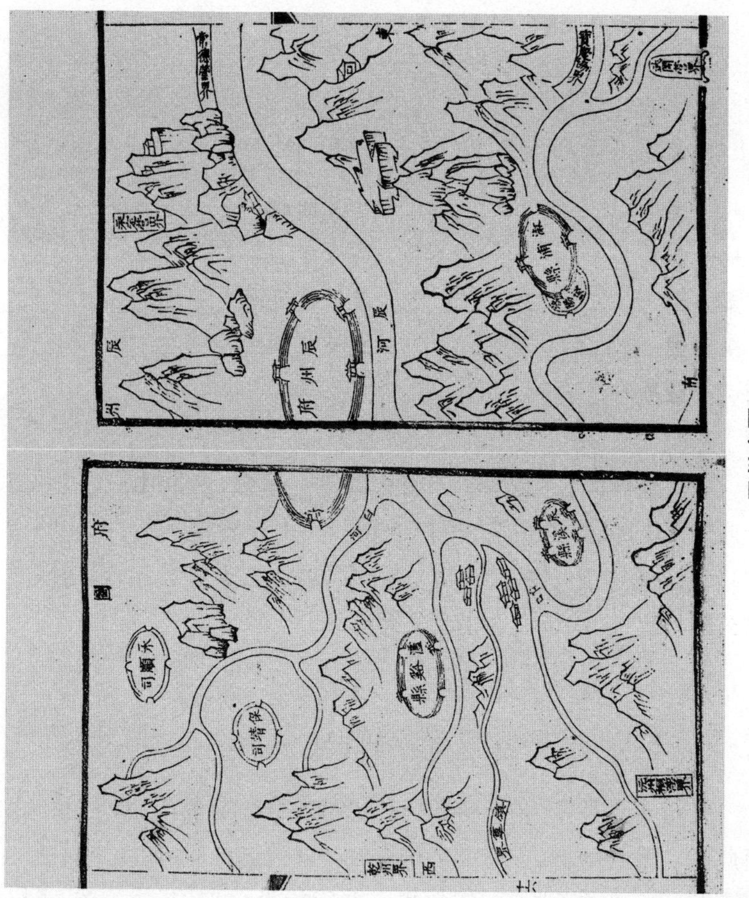

辰州府圖

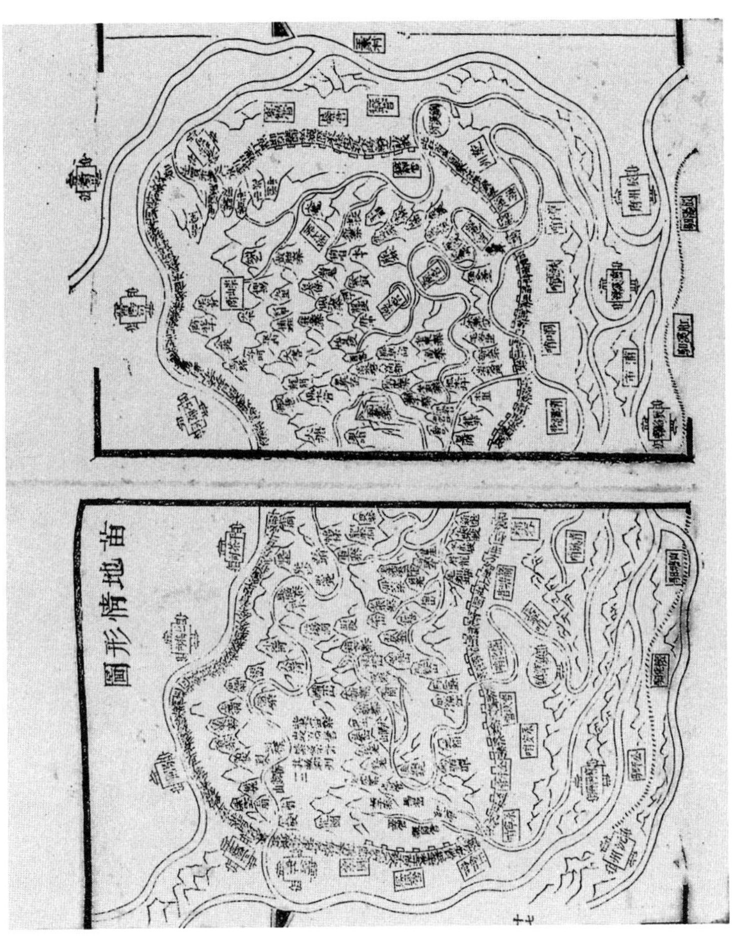

苗地情形圖

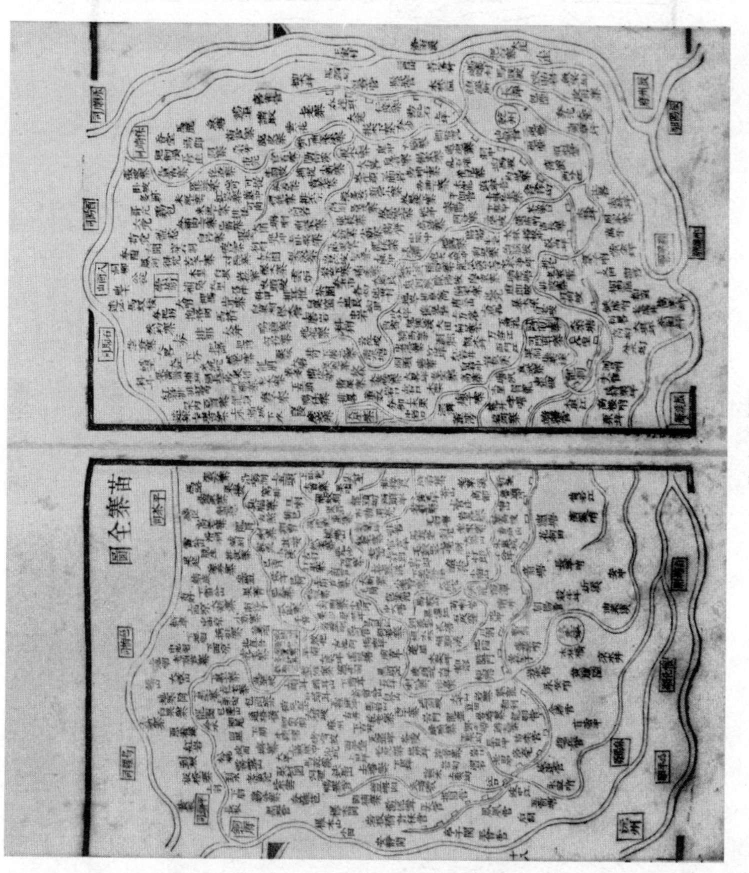

苗寨全圖

天星寨圖①

① 原圖無此標題，只分別注明"天星寨南面""天星寨北面"，據總目録和卷一目録補。

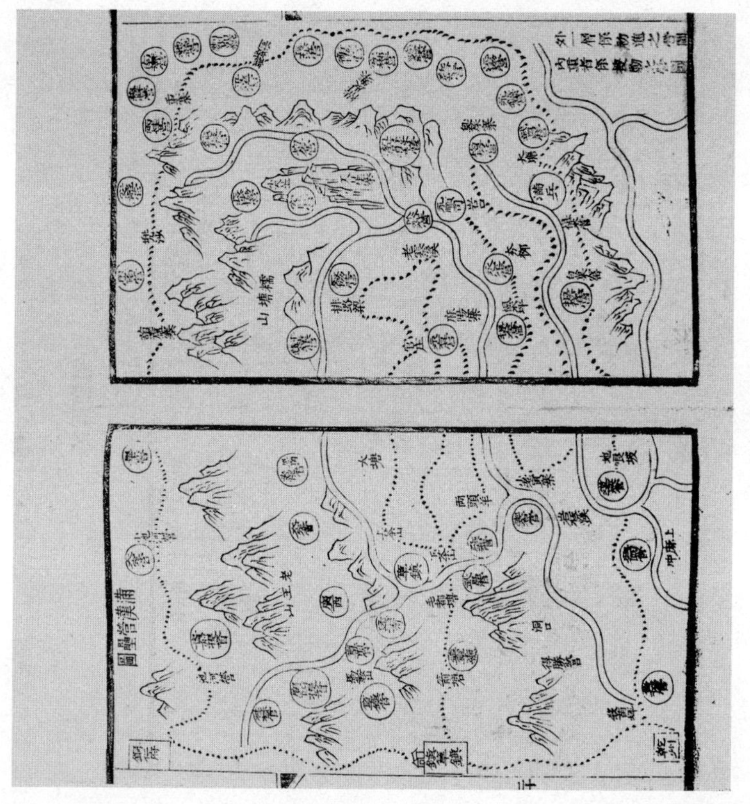

滿漢營壘圖

版册無名,横加魚肉,迫而走險,事莫須有,端在撫苗。賢有司洞見隱微,時加戒飭,庶乎長治久安,民苗受福。

苗　源[①]

愚按:應邵書所稱,苗爲槃瓠遺種,槃瓠爲高辛氏犬名。高辛氏有讎吴將軍,弗能報,募得其首者賜黄金,爵上秩,妻以少女。犬聞,騰躍而去,越三日,銜其首以歸。高辛氏謂犬異類,將不許。女固請曰:"泯犬功,不祥;失犬信,不義。犬能報讎,必具知識,願得以身從事。"遂與偕至南方廣野而匹焉,生男女各六人,相爲配偶。槃瓠既殁,[②]族類漸繁等語。

愚按:高辛氏去堯舜未遠,不應槃瓠滋類孔多,况古無"將軍"之號,其説似誕。以臆度之,槃瓠或其司犬之人,如夏后之豢龍者,是高辛以司犬賤役,故弗許。不然,父悔之而女請之,女知信之不可失而不知類之不可從,豈理也哉?豈情也哉?蓋三才既立,人類雜興,如焦僥、貫胸等類,無非因地生人,因人得名。邃古之初,罔所考據,存之勿論可也。

苗至唐虞,負固逆命。禹征,弗克。師還,增修德教,舞干羽於兩階,七旬乃格。舜殺之三危,蓋亦誅其首惡三人,故稱三苗云。夏商之世,有苗不見於《書》。周《詩》所載"蠢爾蠻荆,大邦爲讎。方叔元老,克壯其猷",是時,洞庭之南舉爲蠻地。歷自兩漢,所稱"武陵蠻""五溪蠻",[③]皆此類也。厥後,同種異名,遂有苗、猓、猺、獞、犵狫、犵獠之分,其處廣西邊者爲獞,處雲南邊者爲猓,處湖廣零陵、寶慶邊者爲猺,處靖州、天柱等處與黔接壤及環黔而處者爲犵狫、犵獠,皆苗也。其以"紅苗"稱者,止此楚、蜀、黔三省之隅所

---

① 【注】亦見於《青銅自考》卷一〇,題目同。
② 殁:原作"没",據《青銅自考》改。
③ 溪:《青銅自考》作"谿"。

居一族,謂其衣帶尚紅故也。性黠地險,較諸苗爲最盛。北至永順、保靖土司,南至麻陽縣界,東至辰州府界,西至平茶、平頭、酉陽土司,東南至五寨司,西南至銅仁府,經三百里許,緯百二十里許,週可千二百里許,隔越漢境,不得與靖州諸苗相接壤。

東漢用兵時,武威將軍劉尚以萬人俱陷。伏波將軍馬援師次壺頭,功未底成。延禧五年,蠻以五千人寇江陵,南郡太守李肅棄走,詔殺之。隋初,置辰州處蠻。唐武德初,兵威遠懾,諸蠻漸附,始置巫錦、富敍、麻陽等州縣,而以大姓彭氏、舒氏、向氏、冉氏、田氏管轄五種苗蠻。

宋建隆,以苗酋秦再雄爲辰州刺史,自辟官吏,官其子殿直。再雄感恩,誓死報,宣布朝廷恩信。自是數千里無邊患。靖康中,調其弓弩手援河東。時中原多故,犵、狑乘隙焚劫,漸難制。至元二十九年,九溪十八洞苗叛,詔四川行省擊平之。

明洪武初,立崇山衛,尋改衛爲千户所,官卑勢孤,不能鈐束。宣德六年,鎮筸苗龍三、白大蟲、黄老虎等糾結貴苗爲叛,都督蕭綬直搗池河扎營,掩殺圍困,苗種幾絶。旋以土司謀削控制,敕命縱恣無忌,苗遂大叛。嘉靖庚子,召萬鏜起家爲提督、副都御史,開府辰州,令相機撫剿。鏜集諸路漢土兵討之,不克。有言鎮溪土指揮田應朝爲諸苗所信服,足辦此事,鏜用爲巡捕,指揮鎮溪本流官屬。辰州衛有千百户五員,所印例委衛指揮掌之。别有土官指揮二員,有千百户十員,乃土目以功授者,不列銜,不食俸,涖事見流官、指揮、掌印者,禮如屬官。田應朝即土指揮,少曾爲辰州府學生員,巧黠多智術,能誘煽諸苗,苗多信之。往年永順、保靖相仇殺,皆應朝陰搆亂而兩利其賄。苗之無忌,應朝實啓之,數年恒挾苗以市官府。至是,得巡捕,益大肆奸利,督府、監司不悟,顧切任用之。征則庇真寇,誘殺居民冒功賞;撫則挾求重資,多反覆。苗實未蒙惠利,故功久不成。鏜召苗渠魁使來見。苗云:“必得質,始出。”鏜令千户某人入質苗寨,苗魁龍某來見,鏜執以聞,誅之。苗殺其所質千户某,鏜乃厚恤其家。復遣兩省諸監司挾所隸土官,親詣賊巢招撫,犒以花紅牛酒,[1]給魚鹽,又計口給糧食,苗魁龍許保給冠帶。時湖廣苗以連年被剿,故聽撫。惟貴州苗雖稍戢,然未懲創,内實驕横。鏜遂班師。朝廷各論功陞賞,召鏜還,爲刑部尚書。未幾,苗魁龍許保、吴黑苗復猖亂,焚劫州縣,兩省無寧日。

嘉靖戊申,遷兩廣總督、侍郎張岳爲右都御史撫剿之,仍開府駐師辰州。岳至,集兩省官議,衆多謂林箐深密,累討無功,撫之便,即不聽撫,以兵戍守之,使不出掠可也。無何,賊復攻陷印江縣治,上降詔切責之。岳詢前故,知撫無益,久戍守亦非策,乃力主討之。其湖廣聽撫諸苗,行令參政王崇如故撫處,崇亦綏撫有方,苗遂不復叛。惟近貴數村寨黨比貴苗龍許保等猖獗。岳乃大集漢土官兵,以嘉靖庚戌九月進兵討之,總兵則沈希儀,領兵則參將石邦憲等,監督則貴州副使趙之屏、湖廣參議張景賢,而銅仁防禦皆石邦憲。先所規畫時,邦憲以印江失事故被論劾,制下,當解任聽理。岳歷敘邦憲功次,上疏留之。自九月進兵至十二月,屢破苗寇,岳乃疏報。各哨擒斬俘獲近二千餘人,從賊首有名者五十人,擒獲龍許保母女妻妾,官兵報稱龍許保已獲,第未逮至。餘賊逃匿林箐,凍餓死者不可勝數,其巢寨俱已焚燬,所窖藏米穀燒掘無遺,具以捷聞。龍許保實未獲。遂撤新調兵,止留石邦憲等搜捕首惡。嘉靖辛亥二月,龍許保、吴黑苗復糾合湖廣附貴境叛苗出劫思州府,或謂四川酉陽宣撫冉玄實陰主之。思州城中居民不數十家,舊有瞿塘衛踐更卒戍守,時聞苗寇平,城守稍怠。知府李允簡方視衙,苗寇百餘人佯稱瞿塘卒更戍突入城,殺吏百餘人,掠帑藏,執允簡及經歷、知事等官去。石邦憲等聞報,亟分遣兵邀其歸路。諸苗懼,縱允簡等得逸歸,由小徑各遁入林箐。石邦憲等所遣兵伏諸路邀擊,擒斬數十餘人。岳乃檄永、保二宣慰及酉陽宣撫冉

① 酒:原作“洒”,当系笔误,据文意正之。

玄會兵討湖苗助逆者數寨。其冉玄助劫思州事,岳以事狀未明,不暴其罪,第嚴督責之。未幾,各兵擒斬湖苗渠魁數十人,餘黨復以撫定。

田應朝自得巡捕後,日益恣横,有司寖不能制。既搆永、保釁,又合酉陽兵攻平茶,虐殺無辜若干人,及官兵討苗,多所阻撓。岳至,檄使來見,不出,顧漫語應之。岳廉知應朝雖譎,不習騎射,無武勇,其所恃從叔田勉驍悍,爲之牙距。岳先以計執勉,數其罪,杖之,斃於獄。應朝乃竄匿苗寨,累遣人自列。岳許之,令出立功贖罪。久不出,乃革其巡捕,以事屬鎮溪所諸千户。應朝失巡捕,勢益窮,諸土官多仇嫉之,其族人亦不直也。乃託永順宣慰投見於軍門。岳以時方用兵,恐激他變,乃杖而釋之,令從征。暨苗寇破,仍以計擒,杖殺之。

時諸苗略定,惟龍許保、吴黑苗未獲。岳檄石邦憲等懸賞搆之。邦憲等密遣使入寨,賄令聽撫。苗麻得盤、吴老猓、吴且逞等窺龍許保至龍田寨所親家吊喪,誘至别寨,飲酒醉而縛之。預遣人報邦憲,以兵取之去。岳疏聞,誅之。諸守臣任輒等欲遂罷,岳持不可,謂吴黑苗無所蹤跡。詢知其以捕急,故深自藏也。岳乃緩其令,所羈執親黨盡釋令去,密督諸土官索之。至嘉請壬子八月,土官某廉得其處,遣兵劉甫等徑入寨襲斬之,持其首出,被諸苗欲攘其功追奪去,以火焙令乾,藏之,索重賞。僉事龍遂給賞,仍令土官田興邦督索得之,驗實,乃齎至軍門。岳始以竣事聞,朝廷集衆議,設總督鎮撫其地,留岳爲之,數年得代去。

萬曆年,頻頻出劫。始議捐帑四萬餘金建築邊城,上自亭子關,下至喜鵲營止,綿絙三百餘里,以土兵七千二百人守之。苗尚隔牆出劫。明末荒亂,城亦頹毁,苗遂横行無制,辰、瀘、沅、麻任其殺擄。於是攻陷銅仁府,拿陷道、府、知縣等官,家屬俱陷。

甲申、乙酉間,我皇清定鼎燕京,方以廓清中原爲務。永曆踞滇黔,蔓及楚粤,湖以南歲無寧日,苗蠻吴老文等因得乘隙肆掠,壬辰年統衆萬餘,屠戮乾州等處。永曆遣將徐、祁、馮、莫四都督以兵殲之,三月,斬苗萬餘。世祖章皇帝順治十四年,副將吴長春領兵直搗其巢,苗怵惕不敢肆,惜其在任未久。自後間有將備能爲雕勦者。因康熙八年副將王雄以勦苗被論,繼任兹土者不復更言勦事。

其詳俱載《辰州郡志》,兹特標其源之所自云爾。

鎮筸傳邊録

金應聲

夫鎮筸者,以鎮溪筸子而名焉,即有志書,區晝不明。

紅苗借黄帝有熊之根,乃槃瓠之遺孽,與犬戎發生猺、犵數種。住扎荆常,憑陵作祟,出劫地方。東漢馬援斬苗,功二千餘,溪洞悉平。彼時奸臣留五姓殘苗爲異日消化錢糧之計。漢、唐、宋、元帶勦帶撫,漸開州縣,猺、犵數種化爲版圖,爲民久矣。獨麻、龍、吴、石、廖等姓紅苗賦性凶悍,頑冥難馴,走入楚、黔、蜀三邊之中,僅有一縣之寬,少事農桑,焚殺爲事。惟鎮溪十里苗民,宋元時册載瀘溪縣,該縣歲該錢糧一萬三千。後至紅巾賊發,天下分崩,紅苗夥七里苗民乘機大亂,麻、瀘、辰溪各縣殺擄殆盡。

自明太祖定鼎中原,都督楊統兵進勦七里苗人,立崇山衛所。主簿孫應龍將該縣錢糧奏除一萬,僅存三千有零。請敕入洞招撫,諭以减糧免差,於洪武十四年改設鎮溪軍民千户所,敕叚文、陳才、宋貴、熊諒四千户,世守鎮溪,分管十里苗人,止有秋糧七十二石,辦納表文、祭祀、硃砂、水銀、火麻、土布。後至洪武末年,裁革崇山衛所,内有六里苗人大叛至今,外有鎮溪二、三、四里之苗人户户詩書,名苗實民,不可概論。獨筸子另有紅苗四十八寨,屬筸子坪長官司管轄。該司無田糧百姓,管苗而已。不期上下紅苗愈多竊發,因而占距民地,地方愈寬,本司官常遭焚殺,自顧不暇。後於正德年間相繼大叛，楚、黔、蜀三省巡撫合疏具題，即動三省錢糧，合師會剿。愧乏能將精兵，三厘王師皆負固於蠟耳深山，半藏永、保二司境界。而永、保假借擔承，蕭、麻等總兵幸借以爲班師之計，奏請責成永順司擔承撫管鎮溪苗人，保靖司擔承撫管筸子紅苗。取結達部，將負固苗賊强撫安插，沿邊一帶營哨給以錢糧，號曰"把路"，明明養賊爲奸，從此肇端。古諺云"仕途捷徑無如賊，將相奇謀只是招"，正此之謂也。因以留漢土官兵七千八百有零善後，設守備於乾州，設參將於麻陽縣，設營哨一十三哨，[①]各有城池：曰乾州哨，曰灣溪堡，曰筸子哨，曰栗木哨(即今之靖疆營)，曰清溪堡，曰長冲哨(即今之長寧哨)，曰五寨哨，曰永安哨，曰丫喇堡(即今之永寧哨)，曰石羊哨，曰水打田(即今之木塘凹)，曰銅仁溪(即今之小坡哨)。參將督統於上，守備、遊擊調度於中，營哨分防於下，各營哨官令其掌鼓、陞旗、定更、放砲，威降苗賊。後因参将於麻陽縣窵遠，文武同城出入不便，又兼軍機在呼吸之間，始改設於五寨司城，彈壓諸苗、土司。彼時公議"鎮筸便宜行事，相機剿除"，敕書有曰："動兵三千以下，任爾調度；三千以上，與兵備道計議而行。"兵備道，沅州偏院原爲紅苗而設。兵備道凡點驗功賞，分首從，不分兵民，生擒一苗賞銀五兩，斬一級者賞銀三兩，小功者五錢，并鼓勵鄉勇遍給札付"苗來同堵，苗去同追"。腹内州縣安享，受其實惠，而邊民鄉勇血戰，徒得其虚名。年來永、保二司既有擔承撫管之責，必有擔管之賞。每司各留土兵三百名，永順司以舍把二員、頭目十名帶兵一百五十名貼防永安哨，又舍把二員、頭目十名帶兵一百五十名貼防强虎哨。保靖司舍把目兵分守洞、筸二哨，即今烏牌江、鐵虎哨是也。舍把月食廩給銀一兩五錢，頭目月食工食銀九錢，土兵月食鱼監銀三錢、糧米四斗五升。又，永順司安設撫苗舍把二員、頭目十名，册附鎮溪所造支；保靖司舍把二員、頭目十名，

① 一十三哨：從下文所列，疑爲"一十二哨"之誤。

册附乾州哨造支。如鎮苗出劫焚殺地方,城守申詳各院擄去户口,責成永順贖取,而筸子之紅苗焚殺地方,又責在保靖司。其營哨及撫苗舍把廩給工食自支自用,其營哨土兵魚監銀兩盡解兩司。

明時,參守四季兩司皆送厚禮,今則不然,無乃結鄰好、備緩急而已。如鎮筸營哨兵有辰沅、寶慶州縣照丁抽來剿苗者,號曰打手,月支工食銀六錢、米四斗五升;有凱兵、播兵、召兵、犵兵,月食五錢、糧米四斗五升;有鄉兵、蠻兵,月食三錢、糧四斗五升,歲支沅庫工食錢糧四萬八千有零,辰庫口糧折色銀二萬三千有零。又自萬曆末年添設鎮寧、箭塘、盛華、王會、鳳凰、清水、杜壤、水田、長寧、龍首十營,又於天啓年間添設鎮靖、振武、良章、喜鵲、潭溪五哨,兵丁俱於前項營哨抽撥,皆曰"兵不外抽,餉不外議",所以哨愈多而勢愈孤,兵愈分而力愈弱。後被叛苗狡計,不惜財力,以一兵餉而費二三十金買求,各哨神棍先於參守衙門打點營幹,某處乃苗人出没要區,妄報某苗忠順,可以把守。參守受賄,官吏交通,具文申呈院道。上臺朦與不知,依文批允,抽兵設立,如乾州之乾寧營、仙鎮,强虎之坪隆寨、老强虎,筸子至火麻營、泡水營洞口,靖疆至永鎮關,清溪至老堡、仔牛隘、哰囉凹,長寧至奇梁隘、潭頸隘、殺牛坪,五寨至岩坎營,盛華至黑潭營、火燒灘,永安至全勝營,永寧至龍鄂營、槺木關、太平營,鳳凰至栗樹關、椿木凹、瀼中江,王會至亭子關、安静關,清水至新露關,小坡至十八坪、乾竹隘,水田至白馬凹,總號曰"子營"。漢兵至彼,環壁皆苗,殺兵盈野,招填不報;殺民盈城,返報太平。又兼壓欠三年,無餉之兵守株待免,度日如年,復將本身名糧賣當與苗官,以爲世守。後被守備鄒復兜底清查,五千名打手僅存二千餘名,爲營不移之老兵占住,不然盡皆苗有矣。更有逆苗設計,凡出劫地方,詐丢苗帖,或爲某人方出劫某處。明時上司借以邊釁之故,無力堵苗,有意虐民,地方神棍報仇效尤,私寫苗帖,暗棄苗途,自相蠶食,告競成風。得苗帖如獲聖旨,獲苗賊如獲父子,殺士民如殺寇仇,欺朝廷如欺嬰兒,①非明天子無道,是一時大小諸臣因循苟且所致也。後求其永、保二司擔承之責,誰敢舉首,付之一笑而已。不比五寨司,名爲蠻夷,自宋、元、明山多田少,勸農納糧,恤民開學,世代之如有司也。續於崇禎年間刀兵四起,目擊外解不前,是一鎮官兵被苗殺擄,半归烏有,慘莫慘於糧苗乘機脅餉,通城殺官,邨寨坵墟,士民迸竄,各哨城池廢弛不堪。夫苗巢不過一彈丸之地,何得代代徒費朝廷帑金,空勞上臺血思乎!永、保留爲守邊之計,營官書役因以留苗得餉充肥家之物,每每设詳,以守、撫爲安邊之計,不知即是殺兵剿民之長策也,安得一伐魏救趙之孫臏,剿苗救民於萬一,以爲上策也。不然,亘古百年無無事之日,糧餉有足歉之候,楚邊慘受糧苗焚殺之害,將以殆盡,難以筆舌相傳也。

設立邊墻自萬曆四十三年,乃楚邊長城,非爲鎮筸而設,原爲全楚而設。前任分守湖北帶管辰沅兵備道蔡諱復一者,看得紅苗叛亂,未及平川一縣,若住秦、晉、燕、衛之中,斷不使一日而能居也,何爲永留焚殺。三省乘時急力申詳題剿,改州設衛,政有機緣。無奈麻陽縣進士滿朝薦私慮:剿絶苗賊,而辰沅必立,王殿恐各縣膏腴之田半屬藩家,不知乃通城破庫之逆始,而借故回寨,至辰沅不立。王殿賴此逆苗之故,又被辰沅兩衛之官私慮:苗子不反,指揮不陞,不如留苗,我等委管哨務,世當庄田。又揑故回寨。又被永、保二司通苗土豪私慮:剿絶苗賊恐緝理田糧,唇亡齒寒。又多方上京到部打點回寨。此千古之遺恨,何日休哉!可憐兵備道蔡迷惑不知,血盡心枯,萬不得已巡歷筸邊,見得苗路如梳,極難攔阻,申詳兩院,題奏動支公帑銀四萬三千餘兩築楚邊城。公議於苗邊地方渡頭坑、毛都塘、兩頭羊、紅岩井、毛谷坉、大田、泡水等處一帶起工築城,沿溪石壁、水城天塹生成界限,民邨田糧得入腹内。不幸州府縣民慮遠喜近,辭難就易,各官受賄就近從易,將民邨寨

① “欺嬰兒”之“欺”,原作“期”,據文意正之。

地方蘆塘、都溶、龍井、强虎等處,將額糧田地築在墻外,被苗侵占,民怨至今。保靖司都司周履時督工,上自王會營起,下自鎮溪所止,灣環曲折、繞水登山三百餘里,新建邊墻一重,高八尺,下起脚五尺,上收頂三尺,兵築一丈給價一錢二分,民築一丈給價一錢八分,而兵備道蔡得以一端救民之念矣。墻工告竣,有各州府縣接壤居住者、相距邊墻或百里窵遠者合詞赴本道,告討便宜。三年以内,遇有崩卸滲漏,本民仍行築葢;三年以外,遇有崩卸滲漏,责附近哨寨兵民補苫葢造。本道批允給照爲執。所以參守衙門通行營哨官兵添設遊兵頭目一名,巡墻隊長一名,製立循環二籌,限定時刻,頭目帶兵三十名在營伺候,同前哨兵籌不分雨夜,填明時刻,帶依墻巡至前哨,交明回哨。其巡墻隊長每遇朔望,上哨自王會營起,下哨至靖疆營止,赴參府衙門呈遞不致崩卸滲漏甘結,下哨赴守府衙門呈遞。於天啓年間,又設前任辰沅兵備道副使胡諱一鴻者,委授黔遊擊鄧祖禹自鎮溪所起至喜鵲營止,添設邊墻六十餘里。後於崇禎七年已來,流賊生發,且而外解不前,餉匱兵虚,營扼失守,糧苗即叛苗,熟苗即生苗,營哨盡爲焦土,邊墻踏爲平地,何異海田變更之速。

聲等兄弟洗心剔弊,恐世湮人遠,故秉公搦管,作此《傳邊録》。後世各衙門或爲地方起見,得此爲憑據耳。遠者得稽古牒,洞悉其源;近者身經目擊,傳留於後。伏乞鑒古知今,題請施行。

民苗啓釁由[①]

從來紅苗盛則暴虐邊民,紅苗弱則邊民騙害,此紅苗盛衰相替、報復因仍之由也。然苗受民騙,無所告訴,民受苗虐,初亦包鹽丈布,私相贖取,繼則告官挾追矣。初止告於千把,繼則告於都守,

① 【注】亦見於《青銅自考》卷一〇,題目同。

漸則告於協將矣。彼時協將衙門得以耑主其事,查係苗虐,或爲准理,酌委弁兵駐於境界,遣一撫苗弁目前去各寨聲言攻剿,即爲獻出。或追之不獻,則將最惡之寨,出其不意攻剿一二,苗自貼然畏服,名之曰"雕剿"。終此協將之任,毋敢爲虐者。若係民先挑釁,不行准理;若一准理究實,則奸民即赴督撫,以武官擅理民詞、責治民人之控告疊上矣,以致苗冤無,伸憤恨肆行捉劫矣。

自康熙八年副將王雄被督撫以協將無故用兵等事參拿之後,雕剿不敢再行,威勢從此漸削。苗或出劫,皆隱不報。至二十四年,苗於茨沖捉拿僧人,告協不准,始告於道府。協將畏道府之轉詳,致干隱諱之罪,亦報督提,而前任總督徐國相飭協嚴究,以必得凶苗解抵爲説。協委守備徐進朝兵臨苗境,不過效從前挾追之意。乃該備孟浪,輕入苗巢,旋師不慎,以致被擄,官兵威勢之喪從此始矣。八月内,補頂寨逆苗吴二哥糾結樣木寨苗吴蠟兒出劫魚梁坳,鎮筸協副將楊正元發兵堵禦,遇夜伏起,殺傷官兵甚多。楊正元始爲通報請援,徐國相題委辰協副將郭忠孝率師五千進剿,斬吴二哥於東沖茨岩岡,雖無大創,苗亦大苦,相懾服者數年。

無奈邊民又以騙害之故,搆釁於大田之苗,遂乘夜偷牛以償之,爲撫弁楊正玉等截路邀捉三苗。邊民意在勒贖,正玉意在邀功,遂報協將,而協將即爲提訊。邊民私擬以爲至協必然賄縱,遂群起而殺之。由是群苗恚,曰:"偷盗彼此皆有被捉,只應講贖,何致殺我之人?"從此打冤家,圖報復,捉白替黑,劫拿邊民之人畜,殆無虚日矣。邊民告追,協將惡其起釁,不行准理,民遂奔告於道府。道府初猶移營查追,後亦憚煩不准。邊民遂捏縱苗殃民,架無端之謊詞,遠告於督撫提矣。批飭追究,查取職名,亦無虚日。因此副將劉魁隆於三十七年十二月内,委令都司劉士璪率兵駐境,效前挾追之舉。不意該都司又蹈從前孟浪,深入苗巢,致有傷死、拿陷兵丁七十餘名之覆轍,此官兵威勢喪而又喪矣。魁隆聞信,統兵境上,緩緩挾追,相機雕剿,猶不爲错,乃誤調保靖土兵以張聲勢,而保靖土司又以舅甥之誼，邀及川省酉陽土兵一至箄邊，惟聽邊民所指，竟將近邊順苗洞寨概行擄掠。魁隆庸劣不能制。其時順苗多在隨征，見其妻孥被擄，始知家破人亡，遂遷怒副將之調，反戈附逆，此順苗勾通爲害邊民，從此更無寧日矣。是時苗止於邊民爲仇，猶未與我官兵爲仇也。迨至邊民之控告日繁，上司之批飭日甚，營兵之汛防不敢不嚴。順逆苗人無所獲利，遂倡攻打塘汛之計，希擾官兵立脚不牢，方好乘隙報復邊民，此又苗與官兵爲侮之始也。故於三十八年五月内攻打都溶，拿陷把總郎得功。六月内兩攻黄岩江，拿我官兵。七月内題委提標參將朱紱並調永、保二土司兵，令紱總統往征之。而所征之苗，即皆二十四年爲我官兵運糧、修路、守口、隨征之順苗也。朱參將出其不意，頗有俘獲。領兵前進，雖無大能，若使專任其責，循循而治，撫順誅逆，或可一如二十四年之局面。適逢新任提標後營遊擊沈長禄路過長沙，謁見偏撫，該將原係偏標千總，二十四年隨郭忠孝曾征紅苗，未免侈譚其事，左右舊黨皆附和之，遂聳巡撫，金璽誤信爲能，咨委該將率兵一半，與朱紱分途勦事。而長禄後至，遂將朱紱前之所俘索賄盡釋，以致彼此水火，逾遲事機，永、保二司又相妒害。朱欲勦惡以立威，沈借安撫而納賄，兼司挽運者苦捐米之不繼，詬成功之不速。是時朱蒙衆訕，沈收衆譽，不惟勦務有始無終，抑且又啓四十年沈長禄懷私圖利之舉。長禄久蓄苗財，貪得無厭。箄鎮中軍缺員，伊即鑽營往署，幸護鎮篆者乃辰協副將趙文璧，弗聽慫恿。不意新鎮乍臨，誤聽委伊巡邊之語，帶兵進攻老家寨、兩頭羊。早有本地奸人先泄其謀，苗空寨設伏待之，兵方及寨，四山吶喊，而長禄聞聲返轡踐人而逃，致陷守備許邦垣、千總孫清並兵丁一百一十餘名。而長禄於是懼失官兵之罪，擅將督撫捐蓋營房之銀儘其贖取。但失陷雖歸，而官兵之威勢一失而再，再失而三，苗之無憚，從此極矣。

查從前民人被陷，有威脅追還者，百姓尚謂兵能衛民，不相讎忿。厥後雕勦不行，苗之剽劫愈恣，民之被陷愈多，營員脅追，威不能行。百姓咬牙切齒，僉以縱苗虐民，紛紛控愬；上司據其情詞，不得不以汛防疏虞，勒令追還免参；營員顧惜功名，無可如何，只得變鬻揭措，代爲贖取，文報追還，倖免題参。誰知此例一開，不但苗子視爲奇貨可居，抑且被拿之家，幸爲生意上門，賄囑牙郎，多索瓜分，苗得十兩，而營員所費不至數十兩不止。甚有不軌奸徒，與苗熟識，將伊子弟眷屬寄頓内巢，詭報拿陷，脅官贖取。苗子樂得居停受謝，牙郎巧爲串合賺錢，刁難百端，多寡任意，谿壑不盈，詐索不已，斯猶百姓之魚肉武職耳！自沈長禄用銀贖取官兵之後，士氣既隳，刁風忽長，用兵斯殺則垂首喪氣，不肯用命；一有失陷，則站隊要官，迫令贖取。此兵丁之魚肉營員，則又自沈長禄始作俑矣。

夫以黠苗之貪殘，而更濟以奸人悍卒之互相狺視，任箄汛者但冀一日之無事斯幸甚耳，遑有心思智計爲地方殫綢繆、爲營伍、圖整飭乎哉！嗟自雕剿之廢也，原以息事寧人，然營員無脅追之威，而苗愈猖矣，民愈陷矣，奸人悍卒愈益乘機而肆矣。將謂雕剿之可行也，雖足少振兵威，適啓庸弁貪得之心。如守備徐進朝一用雕剿而被擄矣，都司劉士瑧再用雕剿而失機矣，遊擊沈長禄終用雕剿而致敗矣。是雕剿一法廢既不可，行尤不可，然則必如何而後可哉？李牧在邊，北馬不敢南牧；孔明相蜀，蠻人遂不復反，無乃扞圉良策，固在將帥得人，静籌莫測，動出萬全。我思古人，不禁悠悠浩歎矣。彼沈長禄者，挑釁賈禍，僅以遊巡不慎参處革職。恨者深入骨髓，方謂天道無知，巨憝漏網，孰知仍自作孽，賄囑李豈叩閽，希以局外之人竄入作證，不但完名，且欲得利。不意奉旨鞫審，欽差明察，有以洞燭其奸，三木一加，和盤盡托，遂坐身首兩分，斬於長沙狗衆。嗚呼！誰謂天道果無知，法網可終漏耶！人臣懷私徇利者，其鑒諸！

康熙四十二年冬，聖天子以苗罪當誅，欽差禮部尚書席總統滿漢三省官兵直逼苗穴，相機撫剿，謨忝與將軍督撫諸大人提調參贊，之後惟時搜誅，龍蛟洞等寨歷來爲祟，逆苗幾盡。復戮其首惡求乂子、老穎、老普、老管、六昭等揭竿示衆,[1]其餘許其剃髮歸誠,現在納糧當差。謨旋師之頃,既著爲《戒苗條約》,諄諄告誡;制府喻公、中丞趙公所陳設官善後諸款,更爲詳盡美備,從此民苗一氣,可保無虞。

謨之特揭"釁由"昭示來兹者,蓋虎狼不噬,未必化爲騶虞;鴟鴞不鳴,豈遂視爲靈鳳? 自非孝子順孫,難必終無叵測。所冀後之君子知人善任,毋視雕剿之必可行,亦毋視雕剿之必可廢,神明變通,存乎其人,而邊境有攸賴矣。

① 老穎、老普、老管:《青銅自考》作"以及逆魁之龍"。

辦苗紀略卷之二

目　録[①]

---

① 【注】本卷及以下各卷目録處均無“目録”二字，此據卷一及一般著作格式補，以下各卷同。

② 邑：原作“民”，據本卷《目録》所有文章命名均採用正文首句内容通例及《總目録》改。

③ 盧：原文作“蘆”，據正文及卷八《出师文武官員銜名》改。

④ 啓：正文作“起”。

⑤ 副將：原文無，據正文及卷八《出师文武官員銜名》之意補。

採　　議

邊邑慘受[1] 生員田英産

呈爲邊邑慘受凶殘，孤城迫臨危困，敷呈末議，亟濟時艱，謹以峒苗區類根由。先今逆狀瞞天，邊弊生齒幽冤，及從前處置乖方，向後掃除勝畫，冒干電照，祈賜海涵，倘蒙採擇蒭蕘，用佐經綸之手，庶幾拯援水火，快瞻平治之休，書册恭陳，戰競俟命。

古今談邊事者，莫不以安攘效籌，而三楚邊城，惟麻爲極，其疊受峒苗之患久矣。籌邊君子竟無久安長治之猷，何歟？蓋苗之種類乃槃瓠遺業，其巢穴即古之崇山，居楚、蜀、黔三省之中，東接楚之五寨長官司，北接楚之永、保二宣慰司，南接黔之銅仁府及平烏二長官司，西接蜀之酉陽宣撫司及平茶長官司，然與酉陽姻嫁相通。其初隸於楚之筸子司，圍爲四十八寨，始猶賦役不缺，後漸梗化横行，抗拒勾攝，陰相煽動，出劫地方不啻五銅，以密邇供其魚肉，而麻、瀘二縣皆頻遭出没，劫殺無休。苗劫而民外奔，農忙曠業；民奔而户内減，賦役無期。此麻陽以明初三十九里全設之區因田地抛荒移推，六衛領種而編爲七里有由也。宣德年之亂，蕭總兵征之，直搗其巢，兵屯池河，撲滅幾盡，卒乃寬其山林，逃匿者設立崇山衛以戍之。迨後疆域稍安，而衛遂撤，苗漸滋驕矣。景泰乙亥年之亂，焚燬縣治，延及學宫。成化十六年之亂，再燬縣治，虐熖彌張。迄弘治後，横行州縣各地方。姜太公有云："熒熒不救，炎炎奈何。"此之謂也。正德七年之亂，奉三道憲令，協同本府戴撫，出苗首百餘，禁之崇正書院，然後深入，攻其餘黨。雖頗有數十年之安靖，惜當時任事巨卿去留靡定，竟未能成平底績，此本縣所以復有

---

[1] 【注】本卷以下各篇均無標題，此據本卷目録補。

嘉靖二十年攻城三日之患也。節年議征議撫,俱無定算,調取漢土官兵防守,迄無成功。二十七年,以地方失事参論官員,隨敕兵部左侍郎張岳總督湖、川、貴軍務,駐扎沅州,居中調度,酌處兵糧,先頒撫論之條,後布剿除之令。奈何邊方當事各職以地方安靖沽名,輒曰湖苗聽撫,虛文誆上,豈不知陽稱聽撫,陰實黨貴苗出劫。然苗原不分湖、貴,特以苗長食糧湖、貴各哨,因以別其名。二十八年,陸續殘害銅仁府及思州府地方。二十九年,攻陷印江縣石阡府並省溪司,擄官奪印,劫庫縱囚,而征剿大舉之命下矣。於是督令沈總兵繕之,三省夾攻,楚兵入自麻陽五寨司,黔兵入自銅仁府,蜀兵入自地架蠟耳山,同日並進。於本年九月初三日,僅四個月餘十日已擒斬一半。其逃匿林箐餘凶不過蕨食草根度日,更值連旬冰雪,多凍餓身死。即有穿山走脱竄入各土司衙門,數亦不多,正蕩平一大機括也。孰意總督大臣以半撫爲請,次年正月十四日旋即班師,將一應生擒放歸巢穴,諭令聽撫。設参將二員分鎮兩省,一駐扎銅仁府,一駐扎麻陽縣,置哨堡十三,星列防守,領以總統,備以参戎,限以邊墻。若謂工於籌畫,豈知竄入各土司餘孽聞生擒已縱,遂窺朝廷姑息之仁,相率還巢告乞,招撫土官亦未深思遠計而概納之。嗚呼!鴟梟不鳴,終非祥也;豺狼不噬,終非仁也。未及半年,攻陷思州府治,擄官奪印,劫庫焚倉。復奉聖旨,切責總督未能盡除苗患。此時班師頗久,糧餉停催,更欲請餉徵兵,再圖大舉,豈不難乎?不得已而根究窩苗誘叛之酉陽宣撫冉元,嚴誅濟惡女婿——鎮溪所之土指揮田應朝,其凶叛群苗止殄其一二渠魁,餘黨仍稱招撫,檄報上聞。禍萌隱伏,孽孽未除,亦非總督之過,只緣附近土司以窩苗爲利藪,從征將領以存苗爲生涯,撫之不誠其心,討之不盡其力,且豢養四方光棍,往來京城賄賂央求,謗書騰駕,陰惑上聽,掩没功臣,旋中撤兵之謀,卒撓平定之績,莫終全局,詎不深可惜歟!嗣是大征兵散,總督官遷,苗滋猖獗難支,撫之無益,弱將計安旦夕,復羈縻之以苗糧冠帶,所以歷今八十餘年,生息繁衍,養虎貽患,有若今時。

夫昔之苗患或經年一見,今則四時每月連期繼見矣。昔猶邊僻孤邨,鼠竊狼遁,即刻還巢,今且逼臨縣治,深入腹心,傷殘幾盡,視鎮守哨防如無有矣。守之一説,竟何益哉！正擬聖明有知,傾刻揮戈,急解倒懸之困,不餘三載,凶殘疊出,萬狀含冤,豈八十年來漏刃餘凶獨不可傾巢殲類,奏千萬世蕩平奇績耶！邇因糧餉愆期,主將久缺,兵譁之後,流寇潛通,苗遂邀冠帶而僭稱王,挾乞保而索納貢。地方困於救援之緩,計投苗穴,偷安麻邑空城,尚得爲聖天子有乎?

夫本縣設處萬山,勢雖蕞爾,實關辰沅籓衛、黔楚咽喉。一失麻陽,漸無辰沅;郡邑咽喉一掣,安有滇黔。吞噬荆襄,終將叵測,沉淪世界,顧不深可虞哉！爲今日計,招撫之説,萬不可行之術也。先經大舉,計擒斬及凍餓身死者,已洗除過半。其先擒後縱,並脱逃復業之苗,不過十之二三,在前名曰招撫矣,胡休兵未幾,旋見流毒無窮。況今生息多年,加以各處奸民流移其地,爲之嚮道,虎而翼之,其勢愈盛,其欲彌奢。倘仍曰撫之乎,以有限之撫資較無涯之抄劫,所得孰多孰寡,誰肯安心聽撫而永無渝盟乎?崇禎九年冬,守戎鄒復極力撫苗矣,可謂結其心焉。十年正月,旋出麻治,殺擄依然,是資寇糧以揖寇兵也。今猶然以撫之説進者,此必近苗各土司、各衛所武職官,利於窩苗、存苗且關通左右員役,朝夕供採訪者,多言淆惑上聽而陰實撓兵權也。夫市好生之德而失有罪之誅,雖唐虞無以治天下。

此司馬有云:“殺人安人,殺之可也。”果可諱言剿乎?況進剿機宜較昔年尤多便益。凡議兵議餉,無如昔年調運之艱。蓋昔年三省之兵,除各關隘把截之兵三萬六千外,進剿之兵九萬三千八百,楚兵三萬三千六百,係調永保二司、施州衛及鎮谿所並州縣漢土官兵,而今日之兵,三省僅可共備五萬,楚兵酌備二萬,即以七千八百之數爲前矛,但就中汰去老弱以防誤事,臨期退去苗兵以防異心,即以其糧餉另招藝精勇熟者補足成數,而輔以一州六縣及五寨司、鎮谿所各屬鄉兵爲羽翼,兵自稱饒。昔之糧米數十萬石取給於闔省,轉輸糧銀數十萬兩取資於各處解助,而今之糧餉惟先催完歷過額餉口糧,進兵之日,依期給發,若夫鄉兵行糧各屬各鄉保,無論仕宦軍民,自願均平出辦,餉自稱足。蓋被苗蹂躪地方破傾家業,人人恨不食肉寢皮,所以勇往樂輸,即捐軀赴敵,捐資助餉,無難色也。若夫大小官員供億之需,行師犒賞之費,比照先年開各項援納之例,儘可充用,亦公私兩便者,故曰無調運之艱。至於命將行師,尤勝昔年處置之易,蓋三省參將衙門,各哨把截督備,已經分設周匝,無煩再議。且幸大經略部臺駐扎黔藩,彈壓衆省,仰祈題請或移會於三省兩臺權宜行事,就便推選諳曉彝情、智勇過人者主將,舉興大衆。及秋高氣爽,候尅期並進,直搗其巢,寧不勢同破竹與?故曰處置之易較昔年尤多便益者,此也。且彼苗烏合無統,孤軍當之則虎突鴟張,重兵臨之則冰涣瓦解,窮追罄討,其何難乎?然猶不無隱慮焉。語曰:“伐大木者,必先剪其荆棘。”近日之苗大都不滿一萬,其出劫千餘,每每邀串酉陽土兵助黨充數,而酉陽所轄地方遼遠,照管弗周,或陷不知,所宜急加移會,諭以大義,俾嚴行約束,共圖滅賊,庶苗之右臂斷而大舉可行矣。至於永、保二司,嘉靖年間曾具甘結擔承撫苗,永無犯順朝廷,是以寢兵。今之猖獗愈甚,獨不與聞乎?移檄通知,俾協心共剿,毋爲容留,後户尤爲緊關第一要着焉。此三司者,若非駕馭之早,恐師老財匱,終罔成功也。未事之先,預取各哨畫圖貼説以審進退次止之方。但此時爲目前湯火計者,暫合鄰哨之兵以塞鳳凰洞口等處咽喉,俟其兵集,安扎邊墻,方遣牌曉諭各苗退獻生靈,聽候招撫,庶免剿殺,必户口全活,才相時行事。又嘉靖年間,被苗擄去男婦率多,賣與各土司,官輕價收買,厥後調征之時,土官割取首級,湊作功數,以邀上賞,其慘毒更所忍聞乎?今須先行禁諭,將各土司進兵奪回被擄户口,分别老幼貴賤,立爲賞格,責令户口之家出銀充賞,分别老幼貴賤,定以數目,入官聽其支給。如土官有能送出人口存活數目者,奏聞陞賞,如此則生全之策,造福地方,萬無一失矣。且也蕩平之後有三便焉:疆土開拓,可州可縣,即以效忠敷勇之輩、納價營繕之家任土懇田,承丁編户,輸賦役以報公家,其便一也;地方泰寧,掣哨去兵,歲額軍需糧餉可省三萬六千以還公帑,其便二也;彝氣靖掃,要荒即爲腹衷,自辰陽取道瀘溪直抵銅仁、平溪,裁減馬驛數站,可省夫馬錢糧萬餘以儲國計,其便三也。若夫久安長治之計,不過仍設崇山衛以戍守兼制之,慎勿以其土地狥各强司之請爲充賞之資,是終以益其爪牙而反以資其跋扈之勢也。苦心時務者,敢輕言行師哉!恭遇欽命大文,宗廟算弘,敷神武顯布,適值皇天厭亂之日,聖主憫窮之時,倘不徒撫諭是頒而惟征誅旋舉,嚴攻固守,掃穴犂庭,收百年全勝之功,轉萬姓頓生之運,端在旦夕間矣。

愚生憂懸桑梓,患切流離,不揣章句之儒,謬參軍旅之畫,正以塊壤仰泰山之峻,敢以涓滴益滄海之深。伏乞將相全操春秋迭用,俯收末議,獨秉鈞裁,則地方厚幸矣。謹呈。

服苗之法 副將陳文昭

議得服苗之法,惟先示以兵威,制其刁悍,繼施教化,收服苗心。

勤練兵丁,整備砲火器械,主將不時帶兵遊巡,使其畏懼不敢滋擾地方,一切僻徑險隘、出入路口酌量布置,汛防弁兵晝夜嚴巡,漢奸不許入内勾引民苗,毋許交易借貸。倘有苗猺竊發,汛弁目兵協力尾追,主將聞報,即刻發兵,直搗巢穴,擒拿究治,毋使免脱。俾知王章難犯,自然不敢放恣。今者功令森嚴,武職之權不得加於苗猺。或有出入作祟,汛弁尾追,彼日有管糧苗因有仇隙報復,武職遂不得越俎過問,苗風愈熾,職此故也。仰懇移咨督撫會飭有司禁絶漢奸入彝,苗有冤抑,爲之剖斷,文武共相稽查,時爲賞勸。禁革私藏軍器、硝磺等物。若遇出没擾害,准令武職同有司擒拿究治,如有職官藉端需索,一並參處。官既奉法,苗自知儆,邊氓得安枕席矣。

苗猺蠖屈 參將桂自錦

議得苗猺蠖屈山谷,從未敢有稱兵犯順,間聞截劫剽掠,此非盡由苗猺之故,蓋因沿邊文武處之未得其宜,抑或利其土産財物,强取其馬畜、婦女,更有奸民勾引,塘汛侵擾,文官督熟苗勒陋規,武職借遊巡勒送獻,誘縱生事,以致擾攘。今惟慎選廉能將吏,懷柔有方,示以威信,不許奸民透越,不許汛兵出界,訂期互市,交易公平,將使熟苗馴服,生苗懷畏,邊境自獲安寧矣。

鎮屬百姓 遊擊李德

議得鎮屬百姓俱係五方無籍之人,土住多年,與邊苗住址比鄰,非屬苗親,亦皆故舊。雖有蠻彝長官一員,既不能鈐束邊苗,又不能稽查所屬洞民,縱奸通苗,牢不可破。亟請改土設縣,凡屬耕鑿栽種之民,無論營哨、洞民一概納賦當差,稽查可到,管轄亦耑,弊竇不通,苗患自少。

樹德莫如 遊擊火運升

聞之古語云:樹德莫如滋,去疾莫如盡。蓋苗原隸於土司,熟苗不法,土司無處分之條;生苗不軌,土司有推諉之巧。虚名生熟,實爲狼狽,要知生苗藉熟苗爲勾引,熟苗倚生苗爲聲援。更有奸民生長邊徼,慣走崎嶇山徑,善繹緍蠻苗語,名爲貿易,潛入潛出,結連姻婭,非民非苗。或因舊仇之報復,或因田土而搆釁,遂至劫掠人牛，牛則刃之僾鬼，人則墩械難堪。索銀抵償，必經熟苗穿線分肥，其剽竊多端，穎楮難喻；其凶險洵相沿日久，習爲故智矣。想從前亦曾剿撫，詎知苗同禽獸，饑窘則俛首附人，寬縱則猖獗更甚，況剿不成剿，撫不成撫乎。揆厥其由，皆前人惜功名、愛身命耳。務剿不能一時奏功，借撫可以一時免咎，聊解眉睫之緩而已。孰知寓撫字爲征剿之先聲，未聞借撫字爲征剿之退步。在昔郭昌開滇南，馬援征五溪，諸葛亮平蠻彝，皆剿撫並行而不悖也，矧今日紅苗即昔日蠻彝餘孽。爲今之計，若能會三省之大兵，兼調永、保各司土兵，先將熟苗披剃，收其器械，稽查户口册籍，額其秋糧正賦，然後合圍以剿生苗，使外迫其形，内格其心，咸爲赤子，同歸聲教，亦一勞永逸之策。

再議得乾州四野層巒疊嶂，民苗雜處，每以户婚、田土報復宿仇，民結苗親，苗連民戚，借端滋事，引苗搆釁。蓋緣有司相隔窵遠，蠻民目無三尺，而營官不便越俎。雖鎮溪所有所官，而一介土弁，僅催秋糧；雖五寨司有吏目，而鞭長莫及，實難措治。是欲絶民苗滋釁之根源，必耑設文職於乾爲綜理。

再議得邊苗失事每多不報者，蓋因土司無處分之例，而漢官處分又太嚴。孰無患得患失之心，希冀掩飾暫時之耳目，迨後水落石出，甘受隱諱之愆，亦末如之何也已矣。此實邊職之曲衷，若邀上憲隆恩，衡其處分而條例之，匪但邊職蒙庥，是或籌邊之一道耳。卑職不揣披陳，庸識實同獻曝，猶有未盡，鄙誠得跂階前盈尺之地，以攄蠡測之愚，固所願也。

苗性頑梗　遊擊史讃

議得苗性頑梗，朝撫暮叛，貴在剿撫並用，俾其畏威於前，自能懾服於後，始垂經久，方克有濟。

再議得各省流寓居住邊徼，率多游手好閑之輩。居五洞者曰洞民，居營哨者曰哨民，洞民隸於土司，哨民轄於營官，名雖有屬，實係無稽。如鬼如蜮，肆行走險，或私賣硝磺，潛售槍砲；或行使假銀，騙苗牛馬；或販苗子女，占苗田地，以致醜逆蓄恨，乘隙捉抵，甚之結連苗親，勾引線索，狼狽爲奸。事覺，差拿則稱司屬百姓，營官不得干預民事。若非題設有司，調理駕馭，即使紅苗平服而若輩錮習不破，奚能保其久安長治哉！

紅苗狡悍　遊擊張得功

議得紅苗狡悍，罔遵教化，惟懼兵威，難以恩撫。今日者普剿爲上，雕剿次之。普剿需用楚、蜀、黔三省官兵大加搜戮，雕剿者，如其出犯官兵，乘其不備，直搗其巢，一年如此數次，醜苗自應斂避。

苗猺一種　遊擊陸玉

議得苗猺一種，非我族類，其心必異。在人不足與教風俗，豈能更移？誅之難勝，撫之不就，惟於邊界嚴加防守關隘，謹其出入。既不與通往來，尤不與之共財利，彼既無望，劫掠無由。

苗性犬羊　守備常國柱

議得苗性犬羊，不服王化，朝順夕叛，流毒邊徼，非相機撫剿收入版圖，愈成癰疽之患，此邊方要務，無容漠視者矣。沿邊哨弁每多搆釁，不服營官約束，所當急宜裁革。

紅苗盤踞　守備劉元

議得紅苗盤踞萬山，負固恃險，動輒糾黨聚衆，横劫鄉邨，兵追則遁,兵退復來,沿邊村寨之民不能安業。當此四方晏安,海嵫遐陬俱入版圖,[1]豈容此區區醜類梗化流毒?若不急爲剿除,將見邊民逃散,田廬空虚,剿之一法斷所難緩。

再議得土司之設原爲衛民馴苗計耳,今者民不能衛,苗不能馴,一切事宜反委之於苗把,陽稱禦苗,出入營壘,陰則通苗害人,全無顧忌。苗獲户口,彼爲説贖烹肥;所得牛馬,彼爲賤買獲利。甚至私販硝磺,通同巢穴。即拿獲真真逆苗,彼爲多方掩飾,不曰哨民,即曰洞民,勾引作禍,安用若輩爲也。此土司之宜改,苗把之宜革。

謹抒一得 守備謝瑛

謹抒一得之愚,仰佐籌畫事。

竊照紅苗狡悍,叛復不常,動費宸衷,特命部堂、將軍會同本軍門、憲臺相機撫剿,誠千古不泯功業。在憲臺深謀遠慮,信義嚴明,異土蠻類自是望風拱服。但大軍深入他境,草行露宿,若不備悉山川道路、糧草多寡及善後事宜,恐其野性難測,旋撫旋叛,終非了局。卑職蒙恩遠調赴楚,報效心切,不揣狂瞽,敢具入境機宜與善後末議,以副採擇:

一、師行糧從,自古爲然,況苗穴深邃,兵馬衆多,糧草一項關係更爲緊要,必計其程限遠近、搜剿日期將糧草預先酌定,俟與諸路會合,或得巢穴安置妥帖方能竣事。不然,深谷叢箐,輓運既難接濟,軍士覓買維艱,何能使士馬飽騰,奮勇登先。

一、採訪彼處土人或邊界居民曾在彼境經由出入、熟識本地之人,再三審察,問其實情,將地圖指引遠近險阻、巢寨洞穴洞鑒明曉,便於進兵深入,仍祈將鄉導密切關防,許酬重賞。

---

① 嵫:疑爲"澨"字之误。

一、數道進兵,或紆遠先進,或直捷後發,或紆者、直者齊進,仍要各自設備,恐險隘逢苗,山川阻隔,樹木叢密,瞭望不見,一時難爲救應。乞嚴飭領兵官。

一、深入苗境,如山川險峻,乞選精壯數隊先行,大兵相次而行,俾得首尾相望。或有山壠掩映遮障,亦須相待,不許先進。如前路有横通山谷,道路可渡人馬之處,令前鋒留住人馬把截,候大兵至齊而行,恐彼邀截我軍。

一、入苗境如遇山路崎嶇,樹木蓊薉,須用精健步兵二三百人,各帶鍬钁、大斧、大鋸、手鋸、繩索等項與先鋒同行,准備開路填溝,砍木造棧。

一、苗懼我剿殺來降者,必先收其兵器,勒令束甲倒戈、剃髮摘環,仍追出生事擾害之頭人,軍前立時正法。此輩知有王章,永不敢犯。

一、此輩性如野獸,旋撫旋叛,或遷移出外,或編入户口,設州縣,參入良民丁册之内,防範日久,教化漸入,或可改化頑梗。

一、苗已來降,亦須晝夜差人馬登高四望搜索,恐有漏落苗猺屯聚山林,或埋伏攻我不意。乞嚴諭時刻嚴備。

以上八款,本軍門、憲臺會師撫剿,機宜方略變化如神,自然籌畫已熟,又無待卑職蛙井窺天。然蒭蕘之見,惟知勉圖報效,仰達高深,亦不計其違例妄言之罪耳。爲此開呈,伏乞鑒宥。

歷來撫剿 遊擊包成

歷來撫剿紅苗未收成功者,皆由大兵壓境,徒張聲勢,並未設有奇兵,以致狡苗一見,潛匿深箐,大兵從此而入,苗即從彼而出故也。謬議:此番進兵之時,先於各箐口分佈奇兵,密授號令,埋伏堵截,然後令正兵攻打。如狡苗敗遁之際,各箐口奇兵一聞號令,奮勇堵殺,將見逆苗偷生無路,一鼓可奏膚功矣。管見如斯,請憲裁。

紅苗歷來 遊擊李得勝

竊照紅苗歷來爲祟,恃其盤踞楚、蜀、黔三省之隅,狡窟最多,搜誅難盡,必用楚、蜀、黔三省合剿,始可根株無遺。

今者皇上命帥用兵,遠調粵西官兵合之楚、黔進剿。蜀乃紅苗後户,竟未敕下進兵,誠恐狡苗勢敗必以蜀地山谷爲歸,待其剿師既撤,仍復潛歸故穴。理勢所在,不容不防。乞本軍門會同督部院乘此師未進發預咨蜀省督提,星速遣發兵將,備扎酉陽、石砫等處隘口,嚴加堵禦,如有潰遁逆苗,盡情剿殺。楚、粵、黔之官兵三面一時合搗,逆苗戰不能支,敗無所歸,不旬日而可致其死命矣。

又,永順、保靖二土司向來擔承撫管,及至紅苗不法,責究擔承,則又彼此推諉,豈非醜類不靖,舉由擔承誤之耶? 今者特發禁旅,合之三省官兵進剿,兵勢壓臨,有如摧枯拉朽,逆苗計無復之,惟有賄買土司,仍復詭立擔承,冀免誅殺。若再墮其術中,未免徒褻天威,終貽後患,豈不深爲可惜。卑職竊意土司止可用爲嚮導,凡軍機重務,一概不許與聞。爲撫爲剿,總聽督帥主裁,如此則狡謀莫施,膚功立奏矣。蒭蕘有無裨益,伏乞憲恩採擇。

訪察苗情 都司牛射斗

謹陳者: 卑職蒙題帶來楚,即蒙補授沅州,頂踵捐糜,難可圖報。常德起程赴任,蒙諭訪察苗情,不時具報。卑職到任數月,無刻不以憲諭拳拳服膺。

今查得鎮筸、乾州一帶舊有邊墻三百八十餘里,年久頹壞,基址猶存,明朝賴此邊墻,苗患少息。伏乞憲臺俯賜確查,估定工料,請商督撫各憲可否會題,或請頒發帑金,或請開例捐納,或即於本省文武公捐,沿循舊址,堅築邊墻,仍照西北邊口設立互市,以通有無。苗即鬼蜮,何敢驀越爲凶,且汛守有兵,監市有兵,不但窺伺無從,官兵瞭望更易,伏聽憲裁。

昧陳一得 遊擊蕭之盛

爲昧陳一得事。

竊照此種頑苗,性與人殊,堯舜在上,不能免其梗化負固。歷代用兵,究亦叛服無常。本朝度外置之,誠是聖度汪洋,不意自外生成,每爲邊患,誅無盡誅,撫爲徒撫,莫若峻其籓籬,嚴加汛守,犯則堵殺,去免窮追,彼無所獲利,覬覦自消,而邊境漸見寧謐,此亦以静制動之一法也。是否有當,伏乞恩擇。

蒙恩帶楚 守備盧天培

培蒙恩帶楚,毫無見長。竊見憲臺疏請巡歷筸邊,遠近兵民莫不欣欣鼓舞,以爲天威一臨,苗疆即靖,邊境永無侵淩之患。然愚以爲倘遵俞旨起行,只宜駐扎五寨司或乾州,遣令熟諳苗情之人入内,傳知憲臺親臨德意,原不爲便行剿殺,特來查問爾等向來生事根由,爾等各寨苗頭速速出去叩頭謝恩,將向來苗中爲惡者是何寨,寨中爲惡者是何人,一一據實供報,量加賞犒,令其回巢樂業,止將爲惡之苗寨、苗人據實請旨。或三省會剿,或督撫提據供報之寨落姓名,勒令自相擒獻,給以重賞。如此則此番憲駕巡歷,無容深入而出見之苗人覘其兵威雄壯,自然遞相傳聞,不敢放肆。而自後之或撫或剿,一聽憲臺天裁設施,此有得無失、慎重萬全之策也。是否有當,伏乞憲鑒施行。

紅苗狡悍 守備趙連玉

議得紅苗狡悍,得勢愈進,失利便止,不得不借剿以行撫。如逆寨毛都塘、排樓梁、龍蛟洞、老家寨、楓木坪、岩口、大田等寨,[1]叛逆首惡歷來聚衆拿人,勒銀贖取,須當統兵剿除,戒一警百。其餘數百苗寨查其順逆安撫,示以忠信,使之畏威懷德。倘大兵進剿之期,苗内之地如上哨池河營、梅山、馬鞍山,下哨欙木營、地良坡、唐寨等處,俱可屯兵扎營,相機剿撫,除惡安良,可期而定。再欙木營地近土司,可令就近威力能制者住扎欙木苗地,着令統屬管轄,如有抗違叛逆者,即行具報,遣發官兵一同雕剿。其餘大衆苗寨,勤宣教化,絲毫無擾,此一法也。

再議得沿邊營汛嚴飭挑選游兵,上下伏草擒苗,苗多失利,自然不出。不立小塘,盡歸大汛,勤事遊巡,會哨兵勢張而醜類罔敢窺伺矣。

蒙差踏勘 守備俞禮

蒙差踏勘路程以便欽差進兵。除陬溪、白馬渡、辰溪縣等處應用擺江大小船隻,及陬溪、高邨各處應搭浮橋,業經稟報在案。

今照官兵若盡由乾州進發,徑小馬多,必致擁擠俄延;若盡由五寨司進發,亦恐兵馬衆多,無處下營,且乾州要路反覺空虚。莫若兵分兩路:一由瀘溪直抵乾州,一由辰溪直抵五寨,約定日期,兩下進口,兵勢既張,苗膽自落。理合具稟,伏乞憲裁。

永保擔承 所官譚鵬

議得永順、保靖二土司向來擔承分管紅苗。永順舊管鎮苗,應撥土兵三千,深入苗穴,適中駐扎,管轄巡察。如見苗帶刀銃,即許抄家重究。如有寨苗護從,即爲加兵剿除,懲一可以儆百。以法治

① 排樓梁:本書多數地方寫作“排六梁”,當爲據發音所記同一地名,音近而字不同。

彝,未有不傾心畏服者。誠恐法久玩生,務要懲奸剔弊,尤宜痛禁客商,勿使擅入,犯者拿究,則奸宄自遁。土司雖令得耑征殺之權,止令在於苗寨便宜行事。篁苗四十八寨舊係保靖管轄,其議同永,但此四十八寨上接貴苗,下接鎮苗,有事暗地相通,如貴苗犯貴,捏稱湖苗;湖苗犯湖,謊報貴苗。苗原無分湖、貴,而出劫之名異之,彼此推諉。從前議以鎮苗屬永,篁苗屬保,其中設立關隘,禁止貴苗、保苗、鎮苗,不許越境往來,其議甚高。迨後,因保司奸猾,越占鎮苗爲一,無關阻滯,苗得以如前聚議行劫。今欲撫篁苗必先撫鎮苗、貴苗,欲剿篁苗必先剿鎮苗、貴苗。如鎮苗、貴苗傾心,去篁苗之二翼,且苗尾關防既嚴,四奔無依,任有深峒奇峰,糧食雖久,不必揮戈,自應束手待縛。

紅苗爲患 貢監龔起賢①

呈爲紅苗爲患已深,地方受害已極,謹陳剿撫一得之愚,以備採擇事。

竊惟治亂邦非重典不輯,禦苗蠻非刑斬不威。往事可稽,歷載於册,漢之新息享廟食以無窮,宋之希範樹天威而有赫。是苗蠻刑之可以暫安,撫之終無感格,蓋緣若輩幼之所習,長之所安,隊逐群居,從無善類,所傳所教,無非伏草行凶,日見日聞,止有殺擄焚劫。在廟堂之上,不過疥癬視之;而遠近沿邊,實流無窮毒害矣。前代之禍遠不可徵,迨明迄今,事皆有據。自嘉靖年建築邊墻,置立營哨,設兵七千八百有奇,勞費實已過甚,此猶篁邊一隅布置也。而銅仁、四川更未審作何制度。溯厥情弊,蓋不過飾掩一時,苟圖暫安,究竟未常底績。

至本朝經制,各省建設官兵,守禦遏防,分佈嚴慎,彼逆苗者膏腴廣種,不事輸將,營汛官兵各守疆界,内外隔絶,洞天福國也。伊

① 起:本卷目録作"啓"。

但安分樂業,雖萬世誰過而問之? 奈何奸膽不泯,猾手難按,時時作祟,出入侵淩。今朝廷歲費數十萬之資建藩籬而捍衛犬羊之穴,官兵競競防禦,時患疏虞,無奈道路旁通,縱横交錯,如鬼如蜮,防範難周,動干功令之嚴,是以智勇俱困。凡屬文武,多遭波累,吞聲飲恨,申愬無門。矧當今萬國來王,梯航貢獻,蠢兹小醜,敢肆螳觸,公然束髮,甘作頑梗。若三省並力搗巢,何難計日殄滅。建設州縣,政令維新,另募良民編次,實補田地,悉歸清丈,人丁照例輸將,即有軍興之需,何難備儲補庫。於是經制定而學校興,數年之内不變,易人風化,洽俗美者未之有也。昔賢云:"殺人安人,殺之何害。"此剿之爲用立見,三省邊方永靖,帶甲休寧矣。

若謂兵戈一動,難免殺戮爲凶。睿德好生,不忍殘酷,酌行寓撫於剿之法,弘開解綱之仁,亦必先借兵以立威,威行而撫就。控苗之策,所謂先攻其心,若止以文書勸勉,仁義招徠,此從前屢撫屢叛、徒費金錢之故轍,斷斷不可復踵前弊也。止宜戒飭,率兵將領俟兵逼紅苗寨巢之日,待其勢窮力絀,自行乞命,方許准其招降。果係傾心向化者,即令披剃下寨,盡繳甲械刀鎗,變化梟音,革除惡習,庶千年未闢之苗境收入版圖,三省用武之疆場變爲樂土。

或以積紀不廷之小醜,無關聖世之損益,平之不足爲武,不平不足爲虞,則沿邊有一種非苗非漢、半賊半民之奸徒,所宜亟爲驅逐,以靖地方。此曹與紅苗比鄰而居,世爲姻婭,聯絡氣勢,勾通朋奸,牽引線索,泄漏機宜,擾害邊陲,階之爲厲,此實教猱之大惡、翼虎之窮奇也。逆苗遠在内巢,道路未必熟諳;逆苗遠居山洞,虚實豈能盡知;逆苗生長偏荒,軍火何由練習;逆苗隔絶内外,硝黄誰爲購買? 況歷來邊防有禁,貿易即以通苗治罪,而若輩稱係百姓,未設有司鈐束,武職土官不敢過問,聽其世結苗親,探望往還,任從出入。官兵申嚴禁緝則曰滋事誣良,捉訪奸窩又曰挑動邊釁,煌煌功令,有地方之責者莫不進退維難。至於内汛之某處兵厚、某處兵單,彼則嚮導前驅,間關行劫,擄拿男婦,串苗作牙,所得贖資,彼分厚利,此見行牙郎議贖爲明證也。官兵一有舉動,信息早已傳聞,是以老家寨追取户口一案,雖領兵官機事不密,爲逆苗伏草衝截,致失機宜,皆若輩引路迂回,先事漏泄爲明證也。本朝鎗砲製度從古罕有,而若輩暨保靖司九里附近彝人潛藏貨賣,且從而教導操演,又復習爲鐵匠,深入内巢,代苗打造鎗砲,此見今敢於對敵傷害官兵爲明証也。硝黄火藥,内地所産,若輩秘藏轉賣,獲其重資,此見今紅苗恃其便捷肆惡邊方爲明証也。每每擄去人口,彼則暗中指授某人身貧,取贖若干;某人家富,索銀若干。低昂之數,聽彼主持,牙郎之威,復行捎勒。取贖所獲,谿壑分肥,而受害之家,身存産絶矣。且此輩妝束打扮不異生苗,家藏軍器,行帶刀鎗,名曰防苗,實懷叵測,路逢三二行旅,順便威脅綁拿本寨,不便枷鎖,連夜寄入苗巢,嫁言生苗拿去,伊又通信作牙,而寄頓之苗家不過謝以飯食之資而已。彼與鄉鄰親族有隙,每勾生苗出劫以泄己忿,名歸於苗,彼仍立無過之地。似此種種積惡,罄竹難書。居者不保室家,行者魂驚道路,官兵苦其侵犯,文員受其詿誤,統憲被其株連,窮奸極猾,莫此爲甚。況又田非己業,家有饒餘,行使假銀,誆哄蠢類,諸般詭譎,無所不爲。及至蓄怨報仇,彼又挾官妄控,捏砌無端,慫動上聽,濟惡過於凶苗,狡險甚於鬼魅。沿邊哨土本分之民固多,似此輩結苗親勾通作奸之徒實不少也。應祈大震威靈,責令嚴查册報,逐户徙居内地,查給老荒,畀之墾佃。其善良馴樸之民,亦令互相保結,勿使與苗聯姻。如一人不軌,衆相攻詰,立法連坐,查究宜嚴,世世守之,勿輕容縱。如果行之不怠,必可以絶生苗之内應,斷諸路之奸細矣。

以上剿撫實關重計,亟請衡奪,大賜鈞裁,則一代之鴻猷彪炳,千秋之治安永賴,史册有光,邊民幸甚。

又議

爲敬陳凶頑難格之情,謹攄善後永清之議,仰祈電鑒,嚴定例條,以垂久遠事。

竊照苗本犬羊,野性難馴,仇讎報復,積世不休,旋撫旋叛,歷代如兹。試觀馬伏波之銅柱威烈壺頭,忠武侯之縱擒凜然蠻僰,治夷之法未有不威懾其魄然後能誠服其心者。即今紅苗巢内崇奉白帝天王,本姓楊氏,俗傳以三十六人殺苗九千,至今凜凜神威欽奉尊敬,男女老少以及三尺之童飲食寢處,不敢一刻或懈者,神功有以震懾,靈爽有以赫臨,是以苗性雖頑而獨知嚴畏無斁也。其隆勳茂烈,因蠻鄉蕞爾,無文獻足徵,無志乘可考,揆厥由來,必係唐宋間之大將奉命征苗建此奇績,至今血食天南,流芳千古。本朝定鼎以來,萬國來王,止此區區紅苗爲邊氓害者,固王化素所未孚,兵威昔所未振,恩有餘而威不足之弊耳,皆因泛泛招諭、草草結局以致養成虐焰,蔑視天威,仁義懷柔反成懦怯而屢用無靈,夫火烈而人畏,水弱而人玩。又云治亂國用重典者,誠千古明訓,孰能越此而克奏膚功於邊徼哉!爲治之要務在得人,刑賞之施在昭明信,苟能至誠無僞,寬猛得宜,尤期勿刻勿縱,必罰必賞,教養撫綏,漸摹漸漬,使其耳目改易,俗尚更新,習慣而心安,聿變從前惡態,方可以轉窮凶而爲馴樸,革魈祟而見天良。立法今朝,垂憲後世,此大將軍銘鐘勒鼎、一時萬世之勳名,拓土開疆、帶礪河山之偉業,所謂非常之績必待非常之人者,此役是也。啓賢昔沐鴻慈,今叨宇下,肅瞻旄鉞,志切趨蹌,緣媿垂老田夫無能效供犬馬,謹就招撫安輯、開創調停之際,抒陳愚悃,謬議數事,伏乞電鑒微忠,矜原狂瞽,可否一得,仰冀採擇施行。

一、内巢宜列陣耀兵以示天威也。今紅苗聞大兵雲集,亦靡不趨生懼死,是以傳檄之後出巢披剃,此皆從前屢行故智,誆騙賞賫,掩飾目前而已。尚有愍不畏死之徒猶在坐草拿人,展轉勒贖,議者有謂招撫已定,大兵不必深入,恐致驚駭奔走。不知赫然宸怒,大振師徒,萬甲千屯,遠興禁旅,若在沿邊駐扎而不宣揚威武、一示森嚴,伊苗風聞其勢,未得目睹其威,兵退火滅,狡焉復逞,將來縱欲,再報請題,豈可得乎?應宜乘此方張之勢,暫時愬息征塵,即預先曉諭諸苗勿生疑畏,各位大人親督官兵少裹糧料,將上下苗巢内境巡行一遍。往回不過數日宣揚,實振天威,俾頑苗膽喪魂驚,撫局方有成效,然後次第舉措,方免掣肘抗悍之虞也。

一、苗巢宜設文武專官,勤宣教化,防杜亂萌也。撫輯既定,宜乘此兵威壓境之勢,於内巢適中寬濶形勝之地建立營堡,安設文武僚佐,多帶官兵分佈彈壓,詳舉紀綱制度,嚴立約法例條,編籍載糧,勤宣教化,文得才智明敏、廉能練達之員,武得智信仁勇、勤慎精强之弁,一一克盡公忠,實心任事,庶可以收慴狼獍野性,變化鷹梟惡眼,而於新闢疆土方有裨補也。

一、户口、鎗杖、刀械宜嚴行查追也。建官設兵既定,即宜按寨造報苗人户口册籍,文武會查,除農器斧鑿、柴刀草鐮之外,一應鎗刀、甲杖諸般器械務要盡數繳完,不許留藏一物,如敢隱匿,或經查出,或被首報,應定何罪以儆無良,庶絶禍柄也。

一、鐵匠打造軍器、熬煉硝藥宜嚴禁也。苗地舊無火器、火藥等械,皆因奸民盗賣,而又潛入内巢代爲打造鉸、鳥等鎗,教令熬造硝磺,製備火藥,教猱翼虎,其罪甚於紅苗。今既就撫,追繳器械之後,敢有再行打造鎗刀、熬製火藥暨藏匿未經繳盡鎗藥、私行擅用者,責令頭人、鄉保不時舉報,嚴拿到官,定以應得重罪,庶可永杜亂萌,克登上理。

一、道路行走、早夜巡防之禁宜嚴立也。苗地山徑鳥道,處處相通,出入爲非,防範難週,總恃在我隄防之力,彼無所施其窺伺之能。嗣後應嚴飭防汛官兵,勤加𨆪緝。早限日出之後,暮限黄昏以前,不許一應人等擅出行走,伺便爲非,違者巡防目兵鎖拿送官,即以逆苗究治。如係官差緊急之事,必執硃票公文方許行走。庶絶狐鼠之蹤,以杜穿窬之患也。

一、黔楚錯雜之苗人宜嚴絛會禁也。銅仁苗寨插入筸地者有之,楚屬苗寨插入銅仁者有之,在在苗親,朋奸黨惡,焚擄偷盗,展轉寄頓,嫁禍賣蹤,爲害地方文武官僚,鄰封結怨。嗣後將此項苗寨苗人會同兩省從長商酌,或撥歸一處畫界分疆,或嚴立禁條從重擬罪,庶免彼此推卸,而疆域攸分也。

一、内外交易宜官立集場,官定期日,以免小販零星行走,疏虞失事也。有苗之地原無出産,不過牲畜、雜糧而已;外客貨賣亦無重資,不過布線、鹽茶、磁器、薑椒而已。窮民擔負趨利,每每忘其身資,而凶苗路遇隻人難免攫爲奇貨,凶苗罪固難逭,而小販忘身以狥利者又不足惜也。此後應於邨寨稠密地方、寬廠之區,令有司相度便宜定爲集場,每月三旬之内,擬定某日期集齊買賣,或二十里一集,或十五里一集,參差輪轉,交相趁趕。應當趕集之日,亦令汛防暨有司差員前去監督,遇有不公不法、恣肆不端者,立即鎖拿研究,庶交易有一定之地、一定之日,而文武官弁亦有所稽查,以免疏虞之患也。

一、編户成丁,苗人宜勤事稽查也。紅苗之性,居無善類,口無善言,父兄之所教、子弟之所習,非焚劫即是伏草偷竊。當此新附之始,教令未敷,故習良能輒難改易,汛防所在稍或畏忌,遠於汛防者安能保其不陽奉陰違、秘蹤詭譎耶?各寨編設保甲,選立頭人,責令早暮稽查,按名點閲,一有支吾遠出、早夜不歸者,即係不良之徒,登時舉報查拿,細加究訊。倘該頭人容隱餙欺,坐以通同之罪。仍按月具結,有犯即懲,行之期年,自有成效。惟在任事文武,始能不避艱辛,終當克收永逸之效矣。

以上田野芻蕘,未諳時宜,仰慕吐握之高風,敬抒管窺之一得,伏冀汪洋俯垂採擇,苗邊幸甚,愚生幸甚!

粤稽紅苗　生員周文煥

策稱粤稽紅苗從來王化不及,誅戮未加,蓋以彈丸黑子之區,得其地不足以爲利,得其人不足以爲用,是以置之膜外而不問耳。

彼又不知安分自守,遂自以爲巢穴崎嶇,而人無可如何,任意猖狂,且每每倡狂必每每恩撫,釀成尾大,凶頑愈滋。是撫之一字可行於昔,有斷斷難行於今者。前此執事屢煩師旅,師至則倒戈納款,退而剽劫如故,堂堂恩威褻狎已甚。今各位大宗師統師雲集,山岳摧摇,此苗蠻技盡力窮,惟有思蹈前轍,俛首投誠,哀求招撫而已。倘若仍事姑息,未免墮其術中,雖聖朝寬大,大憲洪慈,不忍誅戮輸服以傷好生之德。竊意順其招撫,宥乃不死,遷之異方,散其黨羽,使之開墾謀生,薰陶王化,久之未必不可化梗爲良。至於苗境,或移大鎮彈壓,或設州縣招民開墾,一可充實地方,一可加增國賦,庶一舉而不但除千古之害,更以興無窮之利。管見如斯,未識有當萬一否。

一、紅苗敢肆倡狂者,恃彼就近家苗以爲線索,往來漢地,習熟路徑,並探知虛實。欲制野苗,先制家苗,禁其往來,以絶耳目。是否可行,伏聽憲裁。

一、永順、保靖、酉陽三司原因紅苗而封建,宣慰各土司爲國家藩籬,紅苗反叛,例應土司剿洗,所謂虎兕出於柙,典守者不得辭其責也。且彼受朝廷高爵,不當一差,不納一貢,檄行帶領土司裹糧前驅以爲鄉導,亦職分效忠之宜然也。是否可行,伏候憲裁。

一、紅苗惟恃茂林深草,以坐草截劫爲能,凡遇有深草茂林之處,度其有無砲火埋伏,看風起之順逆、地形之向背,可焚則焚,可去則去。是否可以,伏候憲裁。

紅苗爲害 生員李豊

呈稱:竊紅苗之爲害久矣,昔楚、蜀、黔之民歷遇焚殺,其最慘者莫鎮筸之士民若也,運籌邊策者竟無久安長治之獻,何歟?蓋緣於旋剿旋撫,苟且了事,未盡根株,未立州縣,姑息養癰,以致流毒三省,靡有底止。豊目擊流離,患切桑梓,拚命叩閽,業將紅苗作孽之由地輿圖一紙敬録陳情。仰蒙查審得實，萬民鼓舞，以爲紅苗自兹斂跡，孰知怙惡不悛。自大人去後，復又拿陷生靈，見在巢穴。今幸大老爺親臨督師進剿，正邊民起死回生之日，敢將剿撫邊弊逐一言之，可乎？

一、紅苗之宜撲滅也。昔舜殺三苗，稱爲至仁，誠以興一利不如除一害。惟兹蠻苗身屬化外，務必掃穴犂庭，此誠一勞永逸之上策矣。豊等叩閽狀云勒部調集楚、蜀、黔三省官兵剿洗，正此之謂也。

一則招撫之遺害無窮也。蠻苗野性凶頑，畏威而不懷德，即明洪武間設立崇山衛，置池河營，暨嘉靖年間之招撫未幾，殺擄黔之銅仁、思州二府，楚之瀘、麻二縣；暨萬曆年之招撫給以官帶，食以口糧，旋又殺擄瀘、麻二縣，燬焚學宫；即崇禎年之招撫，拿黔之撫苗道田，殺楚之參將魏、遊擊唐良臣、守備向有良，此非招撫之流禍歟？即康熙二十四年副將郭忠孝之招撫，旋有三十七年之亂；三十八年參將朱紱之招撫，而有四十年之亂，拿官屠兵，此又非招撫之流毒與？況雷總鎮蒞任至今，捐俸賞勞，典資誘哄，其於招撫亦云至矣，苗又罔思德惠，愈肆猖狂，撫之一字竟何益哉？可異者，虚有用之帑金賞殺人之醜逆，掩耳偷鈴，何以示懲？況苗巢難民甚多，並不追出一名，且一面受賞，一面拿人，如此之招撫，不惟遺禍後日，而且受害目前。

一則土司窩藏之弊宜禁也。紅苗居三省之中，環列盡皆土司，各處土人皆與逆苗連姻通好。一聞大兵進剿，躲避山林者固多，竄投土司者不少。即明萬曆年間沈總兵進剿，酉陽、保靖土司曾今窩苗存苗，又且受苗賄，爲苗畫計詭具，擔承撫管，遺害至今。今大兵雲集，當先嚴飭土司：凡有窩藏一苗者，訪實，罪當連坐；若知而不舉者，一同治罪。如此法令森嚴，則窩隱之弊自消矣。豊等叩閽狀云紅苗之患實由土司遺毒，正此之謂也。

一則邊毒宜除也。夫人知苗之害最慘，而不知邊毒之爲害尤甚。自二十四年郭忠孝之進剿未能撲滅其端,緣有不軌之徒乘機起射利之計,擔承撫苗,謊報平服。節年被陷難民贖銀與苗瓜分,仗朝廷兵威虎嚇苗民,以致兵威消減,苗愈猖獗。斯時若不早爲根究處置,一墮術中,禍延無底,所宜急救以彰朝廷之國法者也。

一則州縣宜設也。昔東漢建武時,武陵武溪苗叛,詔馬援平之,置辰州府沅陵等縣。宋熙寧五年,復平苗地,置麻陽縣。今之議者曰:苗巢刀耕火種,非安州縣之地。獨不思辰州七屬獨非苗地,即黔之水西,康熙初年曾開數府,又非苗地乎?自此安州縣而招民填實,編里甲而開載田畝。上爲朝廷擴數百里封疆,當糧納賦;下爲三省除億萬年荼毒,造福無疆,庶幾皇仁遍覆,澤及要荒矣。豊當叩閽狀云設立州縣,萬民永杜湯火之害者,正此之謂也。

一則大兵齊集,當會師以並進也。數省兵馬雲集三邊,進退不一,其地行師不一,其日急宜傳諭三省督員刻期齊進,駐扎巢穴,據其腹心,使苗不得烏合逞凶,有不勢同破竹?至於營壘,務宜首尾相應,沿路塘卡星羅棋布,庶便於轉輸,而如此嚴防固守,不數月而可奏蕩平矣。至於善後機宜,在憲天自有勝算,一勞永逸之策,又非豊所敢臆陳於今日者也。

奇正互用 功加副將羅文燦

奇正互用,虛實相生,臨機制勝,環轉無端。如變客爲主,奇中之正也;破釜沉舟,正中之奇也。前賢言之審矣。

惟是剿苗正兵之法,則我官兵持重合圍於外,調永、保及各土司各率土兵於内,任其各顯智勇,殺擄招撫,俱聽便宜。我兵時出不意,攻其近傍寨洞,助其聲勢,與夫相機應援而已。土兵剿撫十里,三省官兵進圍十里;土兵剿撫百里,官兵進圍百里:步步爲營,萬無一虞。惟永、保兩土司原有躭承撫管紅苗之責,與各土司不同,必限以日時,定其賞罰。如永順剿撫報竣保靖後時,則題敍永順而罪保靖以玩寇之罪;保靖報竣永順後時,功罪亦如之。功罪既嚴,苗伎有限,内外夾剿,平之必矣。然後按以兩司躭承撫管之苗寨,照邊墻舊址一帶凡我官兵所防之營哨俱交兩土司,各遣土官、各率土兵而駐牧之;邊墻以外剿苗所遺田地,永爲兩土司之屯田而耕種之,撫苗田地聽其納糧於兩土司;以羈縻之開市交易,悉聽其便。則是以土防苗,自必愈於漢兵之防苗,以土兵而代邊墻,永無修築傾圮之虞。他日苗縱生聚,而土司之疆界已立,威令已行,非土縱苗,斷不能越土境而擾我民,是亦哲人成城之義也。墻以内民人田地不許侵擾,苗犯内地,盜劫人畜,罪坐兩宣慰。土司無俸可罰,議定罰金之例,土司最重名位,議定削秩之例,諒不難爲我之狗馬而失吠馳也。

剿苗奇兵則必厚恩以結嚮導之心,重賞以動探細之意。確得苗中最惡之苗某某幾人,苗巢最險之穴某某幾處,如今日之抗不聽撫者、從前拿陷官兵者,及所據之天星寨、龍蛟洞、牌樓梁等處,三省官兵出其不意,分路齊進,直搗前項苗穴,擇其重地下立大營、小營,包山越嶺,聯絡駐扎,堵斷一切隘口,使各寨之苗不相救應。將近營零星小寨聲東擊西、聲西擊東,再則聲東擊東、聲西擊西,攻而示以不攻,不攻而示之以攻。或數日不發一兵,不攻一寨,或一日而發數起兵,而攻數處寨,使彼捉摸不定,寨寨之苗勞於防備,畏如雷霆,然後懸賞示意,有能率衆攻破某寨、拿獻某苗者,不惟赦罪,仍賞若干金,仍將寨中畜積並賞之。苗素無義,見利必競,兼欲自寧,必有爲我所用之人。如有必攻之寨,必先故泄其期,通苗之人及通苗之土司自爲潛通消息,至期,我果發兵,蠢苗慣技必空其穴,必請别寨之苗伏險以待,其實我兵之發乃别有所用,經過其地也。如此數次,苗以報者爲虚且厭防備之疲,我兵仍如前計,經過數里之地,突然轉回而攻之,破巢必矣。一處大軍如此,處處大軍皆然。苗糧已熟者,我芟而食吾軍;苗禾未熟者,我割而飼吾馬。撫剿之機,不半載可告成功矣。

辦苗紀略卷之三

目　録

上　諭

兵部爲欽奉上諭事。

該臣等會議得康熙四十二年九月二十四日奉上諭:"湖南紅苗自明朝以來負固不服,今仍劫掠我人民牲畜,生事多端;其附近我處奸民亦搶奪人畜,及事發之後諉罪於紅苗者有之。紅苗人等不可令在三省接壤之地以爲民害。着照招撫廣東八排猺人之例,遣在京大臣前往,帶荆州駐防滿洲兵一千,並酌帶廣西、貴州、湖南三省兵,乘

---

① 奏疏:原文無,據正文補。
② 原作"恭報起程會剿疏",據正文標題改。
③ 恭:原文無,據正文標題補。

此冬月直逼苗穴,勒令歸誠,設立州縣,庶幾民生不致若此之擾害矣。"钦此欽遵。查得紅苗居處内地,常劫掠我人民牲畜,生事多端,將此等人招撫,統入州縣,令歸化内,三省接壤居住人民皆得休息,應俱遵照諭旨奉行。派出在京大臣,照都統松柱帶去之例,將八旗前鋒每旗挑選五名,帶子母砲八位前往湖廣,仍帶荆州驻防滿洲兵一千名,或將軍或副都統一員,其緑旗官兵酌量調遣,應行文湖廣與廣西、貴州提督等預備兵丁。俟所遣大臣到日宣布上諭,曉諭歸誠,若冥頑不悛,即刻期三路進剿撲滅。湖廣總督與欽差大臣會同商榷行事,亦行文荆州將軍處,令預備兵丁乘冬月疾行招撫。此遣去大臣及前鋒兵俱乘驛馬前往,驛馬不足給以營馬。俟至彼地,令巡撫將標下營馬撥給。隨行官兵錢糧令各該省巡撫料理,事定之日,將所用錢糧數目造册報明户部。紅苗歸誠後,其地方疆界及苗人户口数目明白稽查,該督撫分編州縣具題可也等因。康熙四十二年九月二十六日題。本日奉旨:"着派出正堂席爾達,副都統圖思海、徐九如,荆州副都統朱滿。餘依議。欽此。"案呈到部,擬合就行,爲此合札該提督欽遵施行。

訓　旨

尚書席爾達十月初三日奉訓旨:"都統松柱等前至廣東有預行曉諭八排猺人之處,爾等到彼,亦預行曉諭紅苗:'廣東八排猺人將伊内行凶之人擒獻投誠,現爲良民,俱享安樂。今爾等將擾害黎民作亂之人獻出投誠,亦將爾等照八排猺人令爲良民,安插得所。爾等若執迷抗拒,不來歸誠,各處大兵一齊前進,四面堵截,盡行屠戮。'此預行曉諭甚屬緊要。紅苗非廣東八排猺人可比,猺人内首倡作亂之人尚已正法,紅苗將我之人捉去索銀勒贖,殊爲可惡,此等首倡行凶作亂之人,爾等亦查明正法,令繳軍器。爾等將湖南巡撫土司田舜年帶去,田舜年爾可隨兵效力,果有效力之處奏聞等語,傳旨獎勵。至於行兵,早早起營,乘早駐扎,務須未時前後立營齊備。立營之際,加謹防備,官兵隊伍宜整,苗子之性好截尾、夜劫,此處須防。莫在近山處所札營,必須遣發官兵在山上瞭哨放撥,小心防備,吴三桂征水西忽略有受害於彼之處。苗子投誠後,爾率領滿漢官兵將苗巢穴盡行確視。令官兵各回原汛,副都統等帶兵回京,爾部院官員會同地方官等作何安兵、編設州縣之處議奏可也。”

又於本月初六日奉旨:“爾等和衷而行。和,則無不克之事;不睦,無克濟之事。行兵扎營宜怯,遇敵交戰宜勇。行兵機會爲要,正欲行,彼此驚懼疑惑之詞以致誤事,爾等矢意而行。苗子投誠,將擾害我民人作亂者正法;若不投降,將抗拒之人進剿究處。未抗拒之紅苗,毋得不分玉石,概行殺戮。我滿兵凡遇戰恃勇、以力克敵者多,爾等此番前去,布置方略,權宜而行,不可恃力。其下營,須檢高處扎立一營。朕統帥至寧夏,隨時權宜,並無糜費錢糧、勞傷兵民,此在領兵者之權宜也。荆州副都統朱滿、湖廣提督俞益謨漢仗最好,行兵練達,與伊等商酌而行。貴州提督李芳述、廣西提督張旺漢仗俱好,著有勞績。大兵進取雲南之時,土司田舜年有接濟糧餉、裨益大兵之處,爾等此去獎勵遣用。爾等至荆州用偏沅巡撫之印,若遇提督用提督之印,爾等所奏摺子不必用印。有誨爾等訓旨,朕親手寫給。紅苗投降後,看伊巢穴,不可因投降忽略,仍須謹慎防備。招撫廣東八排猺人之時,朕限定日期遣往,俱照朕訓旨完結。今爾等此去與廣東之處稍異,朕不預爲指示。”

奏　疏

請巡筸邊疏[1] 俞益謨

題爲楚南苗猺環處,紅苗叠擾筸邊,請旨巡察以悉形勢、以重

① 【注】亦見於《青銅自考》卷二,題作《請巡筸邊形勢》。

機宜事。

竊臣蒙我皇上不次洪恩，特授楚提重任，愧感徒滋，涓埃莫效。查楚南一帶，切與川、黔、兩廣、江西五省連界，所在地方非山即水，率與土、苗、猺、獞等類爲鄰。地皆陡寨雲洞，險阻非常。人皆嗜利輕生，動多穴鬬，出没不測，野性難馴。除臣會同督撫不遺餘力嚴飭各鎮協營文武和衷，汛防整肅，以期漢土攸分、兵民安堵、共樂雍熙以答天庥外，惟是鎮筸一汛，寄楚極邊，深入苗穴。而紅苗一種，較諸苗猺尤爲狡悍，頻年以來，屢剿屢撫，叛復不常。臣自抵楚以來，留心咨訪，人議各殊，[①]難憑臆斷，若弗親歷其地，熟籌形勢，則區區愚忱，終不能安於一飯之頃也。所當特疏請旨親歷筸邊，審其要害。[②] 如蒙俞允，則命下之時正秋成之候，農工既竣，草木漸零，士當講武之秋，臣酌帶官兵，自備餱裹，馳赴鎮筸，遍歷汛邊，奉揚天威，宣播聖德。蠢苗感格觀聽之下，倘能翻然感悟，革面革心，從此邊民乂安，莫非皇上好生再造之鴻恩。如或蠢爾執迷，[③]是彼自罹天誅，臣亦得以查其官兵精健、山川險阻，形勝在目，相機設施。或有一得之愚，上可仰請睿裁，下可咨商督撫，慮而後行，總不敢於暇豫自逸，以負天高地厚之恩。[④] 臣謹束裝待命，統惟睿鑒，敕部行臣遵奉施行。[⑤]

恭報出師起程疏[⑥] 俞益謨

密題爲欽奉上諭事。

---

① 人：《青銅自考》作“言”。

② 其：《青銅自考》作“理”。

③ 爾：《青銅自考》作“苗”。

④ 《青銅自考》“恩”字後有“也”字。

⑤ 《青銅自考》“施行”後有“康熙四十二年七月初二日題。奉旨：‘這事情朕曾諭趙申喬，至今尚未覆奏。這本發回收貯，俟趙申喬本到之日啓奏。’後又奉旨：‘這事情已有諭旨，特遣大臣前往料理。該部知道。’”等六十八字。

⑥ 【注】亦見於《青銅自考》卷二，題作《密題起程撫剿》。

康熙四十二年十月初九日蒙兵部札付，内開該臣等會議得云云等因到臣。[①] 該臣欽遵俞旨、行到部文咨移督撫外，臣查楚省各營官兵時際昇平，未履行陣，誠恐暇豫日久，玩惰漸生，謹按臣標及本省各鎮協營官兵之内，酌量均調六千餘名，副、參、遊、都、守、千、把等官刻期起發，由常德者至常取齊，路有徑至鎮筸者取便赴筸聚齊。今照欽差大臣席爾達等同總督喻成龍、湖南巡撫趙申喬已經俱到常德會議，[②]前赴鎮筸，相度剿撫機宜。臣隨督率本標及晉省題帶來楚并各營官兵、將弁、功加、候用、外委人員於十一月初四日自常起程，統聽欽差大臣欽遵廟謨分佈調遣。務使蠢苗撫則仰體皇上好生之德，開誠布信，令其永服王化，以歸版圖；逆則會師迅討，犁穴覆巢，以期永靖邊城。[③] 除酌調官兵銜名、數目文册，俟各營造齎至日，另文送部，及臣衙門一應欽部案件照例暫停，旋常依限完結外，所有微臣率兵起程日期理合密疏題報。伏乞皇上睿鑒施行。[④]

恭報起程赴筸疏　喻成龍

題爲恭報微臣起程赴鎮筸日期，仰祈睿鑒事。

康熙四十二年十月十七日，准欽差筆帖式臣吴世泰特送兵部公文一角到臣，臣隨拆閲，爲欽奉上諭事，内開該臣等會議得云云

① 云云等因到臣：《青銅自考》作："康熙四十二年九月二十四日奉旨：'湖南紅苗自明朝以來，負固不服，今仍劫掠我人民、牲畜，生事多端；其附近我處奸民亦搶奪人畜，及事發之後，諉罪於紅苗者有之。紅苗人等不可令在三省接壤之地以爲民害。着照招撫廣東八排猺人之例，遣在京大臣前往，帶荆州駐防滿洲兵一千名，並酌帶廣西、貴州、湖南三省兵，乘此冬月，直逼苗穴，勒令歸誠，設立州縣，庶幾民生不致若此之擾害矣。欽此。'應行文湖廣與廣西、貴州提督等預備兵丁，俟所遣大臣到日，宣布上諭，曉諭歸誠。若冥頑不悛，即刻期三路進剿撲滅等因。蒙此。"

② 巡抚：《青銅自考》作"撫臣"。常德會议：《青銅自考》作"常德"。

③ 城：《青銅自考》作"域"。

④ 《青銅自考》"施行"後有"康熙四十二年十一月初四日題。奉旨：'該部知道。'"等十九字。

等因到臣。續又三准兵部咨同前由到臣。准此,臣欽惟我皇上仁育義正,聲教覃敷,舉凡日月之所照臨,無不盡歸胞與。乃有紅苗冥頑不悟,負嵎鎮筸,擾害邊氓,動闕睿慮,特欽差尚書臣席爾達等帶領八旗前鋒、子母炮位馳驛赴筸,先撫後剿,并令與臣商酌行事。臣欽遵諭旨,仰體皇恩,除咨移將軍、巡撫、提督、總兵一體欽遵外,臣隨酌量選帶標下馬步官兵五百五十名,於十月十九日星馳前赴鎮筸,相度形勢,覓就鄉導、熟苗伺候。欽差大臣至日,先將招撫機宜悉心商酌,然後親臨苗境,宣布朝廷恩威,曉以臣民大義,赦其既往,許其自新,使之知我皇上覆幬無外之弘仁、神武不殺之聖德。苗雖蠢類,亦具人性,自無不向化傾心,翻然來格。倘猶執迷頑梗,則恭行撻伐,亦無不犁巢掃穴又安邊境者也。

臣又並接邸抄,恭逢聖駕巡幸西秦,省方嵩汴。豫省與楚接壤,臣以奉旨赴筸贊勷軍務,不獲趨赴行在叩覲天顔,恭聆聖訓,謹於湖北撫臣年遐齡起程接駕之日,臣出郊跪請聖安,少伸犬馬戀主之忱,理合題明。所有微臣起程赴鎮筸日期相應一並題報,伏乞皇上睿鑒施行。

恭報起程赴荆疏 趙申喬

題爲恭報微臣起程赴荆日期,仰祈睿鑒事。

康熙四十二年十月二十三日戌時,准兵部咨開,爲欽奉上諭事,内開"准總統三省滿漢官兵議政大臣經筵講官吏部尚書兼管禮部尚書事席爾達等咨稱,康熙四十二年十月初六日恭請訓旨。奉旨:'爾等此番招撫紅苗,將偏沅巡撫趙申喬帶去,至荆州時用偏沅巡撫印。欽此。'本部堂等於十月初七日自京起程,約於本月二十五日可抵荆州,貴院約計本部堂到日,帶印至荆州可也"等因到部,移咨到臣。准此,臣欽惟我皇上至仁如天,神功蓋地,威行絶域,恩被荒陬,乃蠢苗無知,乘機剽掠,邊民屢被侵擾,致廑宸衷。特欽差尚書臣席爾達等帶領八旗前鋒、子母砲位馳驛赴筸，先撫後剿。臣准接部文，凛遵諭旨，隨咨行一體欽遵，即將標下經制額馬八十匹赶赴鎮城俟官兵乘坐，並於標下選調馬步官兵四百七十名，於十月十八等日赴筸，聽候欽差調遣。其隨行官兵需用錢糧俱經檄飭該司道預備支給，料理在案。嗣准兵部咨開：奉旨，此番招撫紅苗將臣帶去，并令帶印至荆。臣仰奉諭旨，謹於本年十月二十五日隨帶印信前往荆州。第臣接閱邸抄，恭逢聖駕巡省嵩、華，豫、楚接壤，臣以奉旨赴荆，不獲跪迎中路，恭請聖安，區區之誠實難自慰，惟有遥望鑾輿，三呼百叩，少伸犬馬戀主之微悃而已，理合題明。所有微臣起程赴荆日期相應一並題報，伏乞皇上睿鑒施行。

再照定例：督撫有公務在本省内行走者，不准展限，但臣奉旨隨欽差帶去，難以定期，所有臣衙門一應命盗案件若仍解軍前，則路遠途艱，未免拖累，恐不能依限具題，容臣回署親審，照案完結，合並陳明。

恭報會剿起程疏 張旺

題爲恭報微臣帶領官兵會剿紅苗起程日期事。

康熙四十二年十月十九日戌時，接蒙兵部差筆帖式胡拉太撥什庫山東賫札付到臣，爲欽奉上諭事，内開該臣等會議得云云等因。蒙此，臣即欽遵并咨會本省督撫及湖廣、貴州督撫提鎮外，隨即遴選臣標前營遊擊一員劉伏振，千總二員郭寰、洪珍，把總六員田尚義、陳名、吴進、劉會科、羅列、吴啓賢，并挑選臣標馬步戰守兵丁一千二百名。又即飛檄柳慶副將康承祖，於該營選撥兵丁一百名，交該協右營守備王朝佐帶領；潯州副將朱元英，於該營挑選兵丁二百名，千、把各一員；護理永寧參將印務守備李旹新，於該營挑選兵丁二百名，千、把各一員；平樂副將何士升，於該營挑選兵丁二百名，交該營守備陳義、千總李善帶領；桂林副將王國用，於該營兵丁挑選一百名,該副將帶領。并臣標貼防桂林千總張世傑撥兵二百名,左江鎮標貼防桂林把總雷啓明撥兵一百名,該千總各帶領;又行全州參將王順,於該營挑選兵丁二百名,千、把各一員,該參將帶領。通共調撥兵丁二千五百名,聽臣統領,前去會剿。所有出師官兵糧餉咨會廣西撫臣蕭永藻料理解運,隨營支放。及移行通省各標協營嚴加防範各該管地方外,臣查湖南紅苗地方與臣所駐柳州府相距將有一月之程,臣今擇於十月二十八日統領各官兵起程,由桂林、全州兼程前至湖南,就近紅苗地方駐扎,聽候欽差大臣宣布皇上恩德,曉諭歸誠。若冥頑不悛,則聽欽差大臣調遣,刻期三路進剿。至臣衙門一切欽部案件,行間難以料理,容臣凱旋之日完結,合並聲明。所有微臣帶領官兵職名、數目、起程日期理合題報,伏乞皇上睿鑒施行。

恭報會剿起程疏 李芳述

題爲欽奉上諭事。

康熙四十二年十一月初二日午時,蒙兵部札付,准"總統三省滿漢官兵議政大臣經筵講官吏部尚書兼管禮部尚書事席爾達等咨稱,'爲照本部堂等於康熙四十二年十月初七日自京起程,約於本月二十五日前抵荆州,該提督率領官兵速赴紅苗所踞接壤緊要適中之地。嚴飭官兵沿途毋得騷擾百姓。該提督仍將所赴地方官兵數目、紅苗情形速行知會本部堂等調遣可也'等因到部,爲此合札該提督遵奉施行等因"。蒙此,查此案預備兵丁,臣於十月十七日戌時接蒙部文,一面酌派各標協營官兵五千名,臣一面收拾齊備,伺候親往統兵。因部文内止令預備兵丁,未經指明何項官員統領。雲貴督臣節制兩省,隨經飛差咨請裁示,嗣於二十五日丑時接准督臣咨覆,以臣有總統全省兵馬錢糧之責,不能親身前往,遴委大定鎮臣李世威前往統領,臣不必親往之行,只得遵奉止。業經將派兵數目及臣標兵丁起身日期與改委鎮臣領兵緣由題報在案,臣隨親赴貴州省城看發各營兵丁。今於十一月初二日午時在省接蒙部文,内准欽差、總統、尚書臣席爾達既有“該提督率領官兵”之語。臣遵奉,一面咨止大定鎮臣李世威不必前來,一面備咨督臣。臣即於本月初三日辰時自省起身,星速前往接界紅苗之銅仁地方駐扎,知會總統、尚書臣席爾達聽候調遣。

再臣標中軍參將胡泮前奉督臣委護威寧鎮印,今臣既出師,臣標前後二營遊擊亦往軍前,在城止有右營遊擊一員,城汛事務不敷料理,並咨督臣速另委員接署,將中軍參將胡泮換回安順,協同料理。其一應欽部事件容臣旋師回汛,扣限完結。至於各營兵丁花名、領兵官員銜名,俟各到齊造報至日,及臣標情願自備鞍馬口糧隨師效力外委、武舉姓名一併分別彙册,照例呈送兵部查核。臣今奉文出兵,臣標另外挑帶馬兵一百名,將前派安南營守備一員、把總一員、兵丁一百名仍令回汛,以合前報伍千之數,合并聲明。所有微臣遵奉前往領兵日期,理合恭疏題報,伏乞皇上睿鑒施行。

恭請效力起程疏 張谷貞

聖恩高厚等事。

康熙四十二年十二月十一日戌時,蒙兵部札付,内開“職方清吏司案呈奉本部送兵科抄出湖廣襄陽總兵官張谷貞題前事等因。康熙四十二年十月十六日題,十一月初十日奉旨:‘張谷貞著帶本標兵五百名前往效力,該部知道,欽此。’科抄到部,擬合就行。爲此合札該鎮欽遵施行”等因。蒙此,竊臣於康熙四十二年十月十七日准湖廣提臣俞益謨咨文,爲欽奉上論事,檄調臣標並兼轄均房、襄城守營官兵共六百八十員名。臣即挑選委令右營遊擊張國統領,星夜前進訖。今奉俞旨,著臣“帶本標兵五百名前往效力,該部知道”。欽此欽遵。臣聞命之下，[①]不勝踴躍懽忻，遵即挑選襄城守營守備孫可宗並本標官兵五百員名，於本年十二月十三日臣率領星夜兼程前往，統聽欽差大人分佈調遣。至於襄陽各緊要隘口，嚴飭各將備、弁兵加意小心，汛防毋致疏虞外，所有微臣領兵起程日期理合恭疏題報，伏祈皇上睿鑒施行。

恭報三省官兵扎立營盤疏　席爾達

題爲奏聞事。

臣等於康熙四十二年十月初七日自京起程，於十一月十二日前抵鎮筸，即遵面諭，宣布皇上好生之仁，曉諭各寨紅苗，其前來歸誠者甚衆，俱已酌量獎賞。但苗性不常，其未繳器械歸誠之處難以遽信。臣等會商，俟所調官兵到日，將紅苗境内行凶作亂之天星寨、馬鞍山、毛都塘、七兜樹、打郎寨、湄亮寨、老家寨、兩頭羊、糯塘山、老枉山等寨分頭齊進，[②]犄角扼守，相機撫剿。其所調官兵已陸續到齊，臣等會同荆州副都統朱滿、總督喻成龍、巡撫趙申喬、提督俞益謨，於十一月二十七日統領滿漢官兵起程，於本月三十日至天星等寨迤東檬木營、上麻冲、提梁坡、白菓窑等處扎立營盤，令貴州提督李芳述率領官兵在天星等寨迤西池河營、龍蛟洞、兜沙、葫蘆寨等處扎立營盤，令湖廣九谿副將韓永傑、長沙副將高一靖帶伊等率領官兵並永順土司彭弘海所帶土兵在天星等寨迤北鴨保、大塘等處扎立營盤，令廣西提督張旺、湖廣鎮筸總兵官雷如等官兵並保靖土司彭鼎所帶土兵在天星等寨迤南打郎寨、馬鞍山等處扎立營盤，相去甚近，離天星等寨亦相去不遠。臣等現在檬木營招撫紅

---

① “臣聞”以下至本段結束，爲原書第五册卷之三第二十二頁左半頁内容，錯簡裝訂在了第一册中。

② 七兜樹：本書前附《苗寨全圖》亦作“七兜樹”，但後文多有“齊頭樹”“七都樹”者，根據文意，當指同一地方。出現不同寫法，當爲依地名發音記載，音近而字不同。

苗,内有抗不歸命者令官兵進勦撲滅,其招撫歸誠、勦滅抗拒之處另疏奏聞外,爲此謹具奏聞。

吏部尚書管禮部尚書事臣席爾達
參贊副都統臣圖思海
參贊副都統臣徐九如
參贊荆州副都統臣朱滿
參贊湖廣總督臣喻成龍
參贊湖廣提督臣俞益謨

恭報撫勦紅苗情形疏 席爾達

題爲恭報招撫紅苗各寨,大敗逆苗,連日撲勦情形事。

臣等自京臨行之際,蒙皇上面諭,一面分佈官兵前赴苗境扼守要隘,一面會商督撫遣人前往紅苗各寨宣諭朝廷好生至仁。陸續剃髮摘環、呈繳軍器、前來歸誠者,共計三百零一寨,其歸誠苗人咸稱:"我們係邊荒無知之人,不知法紀,妄行狂逞。今調三省官兵來勦我們,只道將我們盡行都殺。不意聖主上諭'如來投誠,免其屠戮',真真大過天高地厚之恩,我們情願納糧當差,永爲良民。"言之無不踴躍歡娛,臣等酌量獎賞。至天星寨、龍蛟洞、排六梁、糯塘山、上葫蘆寨、下葫蘆寨、兜沙、馬鞍山、打郎寨、老枉山、毛都塘、老家寨、兩頭羊、湄亮寨、七都樹等寨屢次撫諭,其苗人因連年行凶作亂之處甚多,不來歸誠,臣等仰遵"如敢抗撫,即行勦滅"之上諭,應行勦滅,以伸國威。公同會商,隨令湖廣提督俞益謨帶領所率官兵攻取天星寨、龍蛟洞、排六梁等寨,令貴州提督李芳述攻取糯塘山、上葫蘆寨、下葫蘆寨、兜沙等寨,令廣西提督張旺攻取馬鞍山打郎寨、老枉山等寨,令湖廣鎮筸總兵官雷如攻取毛都塘、老家寨、兩頭羊、湄亮寨、七都樹等寨。臣等傳諭提督、總兵官等,紅苗在三省接壤之地以爲民害,皇上特調三省滿漢官兵前來撫勦,今天星等寨抗不受撫,甚屬可惡。該提鎮等鼓勵官兵奮勇進剿,遇賊即殺,遇山即搜,兵至何地,即在彼地屯扎,毋得撤回,務淨根株,各宜勉旃等因去後。臣等於康熙四十二年十二月初十日自欙木營前赴苗穴龍蛟洞,臣席爾達統領京來鑲黄旗内府護軍參領齊寇,詹事府諭德覺霍拓,兵部郎中阿玉璽、員外郎岳來,禮部筆帖式恩格、劉格、阿士達,户部筆帖式傅璽,兵部筆帖式德格,前鋒二十名,並荆州正白旗佐領部委前鋒噶喇大拉虎塔、正黄旗拖沙喇哈番品級章京部委前鋒參領巴達世、正藍旗拖沙喇哈番品級章京部委前鋒參領倪哈達、鑲黄旗佐領部委夸蘭大彭色、正黄旗協領部委夸蘭大洪科等及前鋒甲兵應援由龍蛟洞進剿;緑旗官兵參贊副都統徐九如率領京來正白旗護軍參領葉成格、前鋒十名並荆州正白旗協領部委夸蘭大羅敏、正紅旗佐領部委夸蘭大折庫納等及甲兵應援由重寨進剿之;緑旗參贊副都統圖思海率領京來正黄旗護軍參領恩德爾根、前鋒十名並荆州鑲白旗佐領部委夸蘭大蘇爾八代、鑲紅旗協領部委夸蘭大盧海等及甲兵應援由兜沙進剿之;緑旗官兵參贊荆州副都統朱滿率領正藍旗佐領部委夸蘭大龍福、鑲藍旗佐領部委誇蘭大爾德赫等及甲兵應援由葫蘆寨進剿之;緑旗官兵參贊湖廣總督喻成龍、偏沅巡撫趙申喬各率本標官兵應援由小池河營進剿之。

緑旗官兵合力前進。於本月二十四日准提督俞益謨報稱:“天星寨爲苗穴第一險寨,龍蛟洞係非常惡箐。於本月十三日令長沙副將高一靖、九谿副將韓永傑、辰州副將趙文璧、武昌參將周應武等分爲四股,嚴飭官兵經過受撫順苗秋毫無犯去後。是日,本提督親率官兵直逼天星寨,安立營盤。環視此寨,高險異常,無級可登。隨令鎗砲攻打。苗恃土穴,寂然不動。遥望小天星寨後山陡岩高險,樹木陰暗,恐有埋伏。於十四日令大同參將許士隆等帶領官兵攀岩而上,[①]

① 士:本書卷八《出师文武官員御名》作“仕”,其餘地方均作“士”;《青銅自考》“士”“仕”均出現;其他文獻如《(乾隆)山西通志》《(乾隆)甘肅通志》等寫法也不一。爲確保全書統一,根據多數寫法,通作“士”,下同。

逆苗有六七百人群起迎敵。我兵鎗砲齊發,箭射如雨。逆苗抵敵不住,正欲奔逃,適副將高一靖等從龍蛟洞搜進,聽得小天星寨後山鎗砲由西南一帶圍裹前來,與許士隆等兩下夾攻。自午至未,擊殺逆苗四百九十三名,活擒八名,得獲鳥鎗、長鎗、弩弓、弩箭、環刀、馬匹、雜糧。活擒八名當即正法,得獲器械、馬匹、雜糧分賞官兵。復令副將高一靖等仍照原派搜箐,令守備王繼偉領兵於小天星寨並對山安立營盤,架立鎗砲,攻打大天星寨。苗見襲取小天星寨,在上高叫:'不要放砲,我們情願呈繳器械歸誠。'於十六日挑選健丁二十名,諭把總蔡賓芳帶領,各持花紅銀牌、號旗,身帶利刃去後。據把總蔡賓芳回稱:'苗人懸梯,卑弁等一湧上寨,麾旗抽刃:"我等前來招安,你們受撫不受撫?"苗人甚畏,口稱情願歸誠,叩領花紅銀牌訖。'

"本日,本部堂所遣護軍參領齊寇、恩德爾根、葉成格,兵部郎中阿玉璽到營,親所目睹。二十一日,本部堂等親臨,遣護軍參領齊寇、葉成格登寨验看,寨苗男婦老幼叩謝皇恩。除户口、器械聽衡永郴道張仕可等查繳外,[①]本日據副將高一靖、韓永傑、趙文璧報稱:'卑職等率領官兵並永順土司兵丁,由老菜溪搜至毛都塘,並無苗蹤。十九日至排六梁箐口,夜黑,見深箐之中微有火亮,分兵五股,副將韓永傑、趙文璧率兵由箐口直進,副將高一靖率兵向箐西口而入,天柱參將吴郡等率兵由箐北口而進,大同參將許士隆等率兵由箐南口而進。又因箐南上接糯塘、老杠等山,恐有勢迫扒山逃竄,公議永定遊擊包成等各帶官兵循箐傍南,扒越上山,以堵遁苗之路,約以連放五鎗爲號。於二十日分路而進,永傑等搜至箐南大山之下,隔一深溝有新舊茅蓬,大小百十餘間,樹林之内約有千餘苗子並牲畜等項,即放號鎗。逆苗群起,各執杆子、鳥槍,拒溝對

① 郴:原文無,卷四喻成龍《題定善後條款疏》文中有"分守衡永郴道參議張仕可";卷八《出征運糧各員銜名》中作"署辰沅道事衡永郴道張仕可",《招撫苗寨官弁姓名》中作"署辰沅靖道事衡永郴道張仕可"(案:康熙年間爲"辰沅靖道"),且康熙年間只設有"衡永郴道",并無"衡永道",據補。

敵。我兵鎗砲齊發，四路官兵一齊都至，自午至未，擊死大半，苗勢急迫，扒岩而走，又被遊擊包成等各率官兵邀截堵住，鎗矢如雨，滚岩落溝，死者無數。共擊死八百餘人，得獲鳥鎗、火藥、鎗刀、盔甲、馬牛、雜糧等項甚多'等因到職，理合報聞。"①

又於本月二十五日准貴州提督李芳述報稱："職於十二月十三日督率官兵前赴糯塘山、上下葫蘆寨等處，酌派銅仁協副將孫成龍等領兵由烏漕江一路前進，又酌派本標後營遊擊吴明等領兵由小池河營一路前進，又酌派大定鎮標右營遊擊李雄等領兵由葫蘆寨兩路前進，又酌派鎮遠協副將吴坤等領兵由兜沙兩路前進，又酌派平遠協副將駱儼等領兵由重寨兩路前進，共派五路官兵，嚴飭不許驚擾已經歸誠苗寨去後。今據五路領兵將員報稱'職等帶領官兵於十三日前至糯塘山，奈此山势險峻非常，箐木插天，箭竹密排，糾纏黑暗，難以乘騎。我兵扳藤上下，側身低腰，至十五日進至飛岩垉。逆苗二千餘人據險對敵，我兵一齊圍攻，奮勇上前，奪占岩坎。逆苗滚木擂石齊下。我兵用砲對面攻打，暗分兩路，斬砍竹茨，兩肋扒上。逆苗亦分兩路迎敵。我兵一齊前進，斬逆苗七百餘人，滚岩死者不計其數，活擒逆苗三十七人，得獲鐵盔、鳥鎗、刀鎗、弩弓等項甚多。十六日復行搜剿，十七日進至蜂筩岩。逆苗千餘盤踞放鎗。我兵圍攻，鎗砲還打，自辰至未，前面虚張攻上之勢，一面分兵抄出賊後，奮勇齊登，逆苗奔潰。我兵截殺五百餘賊，活擒二十九人，滚岩死者不計其數，得獲盔甲、鳥鎗、刀鎗、弩弓等項甚多。復搜至偏岩，得獲苗婦五口，苗娃八個，牛馬甚衆'等因到職。活擒苗贼正法梟示，苗婦、苗娃、牛馬均匀分賞各營官兵，得獲器械俱不堪用，當就銷燬，理合報聞。"

二十九日准廣西提督張旺報稱："職帶領官兵於十二月十三日

---

① 【注】俞益謨報稱内容，可詳參《青銅自考》卷四《彙敘撫剿捷——咨報總統部堂席》。

前赴馬鞍山、打郎寨等處,諭桂林副將王國用等帶領馬步兵丁從馬鞍山而進,本標前營遊擊劉伏振等各帶官兵直抵老枉山堵截,職在山之巔布置聲援各去後。據桂林副將王國用等報稱,'率領官兵沿馬鞍山各處搜遍,並無逆苗蹤跡。離馬鞍山二里路,見有一峒,樹稠箐密,壁陡懸岩,有逆苗千有餘人踞險迎敵。我兵奮勇向前,適值遊擊劉伏振帶領官兵越山而至,合力齊攻,陣斬逆苗三百餘人,苗賊奔潰。柳慶營守備王朝佐等堵截其路,斬死一百五十餘人。得獲長鎗、鳥鎗、鐵盔、環刀等項不計其數'等語。十四日復親身統領官兵分路前進極高極險之處,督率官兵逐一搜捕,並無凶苗蹤跡。及抵打郎山,安諭歸誠苗衆。搜有一里之外,凶苗從深箐突出拒敵,右營千總洪珍率領兵丁奮勇直前,砍殺逆苗五十餘人,滚入深箐跌死者甚多,得獲苗盔、鳥鎗、刀鎗等項。又於十五日復親身領官兵於老枉山各處極力搜捕,竟無影響。又十六日飭令桂林副將王國用等分路搜捕。左江鎮標把總雷啓明領兵劈荆覓路,走至沖下,苗賊群起交攻。把總雷啓明率兵奮勇登先迎敵,殺死苗賊二十四名。職遣本標千總郭褱從東而入,鎗砲齊發,擊死逆苗八十餘人。桂林副將王國用等一聞炮聲,督兵立至,合力奮擊,殺死逆苗一百餘人,其餘奔跑。本標右營遊擊劉伏振堵截殺賊九十餘人,得獲鳥鎗、藥弩、鎗刀等項甚多。又十七日密諭桂林副將王國用帶領弁兵由山之東而進,全州參將王順帶領弁兵由山之南而進,平樂協守備陳義等帶領弁兵由山之西而進,本標前營遊擊劉伏振帶領弁兵由山之北而進,職帶領官兵在山之頂分佈聲援。黎明時候,直到沖下會合。尋蹤,見一深峒,内有苗賊足跡,又聞苗娃哭聲,即督官兵挨次而入。奈峒黑暗不能得入,就令各官砍樹刈茅,放火烧燻,不知燻死多少。復將四處大小坑峒逐一窮搜,見有鎗傷、砍傷許多苗屍,得獲鐵盔、雜糧、棉花等項。仍遍處搜緝,不復有苗影跡。又於十八日親身統領官兵進老家等寨一帶地方,見有一寨,令官兵搜剿,巢内並無一苗。當令官兵上山,四面搜捕,見逆苗一名藏在草内,將鎗打死,獲鎗一根、牛七隻。又督兵前至老家寨,而苗穴已經鎮筸鎮與保靖司土兵放火燒燬,苗已逃竄。隨即飭令桂林副將王國用等於糯塘山一帶與湖廣、貴州官兵相連屯扎。十九日,副將王國用等回稱'本日雨雪路滑,不便進兵'等情。又於二十日,職見霧重,恐逆苗潛逃亦未可定,隨令本標中營千總郭寰、右營把總吴進、平樂協千總張鐸、潯州協把總趙啓鳳各帶兵丁一百名,前去山箐巡哨,小心隄防,遇有逆苗,協力擒獲去後。把總吴進回稱'至官峒地方,見有苗子走往山背後,衆兵齊追,殺死苗賊二十餘人,賊就四散奔逃,又被兵丁鄢奇等攔截,殺死一十三名,得獲長鎗、弩弓等項。又哨至一里餘地,又遇着苗子,奮勇追趕,苗子棄械滚入深塹,得獲鳥鎗、長鎗'等語。把總趙啓鳳回稱,哨至甘峒平,適遇苗賊一名、苗婦二口奔逃,向前拿獲等情。又於二十一日據本標前營遊擊劉伏振等回稱,二十日據右營千總洪珍回稱,聽得山箐有苗人説話等情。隨即會同桂林副將王國用、全州參將王順,不避雨雪,三路進兵。桂林副將王國用率領官兵由左路而進,全州參將王順率領官兵由右路而進,卑職帶領官兵由中路而進,三路並進,有苗賊一群向箐林山坎躲藏,卑職等督令官兵奮勇齊上。有後營把總羅列率兵登先,殺死苗賊二人,三路官兵合力齊上,殺死苗賊一百七十餘人,活擒苗賊三十七名,餘賊逃遁,滚落深岩,跌死許多,得獲鳥鎗、弩弓、馬牛等項等情。又於二十二、二十三等日遣發各營官兵遍處搜捕,並無蹤影等情到職,理合報聞。"

二十九日,據鎮筸總兵官雷如報稱:"職於十二月十三日即帶所領官兵並保靖土司彭澤虹土兵即抵毛都塘大寨,苗人扼險迎敵,我官兵奮勇前進,四圍夾剿,逆苗不能抵敵,沿山奔潰。斬殺逆苗五百二十餘人,活擒逆苗一十七名,得獲盔甲、鎗刀、鳥鎗等項甚多。活擒逆苗當即梟示,得獲皮甲無用,亦即焚燬,餘賞各兵。毛都塘地方緊逼糯塘山隘口,糯塘山重岩峻嶺,深箐層林,上接老枉山,下接天星寨,乃狡苗聚窟之所。本職密遣熟識鄉導偵實路徑,於十五日遣發本標、撫標兩路官兵架梁而下，令保靖司土兵搜箐而入，本職復督兵山頂施放砲位。逆苗將大木砍伐，堵塞箐道，我兵奮勇砍入，直逼高界之處。逆苗施放鳥鎗，我兵爭先斬殺苗人六百餘名，活擒逆苗二十二人，得獲苗婦子女三十一名，馬牛、鎗刀、鳥鎗等項甚多，俱賞各兵。查兩頭羊去毛都塘約有五里之遥，本職屢遣招諭，狡苗倚恃箐峒，觀望抗撫。本職於十六日遣兵復進糯塘山，張其旗幟，施放砲位，密飭領兵將備移兵轉擊兩頭羊。我漢土官兵一齊進發，斬殺逆苗一百一十五名，得獲苗婦子女六口，馬牛、刀鎗、弩弓、鳥鎗等項甚多等情。本職復密令親信苗目，四往偵探。二十日回稟：七都樹、老家寨等處逆苗先藏匿於糯塘、老柾山箐，因連日攻急，遁藏於狗喇岩後山箐峒。隨密飭本標右營遊擊史讃、撫標右營遊擊胡璉等率領弁兵，並保靖司土兵分爲四路進發。隨據領兵將備回稟：至狗喇岩後山，遠望有窩蓬、烟火，官兵周圍進逼，鎗矢俱發，斬殺逆苗二百三十五人，得獲苗婦子女九口，牛馬、刀鎗甚多等情到職。活擒逆苗正法，苗婦子女賞給兵丁，理合報聞”等因到臣等。

查紅苗自唐虞時以至於明，常爲邊害，其間歷代雖有勦撫，從來未服教化，弗入版圖。斯役也，皇上軫念生民，指授臣等勦撫方略。臣等仰遵上諭，宣諭各苗，旋即剃髮摘環、呈繳器械、前來歸誠者三百零一寨。復遵諭旨，進攻抗撫天星等寨。而三省官兵盡皆感戴朝廷豢養之恩，俱各爭先，雖高山陡壁、幽箐深塹、密林荆棘之處，無不勇往直前，且不避雨雪，思圖報效。自十三至二十三日，進勦搜捕，俾逆苗膽落，大獲全勝。此皆皇上仁德覃敷、威靈丕振之所致也，不獨三省官兵贊揚不已，即全楚老幼稱頌弗遑。臣等欽遵面諭，統領滿漢官兵確視天星等寨苗穴，隨將荆州八旗滿兵交與副都統朱滿帶回，荆州三省緑旗官兵交與該提督等發回原汛，京來前鋒並子母砲交與副都統圖思海、徐九如等帶回京城。臣復抵鎮筸，與部院官員並督撫等公議編設州縣、安立營兵之處，另疏具題。其撫剿在事人員及苗人户口、器械數目，俟該督提另行報部外，爲此謹題。

請增黔楚官兵善後疏 席爾達

題爲欽奉上諭事。

竊臣臨行之際，奉上諭："苗子投誠後，爾率領滿漢官兵將苗巢穴盡行確視，令官兵各回原汛，副都統等帶兵回京。爾留部院官員會同地方官等作何安兵、編設州縣之處確議具奏。"欽此欽遵。該臣等議得，紅苗居楚、黔、粵西三省接壤之地，擾害邊民。皇上軫念生民，特調三省官兵前來撫剿，復着安兵，編設州縣，此誠愛養元元，至矣盡矣。查廣西雖與楚省接壤，而與生事紅苗所踞之地尚遠，無庸議外，惟貴州銅仁府與湖廣鎮筸接壤，且防守地方又逼近紅苗居巢，此等要地，駐守兵共止六百四十名，應酌量增兵五百六十名，合爲一千二百名，令其於正大營要隘處所分汛防守。再設同知一員，管理苗人事務。其增兵、設立同知之處令督、撫、提督酌議具題。其湖廣鎮筸總兵官標下四營兵丁共二千一百名，而防守地方自喜鵲營至亭子關三百八十餘里，汛廣兵單。查明季自喜鵲營至亭子關共設兵七千八百名防守，後經裁革，俱爲土民。今應於此項人内及地方民人酌量選募九百名，共爲三千，俱爲戰兵。自殺苗坪至亭子關，督標、兩撫標及提標兵均匀抽撥一千名，遣遊擊、守備等官令住乾州以至喜鵲營，各分其界，相其要汛，多撥兵丁，互相聯絡，協同防守。前項官兵俱聽鎮筸總兵官管轄。至於增兵九百名，即於湖廣無要緊地方抽裁九百，以敷該省兵額，俟地方底定之日，將協防兵一千名具題撤回。臣等復遵上諭，確視苗人巢穴，見其山多田少，錢糧實難徵輸，應停其編設州縣，可將辰沅靖道移駐鎮筸，再於乾州添設同知一員，鳳凰營添設通判等一員，着令分界管理苗民。其添設同知、通判等員須家道殷實、熟諳苗情者選擇録用。同知、通判員下於楚省現任巡檢吏目等微員中撥各一名,交與同知、通判,令其巡查,此項官員俱聽辰沅靖道管轄。其苗人錢糧雖難徵收,糧米不可不令其輸納,應按户口起徵,交與該督撫查明定數具題。又於苗寨内各選寨長一名,命其催徵糧米;並酌設土百户,令其約束寨長,稽查匪類,收納糧米。此設寨長、百户之處亦交與該督、撫、提督選擇苗衆推服之人,酌量委用。至於募兵、裁兵及設同知等官之處,俱令該督、撫、提督酌議具題,其添設各官兵廨舍營房,令楚省官員捐俸建造可也。

恭報率師回常疏[①] 俞益謨

題爲恭報微臣撫勦事竣,率師回常日期事。

竊臣奉旨撫勦紅苗,其欽遵調集官兵數目、起程日期業經密題在案。師次辰州府,檄遣長沙副將高一靖、九谿副將韓永傑分率官兵由乾州會同鎮筸遊擊火運升、永順宣慰司彭弘海,自崇山衛一帶直至龍蓬、鴨保地方駐扎,與貴州官兵營盤聲勢相聯。臣率官兵由鎮筸同欽差、尚書席爾達,副都統等及滿漢大兵,於十一月二十七日前進殺苗坪、火麻營、上麻沖、地良坡、白菓窑、橡木營等處,相度險要,安設官兵,控扼隘口,保護糧運,經過就撫順苗峒寨,仰體皇仁,秋毫無犯。所有官兵進勦龍蛟洞、天星寨、排六梁一帶抗撫逆苗峒寨情形,俱經咨報欽差、尚書彙疏會題在案。惟是紅苗梗化,自古爲然,今蒙我皇上神威聖武,睿算無遺;尚書席爾達等復能仰遵廟謨,調遣有方;滿漢官兵歡呼效力。蠢苗望風乞撫者三百餘寨,莫不戴德如天,感恩入骨。其冥頑抗撫之逆苗,深山密箐,合力搜勦,即有一二漏網餘孽,無不落膽驚魂。不及一月,撫勦告成。從此革面革心耕鑿,永爲編氓,使邊陲赤子億萬世享皇上昇平之

① 【注】亦見於《青銅自考》卷二《題奏條議》,題作《撫勦事竣回常》。

福,誠亙古未有之盛事也。除酌留貼防官兵暫資彈壓已經督臣會疏題明,並召集逃亡、編查户口、設官增汛、善後事宜,俟欽差、尚書席爾達等會商另題外,所有臣於康熙四十三年正月十二日率領官兵自鎮筸起程、本月十八日到署日期理合密疏題報,伏乞睿鑒施行。①

恭報回署疏 喻成龍

題爲恭報微臣回署日期,仰祈睿鑒事。

康熙四十二年十月十七日,准兵部咨,爲欽奉上諭事,内開該臣等會議得云云等因到臣。竊臣欽奉諭旨,撫剿紅苗,前赴鎮筸地方已經題報在案。續於四十二年十一月十四日會同欽差、尚書席爾達等抵五寨司城,於十二月初一日統領官兵直入苗穴,仰遵聖諭,分别撫剿,竣事情形及留兵彈壓緣由俱經會疏題報。臣回至常德府地方,會同尚書臣席爾達暨撫提諸臣定議設官增汛、善後事宜,除聽尚書臣席爾達會疏具題外,臣於康熙四十三年正月二十四日自常德起程,於二月初五日已抵武昌省署。所有微臣回署日期理合恭疏題報,伏乞皇上睿鑒施行。

恭報回署疏 趙申喬

題爲恭報微臣回署日期,仰祈睿鑒事。

竊照紅苗梗化,奉旨特欽差尚書臣席爾達等前往招撫并帶臣同去。臣准部咨,遵旨於康熙四十二年十月二十五日起程,業經題報在案。我皇上好生之德,不啻同天;聖武之威,無遠弗屆。欽差、

① 《青銅自考》"施行"後有"康熙四十三年正月十八日題。奉旨:'該部知道。'"等十八字。

尚書臣席爾達等一至鎮筸，宣布皇仁，蠢苗感恩向化，乞命就撫，共有三百餘寨。其冥頑無知、倚恃深山密箐遷延抗撫者，欽差、尚書臣席爾達等仰奉廟謨，調遣滿漢官兵分路進剿，各將弁兵卒踴躍效力，深入搜捕，掃除巢穴。從來未盡之伏莽一旦銷魂，從來未見之奇勳一朝奏凱，皆賴我皇上愛育黎元，以一夫不獲爲念，命將遣師，招徠懾服，故醜苗授首革心，邊隅永享昇平之福。除剿撫情形尚書臣席爾達等已經會疏馳奏外，臣於康熙四十三年正月十二日自鎮筸起程，本月二十八日回至長沙。所有微臣回署日期理合具疏題報。

再，前准吏部咨，一應命盗案件俱於臣回署之日照例扣限完結現在遵照外，相應一並聲明，伏乞皇上睿鑒施行。

辨苗紀略卷之四

目　録

恭報領兵回汛疏　張旺

題爲恭報微臣率領官兵回汛日期事。

竊臣於康熙四十三年十月十九日蒙兵部札付，統兵前往湖南地方撫剿紅苗，業將起程日期、官兵職名數目題報在案。臣隨於二十八日自柳起行，由桂林前進。查柳汛去鎮筸地方計程二千二百餘里，所有砲位、火藥、鉛彈、鑼鍋、帳房等項乃係軍中之所必需，若令兵負，恐其荷重，難以遠征；若使民運，更恐有傷民力。臣抵省之日，撫臣蕭永藻偶值病中，諄諭布政使臣王然與臣商酌。既仰體我皇上恤兵愛民之聖心，復念官兵遠出之勞瘁，再四思維，議自撫臣與臣同司道等臣文二武一，公捐俸銀，僱募人夫，每名每日給銀一錢，俾兵民兩無偏累之苦。官兵一路歡騰，於十二月初三日抵鎮筸馬鞍山苗穴。

查馬鞍山與打郎寨、老枉山、糯塘山、老家寨、兩頭羊、湄亮寨各處相距十里、二十里不等。[1] 相視地方，度其緊要，酌量分佈，犄角相連，東接毛都塘鎮筸官兵，西接大池河貴州官兵，扎立營盤。一面廣宣我皇上如天浩蕩之洪恩、不忍誅戮之至德，多方出示，勸其改過歸誠。陸續有打郎上、中、下三寨苗人出投，臣即散給花紅銀牌，以昭賞賚。其餘有執迷負固者，務期撲滅，以淨根株。正在呈請尚書臣席爾達等指示，適於十二月十一日承准總統吏部尚書臣席爾達等咨爲軍務事，内開"爲照本部堂等統領滿漢官兵撫剿紅苗，仰體皇上好生之仁，出示曉諭，不啻再三，其陸續歸誠者固衆，而馬鞍山、毛都塘、老家寨、兩頭羊、湄亮寨、打郎寨、七都樹、龍蛟洞、兜沙、排六、上葫蘆寨、下葫蘆寨、天星寨、糯塘山、老枉山、甘葱寨等寨現在梗化，尚未歸誠。本部堂等按兵未即進剿，待其革心，不意逆苗怙惡不悛，弗肯納款，殊屬切齒，宜張撻伐，以伸國威。今訂期於本月十三日進剿，貴提督率領所屬官兵前赴馬鞍山、打郎寨等處，鼓勵將士奮勇撲滅，其臨時機宜是在貴提督之運籌酌奪耳"等因。承此，臣即薄捐賞給官兵，以示鼓勵，而督撫從未見有賞賚隔省官兵之處。兹湖廣督臣喻成龍、偏沅撫臣趙申喬亦各捐資，分犒副將、參將、遊擊各十二兩，守備八兩，千、把總各六兩，兵丁每名一錢，無非仰體我皇上愛惜士卒之至意，凡在事人員、兵卒莫不踴躍奮興。臣隨即親率官兵進剿，自十三日至二十三日，所有高山密箐剿殺情形、日期俱經備敍呈報尚書臣席爾達等在案，應聽欽差尚書臣席爾達等彙疏題報。但紅苗頑梗，亘古以來未歸王化，今我皇上秘訓尚書臣席爾達等總統滿漢官兵前往撫剿，不一月而冥頑之輩倏化純良，負固之流悉膏斧鉞，不特三省官兵歡呼雷動，即全楚童叟莫不感戴聖主天威遠播，咸頌廟算如神也。

職於二十六日承准尚書臣席爾達等咨爲軍務事，内開"爲照撫

[1] 湄亮：本書前附《苗寨全圖》同，但《苗地情形圖》卻作"眉亮"，當據當地人發音而記，音近而字不同。

剿機宜既已告竣,三省滿漢官兵應行撤回。今本部堂等統領滿兵於本月二十六日班師,前赴鎮筸,貴提督即將搜剿官兵撤回原住營盤,俟本部堂等滿兵起程之後,貴提督於二十七日帶領官兵前往鎮筸"等因。承准此,臣於二十七日遵奉統領官兵自馬鞍山起營回汛,今於康熙四十三年正月二十六日到臣駐扎衙門。至於傷亡官兵,臣念其奮不顧身,業已量爲捐助,而湖廣督臣喻成龍、偏沅撫臣趙申喬又經捐資,賞恤陣亡把總銀十兩,陣亡兵丁每名五兩,帶傷兵丁每名二兩。除將陣亡官兵名數另造清册報部查核外,所有微臣率領官兵起程、到汛日期理合恭疏題報。

再查糧米一項,萬山之中刻難緩待,而右江道參政朱士傑董率其事,柳州府同知錢裕,梧州府通判張一詳,候補知縣吴澄、孫承皋協同料理,源源接濟,時刻无誤,具見才能之選,要非撫臣知人善任,曷克臻此!

緣係題報事理,字多逾格,貼黄難盡,合並聲明,伏乞皇上睿鑒施行。

恭報領兵回汛疏 李芳述

題爲恭報微臣奉文領兵回汛日期事。

竊臣於康熙四十二年十一月初二日接蒙兵部札付,即於初三日起身出兵,業將起程日期、緣由恭疏題報在案。臣隨兼程前進,於十一月十五日抵銅仁所屬豹子營,承准欽差總統尚書臣席爾達等咨爲移會事,内開"臘耳山乃天星諸寨苗賊退藏之藪,[1]希冀貴提督統師前詣臘耳山,相視緊要之區如池河營、龍蛟洞等地扎立營盤,此外更有緊要之區亦祈分兵扼守堵截,以俟本部堂等訂期撫

① 臘耳山:本書前附《苗地情形圖》作"蜡尔山",《苗寨全圖》作"蜡耳山",當據當地人發音而記。

剿”等因。承此,臣即率領官兵於十七日前抵楚省苗穴之大池河營扎立營盤,相視緊要,自大池河營起,如小池河營、上葫蘆寨、下葫蘆寨、黄茅坪、兜沙、重寨以至龍蛟洞約計三十餘里俱是逆苗巢穴,處處緊要,臣酌量分佈,接連犄角,共下一十一座營盤,俱令緊逼苗巢,嚴飭晝夜小心防範堵截,聽候訂期撫剿。臣一面廣行宣布我皇上如天好生神武不殺之恩,多方曉諭,令其歸誠。其肯受撫之苗如大、小池河等寨,臣捐備賞賚,以示鼓勵;其執迷負固逆苗抗拒情形節經呈報部堂,並咨湖廣督臣。嗣於十二月初十日承准總統尚書臣席爾達等咨爲軍務事,内開“本部堂等統領滿漢官兵撫剿紅苗,仰體皇上好生之仁,出示曉諭,不啻再三,其陸續歸誠者固衆,而馬鞍山、毛都塘、老家寨、兩頭羊、米糧寨、[①]打郎寨、齊頭樹、龍蛟洞、兜沙、排六、上葫蘆寨、下葫蘆寨、天星寨、糯塘山、老枉山、甘葱寨等寨現在梗化,尚未歸誠,本部堂等按兵未即進剿,待其革心。不意逆苗怙惡不悛,[②]弗肯納款,殊屬切齒,宜張撻伐,以伸國威。今訂期於本月十三日進剿,貴提督率領所屬官兵前赴糯塘山上、下葫蘆寨等處,鼓勵將士奮勇撲滅”等因。承此,臣即密行,酌派五路官兵俱於十三日黎明分路進兵,會师合剿。臣親赴糯塘山、上下葫蘆寨等處調度機宜,鼓勵催督,自十三至二十三日,越十一晝夜。其山箐險峻形勢與夫撲剿情形、日期、數目俱經備敍,呈報總統部堂,應聽欽差總統部堂臣席爾達等彙疏題報。於二十四日承准部堂等咨開“准貴提督咨稱本部堂等指分之糯塘山、上下葫蘆等寨已無苗賊蹤跡等因到本部堂等。爲照撫剿機宜既已告竣,三省滿漢官兵應行撤回。今本部堂等統領滿兵於本月二十六日班師前赴鎮筸,查貴提督所率官兵逐日剿苗搜箐,勞瘁已極,將搜箐官兵撤回原駐營盤,俟本部堂等滿兵起程之後,即於二十八日貴提督統領回汛”

① 米糧:本書前附《苗地情形圖》《苗寨全圖》均無此地名,疑即前文之“眉(湄)亮”,當爲根據當地人發音而記。

② 怙:原作“怗”,依文意,當爲形近而訛,據改。

等因。承此,臣於二十四日將搜剿官兵撤回原駐營盤,於二十八日遵奉統領原帶官兵自大池河營起身回汛,除各標、協營進剿官兵内陣亡、帶傷兵丁亦經册報部堂,容臣回師查明有無父母、妻子、兄弟及住居地方,照例取具各結另行造報外,所有微臣奉文帶兵起身、回汛日期理合恭疏題報。再查池河苗巢不通驛路,臣於康熙四十三年正月初四日行抵湖廣沅州地方米稿鋪始行拜發,合並聲明,伏乞皇上睿鑒施行。

恭報起程回汛疏 張谷貞

聖恩高厚等事。

康熙四十二年十二月十一日戌時,蒙兵部札付,内開"職方清吏司案呈奉本部送兵科抄出湖廣襄陽總兵官張谷貞題前事等因。康熙四十二年十月十六日題,十一月初十日奉旨:'張谷貞著帶本標兵五百名前往效力。該部知道。欽此。'科抄到部,擬合就行,爲此合札該鎮欽遵施行"等因。蒙此,臣即挑選官兵五百員名於本月十三日起程,當經題報在案。臣率領官兵星夜兼程前進,於康熙四十三年正月初三日已抵鎮筸地方駐扎,聽候調遣。隨承准湖廣督臣喻成龍照會,内開"爲知照事。案准兵部咨開,奉旨准令該鎮帶兵五百名赴軍前效力等因。准此,隨照知在案。今撫剿紅苗事已告竣,但新附苗人及剿除遁藏之苗驚魂尚在未定,且本部院等仰遵諭旨,現在編查户口,酌議善後良策。其欽差、滿洲大兵及緑旗官兵俱已遵旨旋師,然此地尚須官兵駐扎附近苗寨處所,以資彈壓,該鎮疏請效力,奉有俞旨,統師官兵星夜奔馳,趕赴鎮筸,雖未及同入苗穴搜剿,即此暫須鎮防,無非共襄王事。該鎮即率領官兵駐扎乾州地方,俟苗民貼服,編查户口事完之日,另文照會該鎮統率官兵仍回原汛可也"等因。承准此,臣即遵照,領兵駐扎乾州彈壓地方外,今於本年三月初九日承准湖廣督臣喻成龍照會,内開"爲照知事。照得撫剿竣事之後,清查户口,招集逃亡,正在安輯人心之時,需兵壓制。本部院因念乾州爲苗路扼要之地,題留該鎮官兵暫駐乾州以資彈壓。今各寨苗人俱已貼服,户口册籍亦將告竣,該鎮官兵應行撤回,除具疏題明外,合行照知,爲此照會該鎮,文到即便帶領官兵仍回原汛"等因。承准此,臣即率領原帶官兵於三月十一日自乾州起行,今於本月二十七日到汛,所有到汛日期理合恭疏題報。

題請設官疏 喻成龍

題爲欽奉上論事。

康熙四十三年四月十三日准兵部咨開"職方清吏司案呈奉本部送兵科抄出該本部等部會覆吏部尚書管禮部尚書事席爾達題前事,内開'該臣等會議得,吏部尚書管禮部尚書事席爾達疏稱紅苗居楚、黔、粤西三省接壤之地,擾害邊民,特遣三省官兵撫剿。查廣西與紅苗所踞之地尚遠,無容議外,惟貴州銅仁府與鎮筸接壤,逼近紅苗居巢,此等要地駐守兵共六百四十名,應酌量增兵五百六十名,合爲一千二百,令其於要隘處所分汛防守。再設同知一員,管理苗人事務。其增兵、設立同知之處,令該督撫提酌量具題。其湖廣鎮筸總兵官標下四營兵丁共二千一百名,而防守地方自喜鵲營至亭子關三百八十餘里,汛廣兵單,應酌量選募九百名,共爲三千,俱爲戰兵,自殺苗坪至亭子關督標、两撫標及提標兵均匀抽撥一千名,遣遊擊、守備等官令駐乾州以至喜鵲營,各分其界,互相聯絡,協同防守,前項官兵俱聽鎮筸總兵官管轄。至增兵九百名即於湖廣無緊要地方抽裁,以符該省兵額,俟地方底定之日,將協防兵一千名具題撤回。臣等覆遵上論,確視苗人巢穴,見其山多田少,錢糧勢難徵輸,應停其編設州縣,可將辰沅靖道移駐鎮筸,再於乾州添設同知一員,鳳凰營添設通判一員,着令分界管理苗民。其同知、通判員下於楚省現任巡檢、吏目等撥各一員,交與同知、通判,令其巡查,此項官員俱聽辰沅靖道管轄。其苗人錢糧雖難徵收,而糧米不可不令其輸納,應按户口起徵,交與該督撫查明定數具題。又於苗寨内各選設寨長一名,命其催徵糧米,並酌設土百户,令其約束寨長,此設寨長、百户之處亦交與該督撫提選擇苗衆推服之人酌量委用。至於募兵、裁兵及設同知等官之處,俱令該督撫提酌議具題。其添設官兵廨舍營房,令楚省官員捐俸建造等因具題前來。查銅仁、鎮筸增兵設官、分汛防守處所并苗人輸納糧米,應按户口查明定數,酌設土百户、寨長約束徵收,及建造廨舍營房等項事宜,既經尚書席爾達交與該督撫提酌議具題,應俟該督撫提等議覆到日再議可也'等因。康熙四十三年三月初十日題,本月二十三日奉旨:'依議。欽此。'抄部送司,案呈到部,擬合就行,合咨前去,欽遵施行"等因到臣。准此,臣隨備行文武各官一體欽遵。除抽撥標兵協防,添募鎮兵,及苗人應按户口起徵糧米,選設寨長、土百户各款,俟查明造册另疏會題外,該臣看得筸邊紅苗從前梗頑抗化,臣等欽奉諭旨,分别撫剿,竣事情形及留兵彈壓、定議設官、增汛善後事宜,俱經尚書臣席爾達會同臣等會議具題在案。臣等復遵上諭,確視苗人巢穴,見其山多田少,難以徵輸錢糧,應停其編設州縣,請將辰沅靖道移駐鎮筸,再於乾州添設同知一員,鳳凰營添設通判一員,着令分界管理苗民,其同知、通判須家道殷实、熟諳苗情者選擇録用,亦經尚書臣席爾達題明。

今准部文,臣等遵行,令辰沅靖道僉事鄭振作速移駐鎮筸。其應添同知一員,臣等選擇有天柱縣見任知縣哲爾肯,身任苗邊十載,熟諳苗情,又年富力强,前於撫剿紅苗時隨師料理糧餉,不辭勞苦,实心辦事,以之陞補同知,令駐乾州,实屬人地相宜。再通判一員,選擇有原任黄州府降調通判馬懷璋,前隨師效力,不辭險阻,親赴苗巢,仰遵聖諭,宣示恩信,竭力招徠,苗人悦服,以之補授通判,令駐鳳凰營,亦屬人地相宜。此二員者,一係知縣,一係降調通判,臣等曷敢越格保題？第思紅苗自宋至明常爲邊害，從來未服教化，今蒙我皇上威德覃敷，諸苗聞風向化，剃髮摘環，盡歸版圖。在事招撫效力文武，如衡永郴道張仕可、總兵官雷如、副將韓琪，臣等原無題敍以示鼓勵，而各官俱以所效微勞臣下分所當盡，不敢妄冀殊恩，故未題請。今清查户口，起徵糧米，選設寨長、土百户及安輯撫綏一切事宜，必得賢能之員方克勝任，哲爾肯、馬懷璋实係效力行間，深得苗心，著有勞績，賢能之員，故欲破格題拔，伏乞皇上俯念新撫苗寨需員料理，特賜俞允，則該員等益加砥礪，仰報聖恩，有裨邊方匪淺鮮矣。再該員等應俟命下之日欽遵前往任事，然今諸事必須道廳在彼，就近查議，選設布置妥當，以垂永久，未便遲緩，隨檄委哲爾肯、馬懷璋馳赴乾州、鳳凰營地方暫行任事料理、恭候聖旨外，所有選設廳員，臣謹會同偏沅撫臣趙申喬合先會疏保題，伏乞皇上睿鑒，敕部議覆施行。

題增筸兵疏 喻成龍

題爲欽奉上諭事。

康熙四十三年四月十三日准兵部咨開“職方清吏司案呈奉本部送兵科抄出該本部等部會覆吏部尚書管理禮部尚書事席爾達題前事，奉旨：‘依議。欽此。’抄部送司，案呈到部，擬合就行，合咨前去，欽遵施行”等因到臣。除設官一項已經題准部覆，及分汛協防，輸納糧米，查明户口，設立土百户、寨長等項事宜另疏具題外，該臣看得鎮筸一隅壤聯苗土，前於撫剿竣事之後，經欽差尚書臣席爾達以筸鎮標營原共額兵二千一百名，汛廣兵單，不敷彈壓，酌議增兵九百名，共足三千之數具題。部覆以“各項事宜既經尚書席爾達交與該督撫提酌議具題，應俟該督撫提等議覆到日再議”等因咨行到臣，臣等初擬有裁冗員並裁無緊要之處兵丁合共九百以符其數，臣等復又斟酌楚省地方遼闊，非山即水，營汛多屬緊要，官弁皆係額設，與其擇營裁撤之兵不獨驟难獲生，而新募之兵亦非旦夕可以操練責效，又不若抽撥各營之兵以防鎮筸之爲愈也。臣等議將此項兵丁於楚省各營内均勾抽調，撥赴協防，遞年更换，則兵不勞，而各兵糧餉仍於各營按名支領，則糧册亦無更竄之繁。俟苗人與邊民合爲一氣之後，仍令各歸原伍。一轉移抽撥間，不但筸汛獲增兵之利，而制營亦免裁減之煩也。臣謹會同偏沅撫臣趙申喬、湖廣提督臣俞益謨合詞具題，伏乞皇上睿鑒，敕部議覆施行。①

請設官兵疏　巴錫

欽奉上諭事。

康熙四十三年四月二十日，據貴州布政使張建績、按察使管竭忠、糧驛貴東道高恒豫會詳内稱："康熙四十三年二月二十八日，奉總督雲貴巴部院牌開，'康熙四十三年二月十九日，准貴州李提督咨開：

康熙四十三年二月十五日承准欽差禮部席尚書等疏稿，内開"竊臣臨行之際奉上諭：'苗子投誠後，爾率領滿漢官兵將苗巢穴盡行確視，令官兵各回原汛，副都統等帶兵回京，爾留部院官員會同地方官等作何安兵、編設州縣之處確議具奏。'欽此欽遵。該臣等議得紅苗居楚、黔、粤西三省接壤之地，擾害邊民，皇上軫念生民，特調三省官兵前來撫剿，復著安兵，編設州縣，此誠愛養元元至矣盡矣。查廣西雖與楚省接壤，而與生事紅苗所踞之地尚遠，無庸議外，惟貴州銅仁府與湖廣鎮筸接壤，且防守地方又逼近紅苗居巢，此等要地駐守兵共止六百四十名，應酌量增兵五百六十名，合爲一

① 【注】關於本文所敍之事，可參看本書卷六《咨覆總督各營抽撥貼防官兵數目文》，亦可參《青銅自考》卷之四《撥防筸邊官兵——咨覆總督部院喻》。

千二百名，令其於正大營要隘處所分汛防守，再設同知一員，管理苗人事務。其增兵、設立同知之處令該督撫、提督酌議具題。其湖廣鎮筸總兵官標下四營兵丁共二千一百名，而防守地方自喜鵲營至亭子關三百八十餘里，汛廣兵單。查明季自喜鵲營至亭子關共設兵七千八百名防守，後經裁退，俱爲土民。今應於此項人内及地方民人酌量選募九百名，共爲三千，俱爲戰兵。自殺苗坪至亭子關督標、兩撫標及提標兵均勻抽撥一千名，遣遊擊、守備等官令駐乾州以至喜鵲營，各分其界，相其要汛，多撥兵丁，互相聯絡，協同防守。前項官兵俱聽鎮筸總兵官管轄。至於增兵九百名即於湖廣無緊要地方抽裁九百，以符該省兵額，俟地方底定之日，將協防兵一千名具題撤回。臣等復遵上諭，確視苗人巢穴，見其山多田少，錢糧勢難徵收，應停其編設州縣，可將辰沅靖道移駐鎮筸，再於乾州添設同知一員，鳳凰營添設通判一員，著令分界管理苗人。其添設同知、通判等員須家道殷實、熟諳苗情者選擇録用。同知、通判員下於楚省見在巡檢、吏目等微員中撥各一員，交與同知、通判，令其巡查，此項官員俱聽辰沅靖道管轄。其苗人錢糧雖難徵收，而糧米不可不令其輸納，應按户口起徵，交與該督撫查明定數具題。又於苗寨内各選設寨長一名，令其催徵糧米，并酌設土百户，令其約束寨長，稽查匪類，收納糧米。此設寨長、百户之處亦交與督撫、提督選擇苗衆推服之人，酌量委用。至於募兵、裁兵及設同知等官之處，俱令該督撫、提督酌議具題。其添設各官兵廨舍營房，令楚省官員捐俸建造可也。爲此具本謹題請旨”等因抄發到本提督。承此，竊照黔省銅仁府地方東北與楚之鎮筸相接，西北與蜀之酉陽、邑梅、石耶、平茶等土司相接，本提督從前未經身歷其地，以爲鎮筸已改協爲鎮，酉陽等係受職土司，所以屢據歷任副將疊次詳稱管制單弱，分佈甚難。本提督惟從省兵省餉起見，批仰地方文武相機調劑，此乃不敢輕議添兵之苦心，亦尚未身經目擊之膚見也。及奉文會兵撫剿湖廣鎮筸紅苗，於康熙四十二年十一月間領兵駐扎楚省苗穴，一路閱視，留心詢訪，始得詳確。

查銅仁處黔邊徼，自鎮遠以前又隔楚之平溪、清浪二衛，三站至大魚塘，過河之左，越思州所屬之田壊坪，而後入銅境，其距省會之貴陽及本提督駐扎之安順甚屬隔遠。過銅城二三十里皆係紅苗巢寨：迤東一帶皆楚苗，即奉旨撫剿之紅苗也；迤西一帶皆川苗。其名雖有楚、黔、蜀之分，其實總是一類，不過居楚地者爲楚苗，居黔、蜀者爲蜀苗、黔苗耳，非有順逆之分，亦無界限相隔。瑣居雜處，山寨聯絡，地不在輸納糧賦之列，人不在編立户口之中，地方文武不能稽查，駕馭之法，惟捐犒賞。若輩勢急則自號爲順苗，轉眼反覆，又陰黨於醜類，偷劫剽掠，動爲邊民之害。拿人燒寨，互假别省之名，彼此皆然，歷來爲患。所以銅仁汛地有豹子營、亞喇營、報國營、正大營、馬頸營、磐石營、太平營、龍頭營、地耶營、振武營、雙鳳營、黄鎮營等十二營之名，皆爲防苗而設。邊牆間存舊基，在明朝時或設專城，或立分汛，詢據土人，咸稱當日重兵防守，即本提督扎營楚省之池河營亦皆如此，可以見苗勢之熾，當日防慮之切。今銅仁協經制官則額設副將一員、守備一員、千總二員、把總四員，兵則僅有六百四十名，寥寥無幾，分佈則爲數不敷，彈壓則勢處單弱。案據銅仁協副將孫成龍、銅仁府知府宋汝爲詳據士民公呈“爲三省之邊陲接壤，逆苗之怨毒實深，籲恩一視同仁，永奠封疆，保全民命事”，内有“恭繹天語，總爲三省計久安之策，若楚屬之苗設立州縣，添兵駐防，而黔省無州縣、無重兵，將來黔苗之害更甚於楚。即黔、楚設立州縣，添駐重兵，而川省無州縣，無重兵，將來川苗流毒，黔、楚皆不得安”等語，歷敍往害，患切剥膚。除查編户口，清理疆界，應否作何安設州縣之處，應聽貴部院鴻裁酌議、咨會具題外，惟有添兵駐防之事，本提督再三籌畫，寢食靡寧。銅仁汛險如此，兵單如此，本提督既已身歷其地，灼見其情，添兵一着勢不可已。若在兵多省分，可以移緩救急，酌量抽調，無奈黔省兵制有限，本標有通省應援之責，分佈大小六汛，安順又無城守，一切倉庫、監獄、巡城、坐卡、守門、擺塘上下護送俱出其中。三鎮各止額兵一千五百名，分防亦多，其餘協營或處苗藪，或居衝要，通盤打算，處處兵單，抽無可抽，調無可調。至於添兵之説，又爲糜餉是慮。今皇上德威遠播，萬國來王，海宴河清，民安物阜，凡屬臣子理應力圖節儉，培養休和。於今日而言，添兵不但人皆咎其無當，即自問亦多難安，但本提督知而不言，下負地方，即上負君恩。又思我皇上爲斯民謀樂，利計安全，蠲賑頻施，每歲不下數百萬，凡今之民幸生唐虞之世，躬逢堯舜之君。事關民生休戚，何敢隱諱自容。

銅仁改協爲鎮之舉，本提督不敢輕議，然副將下止守備一員、千把六員，汛多官少，分防乏員，以無名隊目帶數名兵丁，人既不多，法又難行，有防與無防同，此官不敷於用也。銅仁分防一十三汛，在城之兵僅有一百四十六名，以供城守、倉庫、塘撥之差，而一十三汛之中或五六十名，或二三十名，甚至有十名者，山汛遼闊，驕苗環雜，有汛防之名，何能實得裨益，此兵不敷於用也。今本提督議於該協副將下請添遊擊二員、守備一員、千總二員、把總四員，合之現在一營分爲兩營，再請添設兵丁五百六十名，俱照馬一步九之例，共足一千二百名之數，每營兵丁六百名，以一營在城料理事務，以一營游守駐防苗穴之正大營，其餘千、把分防十二營等。各汛兵丁亦酌量增添，城汛副將居重馭輕，無事則建威消萌，巡閱鼓舞；有事則應援策度，有備無患。在營制所添官兵爲數亦不甚多，而狡苗斂跡，知畏國法，地方邊民受福無窮，皆出皇恩之所賜也。今承准欽差部堂抄疏移知，在本部院自切同心，理合縷陳咨請，爲此合咨本部院，請煩查照，希賜鴻裁，挈銜會疏題請，仍祈見覆施行。

等因到本部院。

"'准此。爲查銅仁府屬邊内、邊外地方遼闊，苗彝叢雜，作何添設州縣管轄、汛防彈壓，自應妥議萬全，以定永久之規。今准前因，合行查議，仰布政司查照牌内准咨事理，即便會同在省司道從長妥議作何添設文武官弁之法，切看通詳以憑會奪具題，毋得遲延'等因。

"奉此。案查先於康熙四十三年正月十七日奉總督雲貴巴部院'據銅仁協副將孫成龍詳"據銅仁府舉貢生員楊宗德等呈'爲三省之邊陲接壤，逆苗之怨毒實深，籲恩詳請一視同仁，永奠封疆，保全民命事'，内稱'竊照銅仁一府，黔屬下郡僻處，萬山界聯，楚蜀紅苗環繞，形勢犬牙。昔在明季，攻城陷邑，焚倉劫庫，塗炭生民。自我本朝定鼎，威鎮邊疆，苗醜稍知斂跡。近因鎮筸逆苗作叛，銅苗俱係同類，每每乘勢驕恣，幸賴文武官弁同心協力，加意撫綏，暫安枕席，然而跋扈之心匪朝伊夕矣。今蒙聖天子遠念三省邊民慘遭紅苗殘害，提憲協同宗師督兵入巢，其剿撫機宜生等何敢妄參末議。但先剿後撫，懷德者自惕志於畏威；不剿即撫，投誠者未必傾心而向化。目今大兵雲集，小醜潛蹤，一旦奏凱旋師，仍然作祟，再叩興師，萬難上達，生等世居邊土，痛切剥膚。恭念天語煌煌，總爲三省計久安之策，若楚屬就撫之苗設立州縣，添兵駐防，而黔省無州縣、無重兵，將來黔苗之害更甚於楚。若黔楚設立州縣，添駐重兵，而川省無州縣、無重兵，將來川苗流毒，黔楚皆不得安，只得僉同哀籲，匍匐具呈宗師臺前，祈恩俯賜採擇，賞文詳達，題請視同一體，於三省招撫之寨各立州縣，於三省要害之地各駐重兵，則一勞永逸，萬世銜恩'等情到職。據此，該卑職查看銅仁郡邑遠在黔邊，迤東一帶緊連湖廣鎮筸，迤西一帶直接四川西、平、邑、石，三省紅苗交相雜處，自古迄今憑險負固，如連年楚屬鎮筸之紅苗屢肆狂逞，而銅仁之苗亦不無效尤繼起之心。卑職會同府縣重加賞賚，安慰撫綏，并嚴飭汛守慎加隄備，斯銅屬地方得以幸保安全。今叨蒙皇上軫念湖南人民屢遭苗害，遣發大師直逼苗穴，勒令歸誠，不惟湖南之鎮筸歡聲動地，即銅仁士民亦莫不感頌皇恩，以爲民害可除也。只慮今日之師因湖南而發，恐鎮筸之紅苗既平，止於鎮筸分編州縣，添立汛防，而銅仁不與，故合詞奔赴行營，而有此一視同仁、永奠封疆之請。卑職當同銅仁府宋知府諭令各歸静聽詳報外，但查銅仁境内之苗於提憲旌節甫臨之日蒙頒花紅、牛酒，檄令文武差委員弁宣揚朝廷柔遠德意，遍爲招撫，俱已披剃歸誠，現在清查户口，另册呈報。惟是此輩新附之衆，乃反復不常之性，若無經久控馭之謀，而大師撤後難保其不故智復萌。況湖廣鎮筸之苗，貴州銅仁之苗，四川酉陽、平茶、邑梅、石耶之苗俱巢穴相通，目今銅仁、鎮筸二處士馬雲屯，其所在苗逆畏威者固有，來歸梗化者豈無逃遁竄伏川巢以伺兵撤之後復行出没？不惟爲銅仁憂，且并爲鎮筸患矣。卑職謬以菲庸，任銅三載，其苗性之奸狡、苗穴之連接，莫不咨訪周知，且細繹上諭，内有'紅苗人等不可令在三省接壤之地以爲民害'之天語，允應會咨川省，將該省接連楚黔苗穴並爲整飭，事竣之日得以會清疆界，分編州縣，添立汛防，俾新附之犬羊不致有復生悖叛之後患，而唇齒相依之邊地亦得共沐奠安之皇仁。今據士民合詞呈請前來，合無詳請憲裁，俯賜具題，其造福於岩疆不在一朝一夕，而在千百世之下矣"等情。

"'又於本月二十日據銅仁府詳同前事，内稱"該卑府查看得銅仁一郡設處極邊之地，界連楚屬之間，紅苗雜處，朋比爲奸，時而同類相殘，時而窺犯民地，亘古迄今，播虐無已。揆厥所由，皆因素無管轄，聲教不通，故冥頑之性習慣成風。近因楚苗猖獗，蒙皇上大彰神武，命師撫剿，懲凶惡而安良善，誠邊民千載之一時也。而銅屬士民合詞公籲者，蓋謂今日之師全爲楚苗而發，切慮楚省撫剿之後立州縣，添汛防，而銅仁苗地不獲與鎮筸一例整頓，則銅屬苗巢必爲藏奸之藪，將見紅苗之害不在鎮筸而在銅仁矣。卑府仰體朝廷不忍一民不得其所之德意，當將上諭内'毋使紅苗盤踞三省之中以爲民害'天語一一宣揚，令其静聽詳請，毋事驚惶，俱已各回安業。獨是銅仁東北一帶緊連湖廣鎮筸，西北一帶直接四川酉、平、邑、石，現今大兵雲集，相機撫剿，安保今日鎮筸抗逆之苗必無遁跡於川巢者，又安保異日楚蜀糾聚之苗不出而肆虐於銅境者，此不可不預爲之防也。即今銅苗情性原與鎮筸無異，向之聞風效尤者一且剃髮歸順，不過畏目下之兵威耳，大師既撤，能保其革面洗心，帖然向化乎？此又不可不早爲之計也。卑府遵查銅屬苗類有邊牆内外之分，邊牆以内原係縣司管轄，邊牆以外雖亦有縣司分地，逆苗侵佔多年，舊册散亡，無從稽考。卑府深籌熟計，謬陳管見：乘此兵威壯盛、苗人戢志之時，急圖善後久安之策，將銅苗牆以内者仍歸之縣司，牆以外者或請設一州縣，即移銅仁一協，加以重兵駐扎要害之地，東北控楚，西北控蜀，上下彈壓，可保無虞。除一面委員協同正大營、盤石營、龍頭營防弁逐寨清查户口，俟造報到日另文申報外，其牆外或立州，或立縣以及添兵數目，卑府未敢擅耑，但身任邊疆，叨司民牧，稔知苗性不常，向背無定，兹據士民公籲前來'不得不緦緦過慮，籲請憲臺大賜主裁。如果芻蕘可採，懇乞即賜題達，將黔屬之苗比照鎮筸之例安立州縣，添設營鎮，則苗患永除，地方幸甚矣。爲此除詳督撫兩院外，備由具申，伏乞照詳施行"等因到本部院。准據此，除咨楚、蜀二省督撫部院外，擬合就行，仰布政司查照牌内事理，即速會同在省司道移行銅仁協、府，將邊内、邊外之紅苗，踏勘地里之遼闊、户口之多寡，作何查編整飭，或應設立州縣管束，或應增添汛防彈壓，務使無管之生苗盡歸版圖，編立甲長，鷙鷔之熟苗化爲純良，安守耕耘。乘此軍威遠播，急宜籌酌善後之策，永奠邊疆，久安黎庶，迅速會議通詳，立等會奪，毋得遲延'等因。奉此，又奉護理貴州巡撫印務張布政使批據銅仁協、府，詳同前由，俱奉批'仰布政司會同按察司、貴東道確議通詳，仍候督部院批示繳'。奉此，本司俱經移會按察司、貴東道、銅仁協並行銅仁府確議去後。今准銅仁協孫副將移稱，'爲照銅仁郡邑遠處黔邊，東連楚之鎮筸，西接蜀之酉阳、平茶、邑梅、石耶等處，大小共計一十三汛，處處逼近苗巢，在在需兵防守。向來楚屬鎮筸之紅苗屢肆狂逞，銅苗不無效尤繼起之心，故歷來職任銅任者，[1]每以兵單汛廣

---

① 銅任：當爲"銅仁"之誤。

詳請增添,未蒙允行。欽蒙我皇上軫念生民屢遭苗害,遣發大師撫剿,直逼苗穴,宣布上諭,悉已歸誠。蒙提憲將奉命出師,身歷苗境,灼見汛廣兵單,應宜添設官兵以資彈壓,咨請督憲會疏入告,奉本部院行司移協確議。本協查銅仁原正額設經制官八員、兵丁六百四十名,從前已苦汛廣兵單,今又有新歸誠之苗地,更宜需兵防守,相應遵照提憲所議,再添兵丁伍百六十名,共足一千二百名,於副將下添設遊擊二員、守備一員、千總二員、把總四員,以一營分爲兩營,以一營在城料理事務,以一營分防正大營,其餘各汛量加添增,方能有備無患。事關設防要地,希賜迅爲轉詳題請,俾得早爲召募,以備汛防。至於蓋造廨舍營房之處,酌議另詳修造修建可也。兹准前因,相應移覆'等因。

"准此。又據銅仁府詳稱,'該卑府查看得銅仁界連楚蜀,逼近紅苗,其附近紅苗地方原有邊墻内外之分,墻以内者舊屬縣司管轄,墻以外者即係接連楚之鎮筸,蜀之酉、平、石耶等處,皆生事紅苗所踞之地。銅協汛廣兵單,難以分佈,而增兵設防誠銅郡之急務也。今提憲出師,身經其地,目擊其形,真知灼見,以銅協應添設官兵分防要地之處咨會督憲,疏請增添等因,奉憲行司,仰府確議。卑府遵查銅仁協原分防一十三汛,又逼近苗巢,僅止額設副將一員、守備一員,千總二員、把總四員、兵丁六百四十名,實難分佈,自應遵照提憲所議,增兵五百六十名,合爲一千二百名,令其於要隘處所分汛防守,再於該協副將下再添遊擊二員、守備一員、千總二員、把總四員,以一營分爲兩營,以一營遊守在城,料理事務,以一營遊守分駐苗穴之正大營,其餘各汛酌量增添,方可永保無虞。其撫綏苗人必須文員,或以新撫地方錢糧有限,不足另設一縣,似應請設同知一員,分駐正大營管理苗人事務。至於添設各官兵廨舍營房,應俟酌定另詳修建可也。事關安撫地方重務,理合詳請,伏乞迅賜,轉詳題請,俾得早爲增添分佈,而銅仁闔郡永受敉寧之福矣'等情到司。

“准據此。該本司布政使張建績、按察使管竭忠、糧驛貴東道高恒豫會查，看得黔省地處天末，而銅仁尤在極邊，四面盡係苗藪，在在悉爲窟穴。其迤東一帶則與楚省鎮筸等處紅苗相接，迤西一帶則與川蜀酉、平、邑、石肆土司毗連，地既犬牙錯雜，性亦同類剽悍，劫擄頻仍，久爲民患。是以明季分十二營以防守，設重鎮以彈壓。自我朝定鼎，德威遠播，皇上聲教覃敷，苗猓稍知斂跡，然其倚巢負固，獢驁難馴，而鎮筸逆苗猶敢干犯王化，致蒙睿照周詳，遣滿漢大師以撻伐，調三省官兵而撫剿。逆者業已授首，順者慴服歸誠，而銅苗雖亦畏天威之震赫，見大兵之雲集，頃已剃髮去環。但銅仁原有邊墻内外之分，墻以内係縣司管轄，而墻以外即皆生苗巢寨，户口不入版籍，田土不輸賦税，竟成化外。若非添官兵以扼守，則苗性反覆不常，無以慴凶頑而服醜類；倘非設文職以撫治，無以行教化而理苗情。伏讀上諭，内有：‘紅苗人等不可令在三省接壤之地以爲民害，并令會同地方官作何安兵、編設州縣之處確議具奏，欽此。’煌煌天語，業蒙洞鑒明並日月，誠靖戢邊疆而愛養元元之盛德，千古一時也。

“先據銅仁府、協各據闔屬绅衿耆庶公呈會詳並荷提督以承准欽差會議：‘銅仁設官增兵，彈壓控制，令該督、撫、提督酌議具題之疏稿及親歷其地、灼見情形，移咨憲臺檄行，會同確議，遵即移行。’該府、協議覆前來，本司道逐加參酌。查銅仁協原設止副將一員、守備一員、千把六員，兵止六百四十名，以供分守一十三汛之邊隘，與及城守塘撥之差務，實屬汛守遼闊而官兵不敷。今應照欽差與提督所議，增兵五百六十名，俱照馬一步九之例，合爲一千二百名之數，並添設遊擊二員、守備一員、千總二員、把總四員，分爲二營。内以兵丁三百名存城，看守倉庫、監獄，分撥塘遞，俱在其中，以一營遊守並千把三員在城料理事務。以兵丁叁百名，令一營遊守駐防各處紅苗咽喉十二邊營適中之正大營彈壓控制，其餘千把、兵丁酌量險要添設豹子、亞喇、報國、馬頸、磐石、太平、龍頭、地耶、振武、黄鎮、雙鳳等營苗汛,副將居重馭輕,巡閲彈壓,綏靖爲急。至於銅仁府所詳請添同知一員並駐正大營,文武同處以理苗務,本司道等再議:同知止於綏輯巡查,必得微員以供奔走驅策,似應並請設立巡檢一員,專司巡查,惟黔省州縣雜職無可抽撥,均應聽部銓選,所有應設同知、巡檢職銜與建置各官廨舍營房,統候部覆,至日酌議,另詳請奪。如是則邊疆咸頌堯天舜日,盡沐聖德弘仁於勿替矣。至於接界川省,已蒙本院咨會,應聽川省查議可也,本司道未敢擅便,相應會詳,伏候會奪,具題施行"等情,並准貴州撫臣咨同前由等因到臣。

該臣看得黔省界兹荒服,而銅仁一郡尤在極邊,與楚之鎮筸,蜀之酉陽、平茶、邑梅、石耶等土司相接。彝居叢雜,地險山多,城北數十里外設有邊牆,牆以内皆係熟苗,舊隸流土管轄,牆以外即係黔、楚、蜀叁省接壤之地,悉屬紅苗巢穴,此自古未經編附之醜類也。在明季之時分佈壹拾貳營聯絡防守,兼設重鎮彈壓,仍有牆外紅苗潛入爲患。自我朝定鼎,聲教覃敷,苗猓稍知斂跡,然其倚險負固、桀驁難馴,如鎮筸逆苗猶敢干犯王化,荷蒙皇上軫念邊氓,神謨獨斷,特頒上諭,内有:"紅苗人等不可令在三省接壤之地以爲民害,遣在京大臣酌帶滿漢官兵直逼苗穴,勒令歸誠。"天威所及,蠢爾望風乞撫者三百餘寨,即有一二畏罪潛匿之愚頑亦皆俛首就缚,近楚、蜀者既已納款聽命,近黔境者莫不剃髮摘環,自此邊徼肅清,信爲千載之所未有。惟是捧繹綸音,有作何安兵、編設州縣之語,仰見聖主睿慮深長,覆幬無外,職敢不爲黔民詳加籌畫,永享敉寧?當准貴州提臣李芳述以承准欽差大臣有設官增兵之議,復據銅仁協、府轉據該地士民有立縣分防之詞,隨經行據貴州布政使張建績會同按察使管竭忠、糧驛貴東道僉事高恒豫會議,詳覆前來。

臣查銅仁一協額設副將一員、守備一員、千總二員、把總四員,兵丁六百四十名,除城守一百四十六名而外,餘則分防一十三處邊隘,向屬汛多官少,地廣兵單,只因黔地在在苗藪,實無他處抽添,惟令該地文武相機調劑。玆者歸化苗疆盡入版籍,則所轄汛地更屬繁多,必得重兵控制,庶足建威銷萌,應於銅協本標添設左右二營,另增遊擊二員、守備一員、千總二員、把總四員,再於額兵之外增兵五百六十名,俱照馬一步九之例,合爲一千二百名之數。以左營遊守轄兵三百名駐扎郡城,巡查城池、倉庫、監獄,以及分撥塘遞等項。以右營遊守領兵三百名駐防十二邊營適中之正大營,控扼苗穴咽喉,其餘千、把、兵丁酌量險隘之豹子、亞喇、報國、馬頸、磐石、太平、龍頭、地耶、振武、黄鎮、雙鳳等營分添汛守,副將則居重馭輕,巡閱彈壓。至於新附野苗,尤須廉幹文員撫綏牧馭,應設同知一員,即駐正大營地方,專理苗務。但邊界遼闊,更得巡檢一員,四路巡查,管束蠻部,如此則黔地苗人既不能越境而依附於楚蜀之比類,即楚蜀苗人亦不能逾界而勾結此黔地之同群,洵屬固圉衛民、有備無患之計。獨是增兵設官苟可移緩就急,自應酌量抽調,力圖節省。其如黔省之兵制有限,官弁無多,通盤核算,萬難改撥。事關善後要圖,又屬勢不可緩,矧蒙聖明指示,誠邊民千載之一時也,合無仰懇皇恩,俯念銅仁極邊重地,兼有新附苗疆,賜准添設文武官兵控制險要,縻戎柔遠,布德示威,俾蠢類咸識從風而向化,黔黎益慶寧居而遂生,則聖主之深仁厚澤直如天地同永矣。除應設同知、巡檢職銜與建置各官廨舍營房統俟部覆至日酌議另題,并現檄布政司將黔屬銅苗清查户口田畝,編入里甲,再行造册報部外,所有設官增兵緣由,職謹會同貴州撫臣高起龍、提臣李芳述合疏具題,伏乞皇上睿鑒,敕部議覆施行。

題定善後條款疏 喻成龍

題爲欽奉上諭事。

據湖南布政司董昭祚,署按察司事驛鹽糧儲道成光、驛鹽糧儲道參議成光,分守衡永郴道參議張仕可,分巡辰沅靖道僉事鄭振,護理岳常道事常德府知府王許會詳，"奉本部院牌，康熙四十三年四月十三日，准兵部咨開'職方清吏司案呈奉本部送兵科抄出，該本部等部會覆吏部尚書管理禮部尚書事席爾達題前事，内開"該臣等會議得吏部尚書管理禮部尚書事席爾達疏稱：

紅苗居楚、黔、粵西三省接壤之地，擾害邊民，特遣三省官兵撫剿。查廣西與紅苗所踞之地尚遠無容議外，惟貴州銅仁府與鎮筸接壤，逼近紅苗居巢，此等要地駐守兵共六百四十名，應酌量增兵五百六十名，合爲一千二百，令其於要隘處所分汛防守，再設同知一員，管理苗人事務，其增兵設立同知之處令督撫提酌議具題。其湖廣鎮筸總兵官標下四營兵丁共二千一百名，而防守地方自喜鵲營至亭子關三百八十餘里，汛廣兵單，應酌量選募九百名，共爲三千，俱爲戰兵。自殺苗坪至亭子關，督標、兩撫標及提標兵均匀抽撥一千名，遣遊擊、守備等官令駐乾州以至喜鵲營，各分其界，互相聯絡，協同防守。前項官兵俱聽鎮筸總兵官管轄。至增兵九百名，即於湖廣無緊要地方抽裁，以符該省兵額。俟地方底定之日，將協防兵一千名具題撤回。臣等復遵上諭，確視苗人巢穴，見其山多田少，錢糧勢難徵輸，應停其編設州縣。可將辰沅靖道移駐鎮筸，再於乾州添設同知一員，鳳凰營添設通判一員，着令分界管理苗民，其同知、通判員下於楚省現任巡檢、吏目等撥各一員交與同知、通判，令其巡查，此項官員俱聽辰沅靖道管轄。其苗人錢糧雖難徵收，而糧米不可不令其輸納，應按户口起徵，交與該督撫查明定數具題。又於苗寨内各選設寨長一名，命其催徵糧米，并酌設土百户，令其約束寨長。此設寨長、百户之處亦交與該督撫提選擇苗衆推服之人酌量委用。至於募兵、裁兵及設同知等官之處，俱令該督撫提酌議具題。其添設官兵廨舍營房令楚省官員捐俸建造。

等因具題前來。查銅仁、鎮筸增兵設官、分汛防守處所并苗人輸納糧米，應按户口查明定數，酌設土百户、寨長約束徵收，及建造廨舍、營房等項事宜既經尚書席爾達交與該督撫提酌議具題，應俟該督撫提等議覆到日再議可也"等因。康熙四十三年三月初十日題，本月二十三日奉旨："依議。欽此。"抄部送司，案呈到部，擬合就行。爲此合咨前去，欽遵施行'等因咨院行司。奉此，除移駐道員，設立同知、通判、巡檢、吏目以及協防標兵一千名到筸分汛并捐建營房，俱經本部院先後會疏題明。至筸鎮增兵九百名具題未奉檄准，部覆'其官廨、營房亦經各官捐給，統俟筸鎮增兵九百名案内分汛建造，聽該鎮請題'外，所有先經招撫過苗寨户口并作何定數徵納糧米，選設土百户、寨長約束催徵，以及一切善後應請咨題各事宜前司遵奉檄行，備移辰沅靖道并湖南各司道會行乾州同知哲爾肯、鳳凰營通判馬懷璋就近查明苗寨户口確數，糧米作何定數徵輸，并令擇立百户、寨長以耑約束催徵，且地方初闢，諸務從新，其有應行事宜俱令該廳等一並查造妥議去後。今會催據乾州同知哲爾肯、鳳凰營通判馬懷璋協同本部院檢委衡州協把總陳鵬、五寨司吏目沈宗道公同傳集原撫苗各弁并先經招撫三百一寨苗人開造户口、起派糧米，俱各願每壯丁一名納雜糧二升，通計四千五百二十三户，八千四百四十八丁，共納雜糧一百六十八石九斗六升，造具總散户口、糧石清册前來。又稱先經大兵臨巢之時，内有毛都塘、馬鞍山等寨逃匿窮岩深箐並從前抗不就撫之苗寨，今辰沅靖道移駐之後，[①]復委陳鵬、田仁心、楊象玉等入寨招撫，宣諭威德，俱各悔罪就撫。苗目赴道，驗明給賞，披剃入册，納糧共計一十二寨，計二百零四户，成丁三百六十九名，每名壯丁願納雜糧二升，共納雜糧七石三斗八升。查此一十二寨不在原題招撫三百一寨以内之數，合并造具户口、糧石清册附齎，又選擇苗衆素所推服之人，令爲

① 靖：原文無，據本文上下文多次出現之"辰沅靖道"及《（康熙）湖廣通志》卷二九《職官志》補。下同。

土百户、寨長,設立分管各苗寨,令其約束、催納以耑責成,開造姓名清册并議應行題定善後事宜,均請採擇核轉”等因。

據此,該湖南布政使董昭祚,署按察司事驛鹽糧儲道成光、驛鹽糧儲道參議成光,分守衡永郴道參議張仕可,分巡辰沅靖道僉事鄭振,護理岳常道事常德府知府王許會,看得“楚分南北,地稱曠渺,而田賦無多,蓋汛多大山巨浸,兼之西南一帶接壤川、黔、粤西,千有餘里皆大小各土司環居。因地無出産,難設流官,難責貢賦,故歷來任其苗土刀耕火種,食力資生,不納差糧。然土司之官世襲給印,民性雖頑,尚有約束,惟鎮筸紅苗種類甚繁,僻處萬山荒野,地實不毛,不耕不賦,性則悍愚,素慣攘竊,自古不通聲教。我朝中外一統,薄海通風,不忍棄置異視,聽其行爲不法,自蹈鋒刃。乃蒙我皇上特遣大臣統師壓境,恩威並用,以服其心。苗即感畏,傾心歸誠三百一寨,計户口四千五百二十三户,成丁八千四百四十八丁,今每丁願輸納雜糧二升,共納雜糧一百六十八石九斗六升。又先經大兵臨巢之际,内有毛都塘、馬鞍山逃匿窮岩深箐並從前抗不就撫之寨,嗣經辰沅靖道移駐之後,復蒙本部院差委把總陳鵬等入寨招撫,俱各悔罪輸誠,披剃入册,共計一十二寨,二百四户,成丁三百六十九丁,共願納雜糧七石三斗八升,俱應於康熙四十四年起徵。以上原撫、續撫先後共歸化三百一十三寨,及同知、通判等選擇苗衆素所推服之人,設立土百户、寨長,分管苗人户口、糧石,約束催徵,會造各細册,賫請核題。但紅苗既盡歸誠,編户納糧與民一體,當兹初入版圖之時,而善後事宜自當斟酌妥當,方可垂之永久。本司道等會加籌畫,詳議數款,呈請會核題達:

“一、苗邊文武事權宜耑也。查從前筸邊紅苗及五寨、筸子二司土民俱係協鎮僉立哨長分管,悉聽營將管理,今既移設道廳等員分地駐扎,又經選設百户、寨長催徵約束,其苗土哨民、土官哨弁及地方一切事務應聽同知、通判耑管,辰沅靖道統轄,以耑責成。其武職應遵定例止令約束兵丁,防汛巡查,不許干預地方事宜,如或遇有苗人自相穴鬭,亦聽文員移會,酌發弁兵巡查彈壓,俾文武事權歸一而無擾抗之虞矣。

"一、苗民盜竊命案及搶奪殺傷等事俱應照内地州縣命盜案件之例具題也。查從前苗土命盜等罪律例未明,而蠢苗搶奪殺傷視爲泛常。今紅苗已歸誠,披剃納糧,與民無異,嗣後有犯情罪重大者,應照常例詳報發審具題,按照律例從重究擬,仍先明白諭知,使苗畏法,不敢輕犯。至若苗有冤抑之事,亦許赴道廳控告審理,即爲伸雪,則盜命杜而仇怨釋矣。

"一、紅苗捉人勒贖之例宜嚴也。苗性貪頑,素慣捉人勒贖,以致滋擾邊民,今苗與民一體,應遵王化,不許仍前伏草捉人,枷肘在巢,勒銀贖取。如敢不遵,請照强盜之律,不分首從擬斬。沿邊土哨奸民勾通、附和取利者,即照强盜窩户之律治罪,庶民苗知法而畏犯也。

"一、土官之責成宜耑也。鎮筸既設同知、通判耑管苗務,其五寨司土官、土民應聽該廳管轄,遇有逃盜等事一例處分,俾土官無歧視抗延之虞矣。

"一、添設廳員之關防宜給也。查府城同知、通判無請給關防之例,因其無錢糧盜案之耑責,今紅苗歸誠納糧,其該廳又係分駐乾州、鳳凰營要地,非同城可比,且經徵錢糧升合亦關考成,凡有盜竊人命、搶奪殺傷之事,承審招詳皆有定限,應請頒給關防,斯可以速郵遞而昭信守者矣。至於撥用宜檢耑員以司巡查,今添設乾州同知、鳳凰營通判,奉文於楚省現任巡檢、吏目等撥各一員,交與同知、通判,令其巡查,但各州縣吏目巡檢皆有巡捕之責,難以缺員。查湖南現有請裁閒冗官員事案内奉裁,未經離任巡檢可以撥往。今議以長沙縣喬口鎮巡檢李光祖調赴乾州同知員下,善化縣暮雲市巡檢宋純儒調赴鳳凰營通判員下,并請鑄給乾州、鳳凰營各巡檢印信,俟准鑄新印到日將舊印繳銷,俾得各耑責成矣。

"一、新設移駐各員應照邊俸以示鼓勵也。查楚民苗雜處之州縣官員經前任總督郭琇條奏，部覆准其調補，并照四川、貴州等省邊俸之例陞遷在案。今鎮筸一隅孤懸邊末，環逼苗巢，移駐之道員，添設之同知、通判、巡檢，俱皆駐扎苗地，又與川黔接壤，苗邊州縣不同，自應照邊俸陞遷遺缺一例調補，俾人忘苦累，益加奮勉，而地方收得人之效矣。

"一、新設移駐各官之廨舍宜置也。辰沅靖道移駐筸地所需廨舍，應將五寨司土官衙門騰出，以作道員衙署，并動支各官捐建銀兩，量加添修，給該道駐扎，其同知、通判、巡檢各廨舍將本部院從前發下捐銀暨各官公捐銀兩酌量分給建造，以定規模。

"一、土司之士子宜訓，苗民子弟宜設義學教育也。查五寨司洞民、哨民俱應統歸文職管理，至於五寨司生員，雖舊屬辰州府儒學兼轄，但五寨司距府三百餘里，生員遇有過犯，司鐸之官遠難飭懲。今議以附近之麻陽縣儒學訓導移駐五寨司，就近訓迪士子，戒飭頑劣，并請鑄給麻陽縣訓導學記，以便生童應考，一切册結可以鈐蓋，照例齎報，庶事件不致遲延而子衿得司鐸之訓迪，亦可免佻㒓之風。再苗民子弟不使學習詩書，終必野性難馴、義理不明，應於乾州五寨司等處設立義學數區，苗人子弟有志就學者聽赴肄業，每年師儒館穀議於通省文武公捐，俟學習既久，教化有成，准附五寨司學應試，將見愚頑之性化爲禮義之民矣。

"一、接壤之邊釁宜息也。楚黔接壤之區，苗寨相連，向有冤家仇敵動輒操戈殺搶，彼此拿人，搆釁不止。今既各省設立廳員，嗣後黔楚相接之苗再有越境操戈、彼此拿人搆釁者，兩廳移明會審發落，即以白晝搶奪律治罪，被拿之人勒令退還；如殺傷人命，依人命論。如百户、寨長知情不行禁止，以通同治罪。

"以上九條本司等雖已覆加確核妥議，然是否允協，未敢擅便，相應通請本部院俯賜核奪、會疏題達可也"等因呈詳到臣。

據此，該臣看得楚地幅幀最廣，西南一帶土司、紅苗依山負谷，錯處其間，亘古迄今，不徭不賦。而土司准其襲職給印，約束土衆，皆聽地方官統轄,故猶稍知凛法。如紅苗則非所比,僻居深箐,性習悍顽,素慣搶竊。歷稽宋明以來,邊民受害殆非一日,我皇上涵育萬類,不忍棄置,特遣大臣統師壓境,恩威並用,蠢爾有苗悔罪輸誠,是從古未格之苗盡收入版圖矣。所有善後各項事宜,先經尚書臣席爾達交臣等酌議具題,除移設道廳等員及協防標兵到筸分汛捐建營房,并議抽撥各營兵丁遞換協防,俱經先後具題,已蒙我皇上睿斷允行,以立懷柔之綱維者也。今復據湖南布政司董昭祚等會詳,將先經招撫之三百一寨,計户口四千五百二十三户,成丁八千四百四十八丁,每丁應輸納雜糧二升,共納雜糧一百六十八石九斗六升。又先經大兵臨巢之時,内有毛都塘、馬鞍山等寨逃匿,經辰沅靖道移駐之後,撫招歸誠,計一十二寨,二百四户,成丁三百六十九丁,共納雜糧七石三斗八升,其雜糧俱令於四十四年起徵。先後歸化三百一十三寨,選設土百户、寨長,各姓名造具,清册詳齎,并有會議九款請題前來。臣查此九款俱關善後,覆加妥核無異,此亦仰副我皇上綏輯中外之聖懷,並求睿斷,以固邊陲之節目者也。除册送部查核外,臣謹會同偏沅撫臣趙申喬、提督臣俞益謨合詞具題,伏乞皇上賜覽,敕部議覆施行。

辦苗紀略卷之五

目　録

---

① 雷：原文無，據正文標題及文意補。

咨　移

偏撫委員招撫文

爲仰體聖主好生之德，姑開蠢苗免死之門，特先曉諭招撫，以廣皇恩事。

"'照得鎮筸紅苗醜類相傳歷世已久，人面獸心，貪利好殺，數年以來，出没剽竊，犯我營哨，擾我民居，奪我内地牲畜，甚至坐草裝塘，拿人勒贖，邊民受爾荼毒，恨入骨髓。從前文武各官因先經報撫，掩護前局，任爾反覆，姑息養癰，爾苗窺見底裏，益肆猖狂，今則惡貫已盈，罪狀敗露。上年叩閽一案，欽差會審，本都院身歷邊疆，察知情實，備細奏聞。皇上軫念邊民獨遭慘劫，赫然震怒，不日便要發兵三路進剿，區區爾苗如魚游釜，似鳥投羅，殄滅有期，死亡在即，此亦自作之孽，何所逃罪。但本都院伏見我皇上至仁如天，昆虫草木猶使並生，爾苗既具人形，同有血氣，則皆屬朝廷赤子，一旦肝腦塗地，暴骨深林，亦堪憐憫。況爾苗各有父母，各有妻子，伏處山谷，家室團聚，亦有生人之樂。乃無知造惡，自干天罰，大兵一臨，死無噍類。在爾苗固不足惜，爾之父母妻子何辜，累其俘戮，就使西竄東奔，苟延殘喘，而焚巢搗穴，家破人離，豈復有今日團聚之樂乎？方今聖天子在上，四海昇平，萬方一統，不毛之土盡隸版圖，如川省之打箭爐及松潘漳臘並永寧邊營等處生番俱已投誠歸順，皇上恩授土司職銜，頒給號紙，他們身名兩全，誠爲可嘉。惟爾紅苗冥頑不靈，甘心化外。本都院再四思維，爾苗亦有肺腸，豈不貪生怕死？揆厥所由，或因爾等原係无管生苗，並无头目鈐束，又鎮筸地方未經設立文官，爾苗與内地人民小嫌爭角，無從控理曲直；又或因近地奸民欺騙錢債，交易不公，結成仇怨，并勾通捉人勒贖，得銀分肥；又或因邊汛弁目生事邀功，妄開邊釁；且或因無賴流棍潛入苗境私販禁物，煽誘爲非。兼有天星等寨倚爲狡窟，故爾等胸中原有怨忿，更加墮落奸謀，以致冒死犯法，糾衆報復，利入棍徒，罪歸苗黨，愚執甚焉。

"'本都院奉天子命來撫湖南，欽遵上諭，力減加耗，盡革私徵，七府二州数百万生靈俱成樂土，只有爾苗未聽約束，邊民未得安堵，難免一方向隅。本都院既不忍吾民受爾苗擾害，又不忍爾苗受不教之杀，蒞任数月，寝食不安。幸督部院、提督、總镇共有同心，爲爾苗尋一活路，協力擔承，姑開一面，暂缓天誅，特委署辰沅靖道事衡永郴道張参议等前來宣布皇恩，開誠曉諭，正爾苗轉禍爲福、起死回生之機也。非不知爾苗雖蠢而黠，有撫即順，旋撫旋掠，叛服無常，情僞難定，但本都院推心置腹，務以誠信待人，豈忍逆料欺詐，拒爾自新？如苗不改故智，仍前反覆，自可立刻上聞，遣兵撲剿，斷無牽制遮飾，再蹈前車。除一面嚴飭官弁兵民並密訪奸徒流棍擒拿重處外，合行頒發示諭，特飭該道等官齎示爾苗各寨人等知悉，從前罪狀概援恩赦不究，果能真心向化，永遠歸誠，剃髮摘環，開造户口，遵照往例酌納丁糧，便即通傳各寨推立頭目，限於半月内齊赴該道張參議處投册報名，輸情立誓。如爾苗從前果有隱情負屈并嗣後如何利便，不妨據實開陳，明白聲説，以便飛報督部院與本都院查明就撫實情，本都院當即會商督部院親臨面諭安撫，量行犒賞并就近相度事宜，爲爾苗盡心區處，然後會疏題請定奪，仍飭地方文武官一視同仁，信賞必罰，務令苗民各安生業。本都院素性垣直，從無半語欺人，決不使爾苗既歸皇化復又失所。倘若執迷不悟，觀望遊移，則是爾苗天數已盡，自絶生機，便當飛章奏請三省會兵夾剿合攻，掃清巢穴，本都院即欲爲爾等再尋活路不可得矣。死生禍福，在此一時，各宜猛省，毋貽後悔。特諭'等因。除頒發示諭外，查撫事關重大，得人方可勝任。合行亟委，爲此牌仰該道照牌事理，齎頒示諭，輕騎前往，並選帶廉幹賢員隨赴鎮筸地方，傳諭紅苗各寨人等。我邊民苦苗侵擾久矣，今皇上聖德神功函天蓋地，威行絶域,恩被遐荒,蠢兹有苗無知妄動,何難興一旅之師,滅此朝食! 但本督院與督部院、提督、總鎮共體聖朝不殺之仁,爲該苗開一生路,擔承撫局,暫緩兵臨。該道老成練達,素諳機宜,一到苗境即先遣嚮導齎奉諭檄,遍傳各寨,招出苗人頭目,宣示皇上德威及各上司開誠布公之意,曉以利害,許以生全。倘該苗真心就撫,赴該道投册報名輸誠立誓,便將好言勸慰,詢問疾苦,並就近體訪輿情,相度形勢,作何永遠利便。其永、保二土司可否責令擔承,務必籌畫萬全,刻即星馳飛報,以憑本都院會商督部院親臨安撫,面加犒賚,申明約束,酌核善後事宜,會疏題報,請旨施行。此番招撫須要認真著實,慎勿草率竣事,掩飾目前,庶幾仰仗皇上威靈,克有成效,既免一方血刃之慘,亦息三軍汗馬之勞,文告格頑,厥功匪細。該道世受國恩,正可及時報效。如其負嵎梗化,甘心俘戮,或游移挾詐,假意投誠,亦即飛報情形,以便請兵合剿。引領望之,勿負委任”等因。

除行委辰沅靖道外,爲照紅苗擾害楚邊由來已久,且蠢頑獨異,狡變靡常,倘不震以天威,未必群焉惕息,但不教而殺,似非皇上好生之仁。如開布誠信,許以自新,設立規條,安其疑慮,則苗亦有知覺,亦望生全,寧不悔悟而求活? 本都院謬效管窺,前已備移台案,屢承鈞示,具仰壯猷。兹荷督部院榮蒞之初,軫念邊方,特運帷籌,預圖安輯,舟誼關切,諒有同心。惟冀貴提督於委員到日,相度機宜,悉爲指授,兼遴幹將,協力抒謀,並飛移鎮筸鎮就近規畫,敉寧邊壤,則銅柱芳標並光千載矣。爲此合咨貴提督,煩請查照施行。

兵部知會總統自京起程文[①]

爲欽奉上諭事。

① 自京:原文無,據本卷目録及本文文意補。

蒙兵部札開:"准總統部堂席等咨稱,'康熙四十二年十月初六日恭請訓旨,[①]奉旨:"湖廣提督俞益謨漢仗好,行兵練達,爾等商議而行。欽此。"本部等於十月初七日自京起程,約於本月二十五日可抵荆州,即率荆州滿洲官兵前往'等因到部,備札前來,該提督查照施行。"

咨會督撫荆州將軍文

爲欽奉上諭事。

康熙四十二年十月初九日,蒙兵部札付欽奉上諭事,内開該臣等會議得云云等因。蒙此,除飛檄各營挑選馬步兵丁馳赴鎮筸地方聽候調遣外,相應咨會,爲此合咨貴部、都院,請煩查照部行上諭事理,希俟欽差大臣至日,一切應行機宜統聽鴻裁,會同商議,迅爲賜示,以便祇遵,並將單開調兵各營應需糧餉,更祈威靈飛檄司道,隨到隨即支領,以資軍供可也。均祈見覆施行。

咨督撫支大同官兵俸餉文[②]

爲欽奉上諭事。

案照本提督前在大同鎮遵旨題帶經制官十八員、馬兵四百名來楚,所有官兵俸餉先經呈蒙户部扎開,"應咨該督撫,將該提督所

① 二:原作"三",席爾達等本次撫剿紅苗時在康熙四十二年(1703)冬至康熙四十三年(1704)正月,故"四十三年十月"才起程時間顯誤,"三"當爲"二"字誤,據改。

② 【注】本文所敍之事詳參《青銅自考》卷一《謝陞楚提并報起程等事》、卷二《請撥晉帶官兵俸餉》、卷四《晉帶官兵俸餉——呈兵部》。

帶官兵康熙四十二年俸餉等項,[①]除晉省已經支給按數扣除,其未支俸餉照例放給”等因在案。嗣蒙兵部札開,“查該提督題帶赴楚官兵係先奉俞旨著令帶去,且係該提督題明之事,本部毋庸議覆”等因前來,當經本提督具疏題請去後。今閱邸抄,奉旨“該部確議具奏”,内開“已經大部議覆。查湖廣提督俞既稱題明帶去官兵遠來楚省,糧餉住支枵腹難堪等語,應如該提督所題,將此所帶官兵即行支給俸餉”等語。則是前項官兵俸餉等項應按晉省住支之後在於楚省按日接支之處,已蒙内部議准矣,自應聽候部行。但本提督現奉上諭,乘此冬月直逼苗穴,勒令歸誠,計日率師前進,而大同來楚官兵遠涉千里,枵腹半載有餘,今又選帶隨師征苗,餱裹軍裝百無一備,所需俸餉係屬萬緊,相應咨會,爲此合咨貴部、都院請煩查照,希念前項官兵枵腹已久,又值前往苗穴,所有歷過俸餉等項仰請洪慈賜檄司道,希照本標中軍印領,如數給發,得以製備軍供,刻期前進,以俟部行之至可也。事有經權,諒邀洞鑒,仍祈示覆施行。

請商行兵事宜

一、常德至鎮筸下營處所:一路由辰溪縣直至五寨司,[②]雖不甚寬,尚是官道;一路由瀘溪縣往乾州,悉係羊腸,止堪一騎。下營

① 二:原作“四”,據《青銅自考》卷四《晉帶官兵俸餉——呈兵部》改。另,根據《青銅自考》卷一《謝陞楚提并報起程等事》、卷二《請撥晉帶官兵俸餉》二文可知,康熙四十二年(1703)七月,俞益謨奏稱,晉帶官兵中官俸有支至四十一年(1702)十二月者,有支至四十二年(1703)正月者,兵餉俱預支至四十二年(1703)六月,而兵部議定撥給俸餉時已到四十二年(1703)九月。再據《青銅自考》卷二《密題起程撫剿》,俞益謨領兵於康熙四十二年(1703)十一月起程赴鎮筸撫剿紅苗,本文所敍之事當在此之前。綜上,本文中俞益謨不可能移咨督撫提前預支兩年後即康熙四十四年的官兵俸餉,“四十四年”當爲“四十二年”之誤。

② 溪:原作“谿”,“谿”“溪”本多通用,但因此處作地名,故需確定字體寫法。查本書卷二《蒙差踏勘》中均作“辰溪縣”,卷八亦多寫作“辰溪縣”;再查文淵閣《四庫全書》本《湖廣通志》“辰溪縣”“辰谿縣”均多次出現,并無分別。綜上,爲統一起見,取本書寫法較多之“辰溪縣”全文統一,據改。下同。

處所不甚寬廣,官兵必須以五六起先後發行,頭起先日下營之所,即爲二起次日下營之所,如是挨次前進,行營既不擁擠,安營亦有地方。是否應分次序,何營先行之處,祈主裁酌定施行。

一、五寨司地方四面皆山,平處窄狹,官兵衆多,難可駐扎。得勝營地方雖可下營,亦不甚寬,更是糧草不便搬運。止有灣溪與殺苗坪兩處地勢寬敞,各可駐扎官兵數千人,糧運較得勝營爲易。此外,尚有晒金塘一處,地在苗巢之内,山上亦可安營,但亦窄小。以上三處地方,滿洲大兵應駐扎是何地方之處,祈主裁施行。

一、議得沿途渡口：陬溪小河一渡,吕真、延前小河二渡,向日出兵,俱搭浮橋;白馬一渡係大河,用城守馬船並擺渡船隻;水溪、辰溪坪小河二渡,向亦搭造浮橋;辰溪縣大河一渡,係多備幫船;高邨一渡亦係浮橋。今應否仍搭浮橋之處,祈主裁施行。

一、若由辰陽驛分路往乾州,自楊溪三十里至瀘溪縣大河一渡亦須多備幫船,瀘溪自上保小河一渡、河溪小河一渡應搭浮橋。以上乾州一路應否仍搭浮橋、預備幫船之處,祈迅檄有司施行。

以上數事,知荷高明籌之已熟,無庸芻蕘更贅末議,但考察往事,參酌時宜,關係軍行切要,凡有一得,不敢自嫌愚陋,所當仰請鴻裁酌示,以爲祗遵。敬此奉呈台覽,如有一二可採,乞賜鈞晝施行。

咨總統遣官兵取崇山衛一路文

爲欽奉上諭事。

案照康熙四十二年十月初九日蒙兵部札付,奉旨撫剿紅苗,該本提督钦遵。隨將本標並襄、彝、永州三鎮北南協營並大同酌量共調副、参、遊擊、都、守、千、把等官一百二十員,馬步官兵六千四百零八名,俱限文到三日内馳赴軍前,合師聽調等因去後。至十一月初四日,本提督即率本標官兵自常起程,又經題報在案,隨於初九日馳至辰州。蒙本部堂會議,派令長沙副將高一靖統領安陸、澧州、岳州、衡州、彝陵六營官兵一千五百三十二名,[①]九谿協副將韓永傑統領荆州、荆門、靖五、武岡、沅州、宜郴、寶慶、永鎮、武昌九營官兵一千五百七十八名,分途馳往乾州崇山衛、樏木營一帶前進,直逼苗穴下營。開誠布信,勒令蠢苗悔罪歸誠以副皇仁廟謨外,本提督於十七日已抵五寨司地方駐扎訖。除一切機宜仰聽本部堂經籌碩畫,祇遵撫勦,以副皇仁、以收成功外,所有檄調官兵數目相應開单咨本部堂鑒照施行。

咨總統高副將等已抵崇山衛文

爲稟報事。

康熙四十二年十一月二十七日,據長沙高副將、九谿韓副將稟稱,"職等率領官兵前進,經過寨陽、大新寨、高岩寨、黄腦寨、[②]革鲊寨等處,[③]舍把、健步帶領苗目、苗人披剃歸誠,犒賞銀牌帽紅。火遊擊具報外,苗穴尚有未披剃蠢苗,亦有見官兵到時潛避山谷者。職等惟廣播皇仁,宣揚憲臺威德,曉諭披剃歸誠。沿途溪水紆迴,山岩陡險,永順土兵率同官兵開山闢路前進,於二十三日抵崇山衛九里地方。火遊擊派兵於崇山衛至乾州一路安設塘撥,以速文報。緣崇山衛九里、七里地方遼闊,苗民多未披剃,職等相度地勢,暫立營盤。一面會兵前進龍朋、[④]樏木營一帶,相度險要情形

① 一千五百三十二名:查本卷《咨總統副將高一靖等安營文》、卷七《取高一靖等官兵數目駐札地方檄》同,但本卷《再咨總統據高副將等下營文》、卷七《行各營官兵扎立營盤檄》卻作"一千五百九十六名",不知何故。

② 腦:本書前附《苗寨全圖》、卷八《路程》中均作"老",本書前附《苗地情形圖》、本篇下文、本卷《再咨總統據高副將等下營文》中均爲"腦",當爲根據發音記載,音近而字不同。下同。

③ 革鲊:本書前附《苗寨全圖》、卷八《招撫上、中、下三哨苗寨》中均作"犵渣",本篇下文、本卷《再咨總統據高副將等下營文》中均爲"革鲊",當爲根據發音記載,音近而字不同。下同。

④ 朋:本書前附《苗地情形圖》《苗寨全圖》,卷八《招撫上、中、下三哨苗寨》及本卷以下多篇中均作"朋",卷八《路程》《撫勦紅苗記》《致總統督撫諸公牋》諸篇中均作"蓬",當爲根據發音記載,音同而字不同。下同。

聯絡立營,另具稟報外,合先報明"等因。同日,又據分防乾州遊擊火運升稟稱,"本年十一月二十日,卑職隨同長沙協高副將、九谿協韓副將及會合永順司,各帶兵抵苗寨陽下營。二十一日進抵大新寨。因黄腦、高岩等寨苗子尚未披剃歸誠,驚避山箐,隨公同計商,永順土司先遣舍把協同鬼板頭目楊富三、三岔頭目吴繼保、寨陽頭目楊老卯、鎮溪健步梁正高前往招撫,宣布皇恩憲德,曉諭歸誠,免令驚避。二十二日進抵高岩寨下營,隨據永順舍把同楊富三帶領高岩苗頭楊老晚、楊老四二名,又同吴繼保帶領黄腦寨苗目石老三、石長歌、石長壽三名,又同楊富三帶領張倒寨苗目楊文宇、楊記花二名,又同楊老卯帶領高岩苗目同楊老四俱來營盤謁見,隨公同犒賞銀牌帽紅,諭令披剃歸誠。二十三日清晨進發,兵抵革鲊寨,據舍把同梁正高帶領革鲊四房頭苗目石老荞、石老田、石六亂、石老謊四名至馬前謁見,隨公同犒賞銀牌帽紅,宣布恩威,諭令披剃歸誠。本日,兵進崇山衛,上坡繞箐,隨撥兵丁協同土兵砍開路徑前進,其各營兵馬沿途涉水登山,接連進發,於本日陸續抵崇山衛扎營,扼其險要。二十四日,據保靖舍把吴正乾、張文傑、田進禄等帶領臘益苗目麻老添、[1]麻老户、老謊至營謁見,俱經犒賞銀牌帽紅,諭令披剃歸誠。查未經披剃苗寨驚避山箐者尚多,其接連崇山衛九、八、七、六等里各寨,地方遼闊,苗性犬羊,必俟披剃就撫,勒令歸誠向化,方可前進另報外,該卑職合將二十三日進抵崇山衛下營,沿途曉諭招撫、犒賞過各寨苗目緣由具稟報明,至犒賞銀牌帽紅係張參議存留賞苗之物,卑職隨帶行營,合并聲明,統乞恩憲洞鑒"各等因。據此,所有行據長沙協副將高一靖、九谿協副將韓永傑、鎮筸左營遊擊火運升文報由乾一路直抵崇山衛扎營緣由,相應咨呈本部堂查照施行。

① 臘益:本書前附《苗寨全圖》做"蜡乙",當據發音記載,音同而字不同。

咨總統副將高一靖等安營文

爲欽奉上諭事。

康熙四十二年十二月初一日，准本部堂咨開，“本年十二月初一日，准貴提督咨開，‘龍朋東南竹刷山：長沙副將高一靖率領，鎮筸左營遊擊火運升及長沙岳州官兵安第一營；分派衡州都司劉俊、澧州守備吴自道、安陸守備王繼偉安第二營；彝鎮左營遊擊吴豹安第三營；彝鎮右營遊擊李世邦安第四營。龍朋西南大坪：沅州都司牛射斗安第一營，九谿副將韓永傑安第二營，永鎮右營遊擊王佩安第三營，靖五都司王國寶安第四營’等因到本部堂等。准此，爲照該協等雖報扎立八座營盤，并未聲明每營官兵數目若干，及駐扎地名與紅苗何寨相近，并與黔省官兵相隔幾里，爲此合咨貴提督，請煩查照，逐一查明，迅即見覆，事關入告，幸勿遲緩”等因。

准此，案照先經檄委長沙副將高一靖、九谿副將韓永傑率領各營官兵共三千一百一十名，分途前進緣由業經咨呈在案。今承咨詢該協等文報扎營八坐，未經聲明官兵數目。查高副將所扎四營即係所率之兵一千五百三十二名之數，韓副將所扎四營即係所率之兵一千五百七十八名之數，但相各營地勢之寬狹，爲安兵數之多寡，因時制宜，難拘一定，其駐扎之地總係龍朋一帶，因其險要環繞，高副將扎四營於西南，韓副將扎四營於西北，遠近聯絡，以資聲援。其與紅苗何寨相近之處，亦如滿漢官兵所駐之樣木營、白菓窑相似，其與黔省官兵遠近烽火可以相望。今照前因，相應咨呈本部堂，俯賜查照施行。

再咨總統據高副將等下營文

爲稟報事。

本年十二月初三日，據長沙副將高一靖、九谿副將韓永傑報稱："職等奉委率師由乾州會同鎮筸左營遊擊火運升及永順土司前進，經過寨陽、大新、黄腦、高岩、張倒、革鮓等寨，砍開山路，直抵崇山衛，招撫各寨苗頭，賞給銀牌帽紅，剃髮歸誠。及抵下水，與貴州營盤相接，隨於龍朋、柯甲立營，[①]緣由業經稟報在案。今職等於十二月初一日抵鴨保寨地方，相度地勢，分派八營。卑職高一靖所率各營官兵共一千五百九十六名，如鴨保寨西南至木首寨四里派令衡州協都司劉俊、澧州營守備吴自道帶領宜都營千總一員、把總二員、兵丁三百一十六名安立一營；南至木岩寨四里派令彝陵鎮左營遊擊吴豹帶領千總三員、把總三員、兵丁三百六十名安立一營；西至葛沙寨六里派令彝陵鎮右營遊擊李世邦帶領千總三員、把總三員、兵丁三百七十四名安立一營；卑職自於鴨保寨離龍蛟洞貴州營盤四里六分去處帶領鎮筸遊擊火運升、安陸守備王繼偉、岳州把總等四員、兵丁四百二十六名西至大營居中策應外，帶兵一百二十名往來遊巡者則施州營千、把各一員也。卑職韓永傑所率各營官兵共一千五百七十八名，如鴨保寨後至板樓寨三里派令沅州協都司牛射斗，荆州、荆門兩營守備孫翩揚、唐膚功，千總二員，把總二員，帶兵四百五十二名安立一營；左至大塘寨三里派令永州鎮遊擊王佩、千總二員、把總四員，帶兵三百二十名安立一營；右至杉木寨三里派令武昌營參將周應武、靖五協都司王國寶並武岡等營千總二員、把總四員安立一營，接連永順土司營盤；卑職韓永傑自於鴨保寨西北離龍蛟洞貴州營盤八里遠近，帶領宜郴參將王廷瑚並寶慶等營千總二員、把總三員、兵丁四百一十八名安立大營，居中策應，往來遊巡。以上卑職副將高一靖、韓永傑共立營盤八處，聯絡周匝，首尾呼應，緊逼生苗洞寨，據守要口地方，既與滿洲大營切近，又與貴州營盤不遠，晝夜嚴查，並無疏懈。龍蛟、天星等寨逆苗

---

① 柯：本書前附《苗地情形圖》《苗寨全圖》及卷八《路程》《招撫上、中、下三哨苗寨》中均作"科"，本篇下文、本卷多篇中均爲"柯"，當據發音記載，音同而字不同。下同。

萬不能由此潰奔也。此皆仰授本軍門指畫,卑職等敢不矢勤嚴慎、理合稟報”等因。據此相應咨呈本部堂施行。

咨總統已與箄鎮接應文

爲欽奉上諭事。

本年十二月十二日戌時,准欽差部堂席等咨開,“本年十二月十二日據鎮箄鎮總兵官雷如咨呈,内稱‘本職已蒙本將軍諭令率兵駐扎馬鞍山,宣諭招撫勒獻。其該寨苗人已據弁目苗頭招出一十三名就撫,並稱願獻凶首。其打郎寨因係本將軍示列七寨之内,但該寨苗現經本標前營千總楊偉招出二名到營,訊據該苗當日並未拿陷官兵,有千總楊偉已經入巢披剃。今粵提統兵直逼該寨駐扎,乃仰遵本部堂將軍指授方略,自是算無遺策,然本職謬思,毛都塘乃係要地,今以緊要首寨無兵屯扎,似失輕重之勢。至於本職所領官兵,除土兵分扎外,止共官兵一千一百餘名,分扎三營,環繞苗寨。但苗性叵測,一應巡邏踩草,護運糧米、公文,在在需兵,業無可分之勢,合無仰請本部堂將軍裁奪,或檄令粤兵全師移駐毛都塘扎營,或另檄續到官兵度其營勢大小,遣發一枝赴彼駐扎。苗人仰睹天威,自足攻心褫魄,庶聲勢可以相聯,而招撫勒獻亦得以早濟矣’等因到本部堂等。據此,爲照馬鞍山苗人雖稱向化,拿陷官兵凶首及一應器械迄今俱未獻繳。打郎寨苗人雖稱從未拿陷官兵,而窩藏迷亮拿陷之人迄今亦未獻出,[1]其器械亦未呈繳,且打傷廣西兵丁,劫去衣物。揆其情形,明係緩兵之策,已經照會鎮箄鎮總兵官雷如,仍遵前發照會文内事理,整搠官兵,如期進剿不必遲疑觀望外,至於該鎮官兵委屬單薄,今籲請前來,貴提督分佈一枝官

① 迷:本書前附《苗地情形圖》作“眉”、《苗寨全圖》作“湄”,本卷多篇中均爲“迷”,當據發音記載,音近而字不同。下同。

兵前往，與該鎮聯絡聲援，以壯軍勢，務保無虞，相應密咨貴提督，請煩查照，仍祈見示施行”等因。

准此，查鎮筸雷總兵呈稱，或令粵兵全師移駐毛都塘，或另檄續到官兵，遣發一枝赴彼駐扎之請者，乃尚在本部堂令於十三日三省官兵前進會剿鈞示之前也。但本提督接准前進會剿之咨，業將咨移鎮筸鎮暨粵西提督，内開“本標官兵由龍蛟洞接貴州官兵之尾，以至楓木、岩板溪一帶，聯絡廣西、鎮筸官兵前進會剿”等緣由咨呈本部堂在案。今本提督已經率領官兵前進會剿，自可聯絡該鎮之兵互相聲援，且現准筸鎮咨稱亦在整飭官兵，於十三日起程前進毛都塘屯扎等語前來。所有續到官兵俱在，現隨本提督前進，上接貴州官兵，下連廣西、鎮筸官兵，如若相離遥遠，自然另遣一枝接應。今將前因相應呈覆本部堂查照施行。

筸鎮雷咨覆下營文

爲軍務事。

本年十二月十四日，准貴提督咨開前來緣由到鎮，“煩爲查照總統咨移事理，希將貴鎮官兵應連何處官兵前進會剿，互相聲援，庶免彼此參差，致苗逓竄之虞，足感鴻籌於無既矣。仍祈時將一切機宜不靳指揮，頻賜咨示，見覆施行”等因。准此，卷查先於本年十二月十一日丑時，蒙部堂將軍照同前事，照令本鎮進兵毛都塘、七兜樹、老家寨、迷亮四處緣由，業已凛遵，整飭官兵，至期前進，并將移營毛都塘日期呈報部堂將軍暨通咨貴提督在案。今准大咨移詢本鎮，查移屯毛都塘扎營之所，上與粵提張官兵駐扎之地，下接貴提督移開楓木、岩板溪一帶，相隔雖各十餘里不等，可以聲勢相聯，除一切機宜不時馳報咨請鴻謀指示外，理合咨覆貴提督，請煩查照施行。

咨督撫預支四十三年春季俸餉文

爲欽奉上諭事。

爲照標營官兵奉旨撫剿紅苗，所有本年冬季糧餉已荷貴部院檄行司道慨給在案。但今深入苗巢，前項糧餉多爲鞋脚餱裹之費，轉盼歲盡，待哺甚殷，所當咨請洪慈俯將現解行間糧餉，按照南北各營並本提督題帶大同各出征官兵數目，借支四十三年春季分官兵俸餉、馬乾，以濟日需，以資飽騰，足感相成之德於不淺矣。相應咨會，爲此合咨貴部、都院，請煩查照，見覆施行。

總督覆允借支俸餉文

爲欽奉上諭事。

本年十二月初三日，准提督俞咨開，"標營官兵撫剿紅苗，本年冬季糧餉已荷慨給在案，但今深入苗巢，前項糧餉多爲鞋脚餱裹之費，轉盼歲盡，待哺甚殷，請將現解行間糧餉，按照北南各營並大同各出征官兵數目，借支四十三年春季分官兵俸餉、馬乾，以濟日需"等因到本部院。准此，合就開單檄行，牌仰該道即便遵照單内各官兵數目，將四十三年春季分俸餉、馬乾預爲支給。其湖北官兵餉銀即於北藩司解到銀内動支，給發糧米俟蔣同知採辦正月分米石到日即爲支給。至湖南官兵餉米，除支放滿兵外，其餘解到先將正月米石隨數借支，如或餉銀不敷，該道即詳請借動湖北現貯鎮筸銀兩，以濟供支，俟湖南解補還項，均毋遲違，仍取各借領備案，并將支過數目彙報等因除行辰沅靖道外，相應咨覆，爲此合咨貴提督，煩爲查照施行。

偏撫覆允借支俸餉文

爲欽奉上諭事。

康熙四十二年十二月初三日，准提督俞咨開，"撫剿紅苗冬季糧餉已荷檄行司道慨給在案。但今深入苗巢，轉盼歲盡，待哺甚殷，所當咨請將現解行間糧餉，按照南北各營並本提督題帶大同各出征官兵數目，借支四十三年春季分官兵俸餉、馬乾，以濟日需，以資飽騰"等因到院。准此，合就檄行，爲此仰道官吏即將現解糧餉銀兩按照營領數目，借支四十三年俸餉、馬乾等銀。如遇各制營差弁關支，作速如數給發。倘現銀不敷，即提取附近州縣地丁銀，或借支别項銀兩湊給，俟檄行司道解補，毋得遲違，致滋缺誤未便等因。除行辰沅靖道並行司道預備解濟外，相應咨覆，爲此合咨貴提督，請煩查照施行。

總督咨商兵米堆貯撥兵護送文

爲咨商事。

照得兵行糧隨，應支月米皆計口授食之需，刻難緩待者也。今滿漢大兵俱已前進，若紅苗就撫事竣猶易，倘或内有蠢頑梗化，即遵旨剿撲。兵丁月米，若直穿苗穴，用夫輓運似屬艱難，必須審度形勢，酌定地方，預貯米石，以備各兵赴領，方免匱乏之虞。相應咨商，爲此合咨貴提督，煩爲查照區畫，緑騎兵米應否於乾州運至殺苗坪堆貯，以備轉運欙木營支放，其沿途應否撥兵護送糧運之處，仰藉一一分晰見覆。竚切竚切。

覆總督貯運兵米文

查兵丁月米原係計日授食，目今深入苗巢，尤難缺乏，況蠢苗就撫尚無定期，萬一稍有梗化，即行剿撲，若以荷戈前進之兵而復令其赴領月米，未免難以分身。今荷大咨，以應否運至殺苗坪堆貯，以備轉運欙木營支放，其沿途應否撥兵護運，一一分晰見覆等因前來，是貴部院之籌畫周至，三軍業已先奮飽騰之氣矣。至於撥兵護運之處，本提督於未准大咨之先，業於殺苗坪直至㰒木營一帶俱已分撥官兵駐扎，並令護送糧運在案，相應咨覆。爲此合咨貴部院，煩請查照施行。

總督咨商兵米就近支領文

爲咨商事。

照得緑旗各營兵丁月米，如襄陽、均房、鄖陽、竹山、竹谿、道士洑等鎮營從前派支折色，本部院因念北南出征官兵深入苗巢，若仍關折色，購買維艱，是以檄令司糧各官查照兵數，正、二月應領米石概給本色，以資飽騰。但各營官兵調撥駐防星羅棋布，不一其地，所需月米亦應酌量道里遠近分派支領，以均勞逸。今酌將各路運送糧米，分貯乾州殺苗坪、地良坡、白菓窖等處，派撥各營兵丁分别遠近，隨地關支，以均勞逸。如南撫標與鎮筸官兵去筸較近，糧米仍令赴筸關支外，其餘各營官兵如駐扎殺苗坪者，則令於乾州支領；駐扎麻冲者，則令於殺苗坪支領；駐扎於地良坡上者，則令於地良坡下支領；駐扎白菓窖者，則令於地良坡上支領；[①]駐扎於㰒木營、龍朋、柯甲等處，則令於白菓窖支領。至支領處，所遠不過二十里，近則止十餘里、四五里不等，庶兵丁與夫役均有裨益也。本部院酌派如此，未知當否，相應咨會。爲此合咨貴提督，煩爲查照，裁示見覆，以便通飭運糧各官及各營遵照施行。

覆總督咨商兵米就近支領文

爲照各營出征官兵分撥各隘駐扎，晝則瞭望，夜則巡防，亦且星羅棋布，不一其處，所需月米誠難分身遠運。兹荷貴部院以前項

---

① 地良坡上：根據文意，疑爲“白菓窖”之誤。

兵米分貯各處,派令就近支領,鴻裁碩畫,允稱盡善,匪特征兵感飽騰之恩,夫役免搬運之苦,即本提督叨切同舟,亦感相成之誼無既矣。相應咨覆,爲此合咨貴部院,請煩查照轉飭遵照施行。

咨督撫各提鎮進剿龍蛟洞天星寨文

爲軍務事。

康熙四十二年十二月初九日酉時,准欽差總統咨開,"爲照本部堂等統領滿漢官兵撫剿紅苗,仰體皇上好生之仁,出示曉諭,不啻再三。其陸續歸誠者固衆,而馬鞍山、毛都塘、老家寨、兩頭羊、米糧寨、打郎寨、齊頭樹、龍蛟洞、兜沙、排六、上葫蘆寨、下葫蘆寨、天星寨、糯糖山、老枉山、甘葱寨等寨现在梗化,[①]尚未歸誠。本部堂等按兵未即進剿,待其革心,不意逆苗怙惡不悛,弗肯納款,殊屬切齒,宜張撻伐,以伸國威。今訂期於本月十三日進剿,貴提督率領所屬官兵暨永順土司彭弘海所帶土兵前赴龍蛟洞、天星寨等處,鼓勵將士奮勇撲滅,其臨時機宜是在貴提督之運籌酌奪耳。然三省會剿,係奉上諭,務期同心努力,幸勿彼此參差。至已經歸誠者,毋得玉石不分,概行屠戮,以負朝廷諄諄之聖諭也。合就移咨,爲此合咨貴提督,請煩查照,仍將進剿情形不時移會施行"等因。准此,除整飭官兵至期由龍蛟洞接連貴州官兵以至楓木、岩板溪一帶聯絡廣西、鎮筸官兵前進會剿外,相應密咨,請煩查照施行。

咨總統據高、韓二副將報領兵進剿文[②]

爲軍務事。

① 糯糖:本卷此地名均寫作"糯糖",但本書前附《苗地情形圖》《苗寨全圖》《滿漢營壘圖》及其他各卷卻都寫作"糯塘",當據發音記載,音近而字不同。下同。

② 據:原文無,據本卷目録及本文文意補。

本年十二月十三日,據長沙副將高一靖稟稱:"爲稟報事。康熙四十二年十二月十二日辰時,奉欽差大人席傳諭,卑職將所率官兵某人帶兵若干進剿某寨開列官兵銜名、數目具報。奉此,卑職隨赴欽差大人軍前面稟,奉提憲檄令,各營官兵由龍蛟洞接連貴州官兵以至楓木、岩板溪一路聯絡廣西鎮筸官兵前進。大人面諭,令卑職於十三日早直抵龍蛟洞,搜箐撲滅,將官兵銜名、數目具報。隨將卑職長沙協副將高一靖,鎮筸鎮左營遊擊火運升,衡州協都司劉俊,安陸營守備王繼偉,千總張九成,把總余勝、張子林、趙德勝帶領兵丁四百名;彝陵鎮左營遊擊吴豹,千總黄甲、杜文英,把總劉希義、姚希友、汪國佐、羅明揚帶領兵丁三百名;彝陵鎮右營遊擊李世邦,千總劉培、周天貴、王明還,把總劉國、黄文英、程龍帶領兵丁三百名。各營馬步兵丁一千名,尅期於本月十三日前赴龍蛟洞一帶撲剿逆苗,所有進剿官兵銜名、數目理合開報等因,除具報欽差大人去後。於本日未時奉本軍門憲檄,内開:'仰職會同九谿韓副將至期即由龍蛟洞、鴨保一帶分路而進,上接貴州重寨,官兵互相聲援,彼此聯絡,毋致參差。事關合師搜剿,務宜和衷共濟,鼓勇官兵,臨敵致勝,以收萬全,慎毋有誤事機,致干未便。'奉此,卑職率領官兵於十三日黎明合師前進龍蛟洞,一切情形不時密報外,相應報明。再稟者,鎮筸火遊擊移稱,'把總張榮帶兵四十名隨職前進,合並稟明'"等因。據此,又據九谿副將韓永傑報同前事,内稱"卑職尊奉派撥各營官兵:卑職副將一員,本營千總張雲先,把總陳啓;宜郴千總吴雲龍,把總金勝;寶慶把總周光雲;武昌參將周應武,千總王國优;靖五都司王國寶,把總郭之奉、余本友;武岡千總郭三,把總王受福;永鎮遊擊王佩,千總李進福、蔡得明,把總侯得、張玉、楊正福;沅州都司牛射斗,千總楊喬,把總何友;荆門守備唐膺功,千總曹輔;荆州把總陳太,共官二十五員,兵丁一千名。卑職率領於本月十三日前進,其宜郴參將王廷瑚並各營千把共四員、兵五百七十八名存留守營。卑職仍嚴加戒飭,謹守壁壘,不許擅離部伍外,所有起程日期相應報明。爲此,今將前由具文呈乞照驗施行"等因。據此,相應咨呈本部堂查照施行。

駐逼天星寨報總統文[①]

爲軍務事。

爲照本提督准本部堂咨派率領官兵由龍蛟洞、天星寨一帶前進,會剿抗撫逆苗等因,當即祇遵,密檄長沙副將高一靖、九谿副將韓永傑率領各營官兵,自鴨保寨由龍蛟洞一帶分路前進搜剿緣由,業經咨呈本部堂在案。除據該副將文報前來另文咨呈外,所有本提督派留本標後營遊擊陳大勳,並千把總三員帶兵三百五十名防守白菓窑營盤,護守糧運,防拿竄逆。其餘官兵本提督於十三日黎明統率前進,至未申時候始得到齊,當用鎗砲攻打天星寨。據苗喊稱,係已經歸順之苗,[②]差員詢問,箐大溝深,日暮難以往回,且苗性叵測,未便遽信。隨相度地方險易情形,俱皆高山大箐,實爲諸苗狡穴出没之區,酌派均房營把總一員帶兵八十名於臭施寨下營,千總一員帶兵八十名於搆皮寨下營,以遏逆苗竄遁之路,並扼後箐之口;又派辰州副將趙文璧帶領該協千把總三員、兵丁三百名於岩口寨箐口下營;又派竹谿遊擊黄助並竹山營千把總四員、兵丁二百名、永順土兵二百名堵截天星寨,三岔河箐溝底内下營;又派永定營遊擊包成、千把總二員帶兵一百名於夯柳地方箐口下營;又派本標左營遊擊蕭之盛並右、後二營共千把總六員、共兵一百八十名於楓木坪挨箐口下營,均關緊要地方。並調殺苗坪襄鎮右營遊擊張國帶領千把總二員、兵丁三百四十八名馳赴岩板溪,聯絡廣西、鎮筸官兵。本提督親率參將吴郡、許士隆,守備俞禮,千把總九員,共

① 【注】亦見於《青銅自考》卷四《咨呈移會》,題作《駐逼天星寨咨報總統部堂席》。
② 係已經歸順之苗:《青銅自考》作"情願歸順"。

兵五百餘名緊逼天星寨箐邊下立營盤,居高四應,務使抗撫逆苗不致狡脱。並密令長沙副將高一靖、九谿副將韓永傑各率官兵於十四日自龍蛟洞兩路向天星寨自外搜箐向内而來,本提督密發官兵自天星寨向龍蛟洞一路自内搜箐向外而出,[①]兩下夾攻,以淨狡穴之一窟。尚有險山深箐甚多,容俟挨次攻搜,以副本部堂勝算外,其有經過順苗峒寨,俱分良善,秋毫無犯,以仰體我皇上好生之德。所有分派各官下營扼險情形,相應咨呈本部堂查照施行。

遣發官兵搜箐報總統文

爲軍務事。

爲照本提督檄令九谿協副將韓永傑即率各營官兵於本月十六日黎明前赴楓木坪搜箐,至岩板溪過箐,與鎮筸、廣西官兵接連搜攻兩頭羊、排六梁、毛都塘等寨逆苗,緣由業經咨呈在案。同日,又派辰協副將趙文璧帶領該營官兵並永順土兵二百名於十六日早過箐,由老萊溪架梁進勦排六等處逆苗,又檄調駐扎地良坡黄州守備吴日光帶領官兵隨趙副將下營扼險,又派永鎮遊擊王佩即率該營步兵過箐,相度地勢,上接辰州趙副將,下接九谿韓副將,居中聲援,前往堵箐搜勦外,相應咨呈本部堂查照施行。

覆總統圍天星寨文[②]

爲軍務事。

康熙四十二年十二月十五日午時,准本部堂咨開,"爲照征討之機,貴在神速,先經會商,貴提督進征天星等寨在案。今各寨抗

① 洞:原作"峒",據前文"龍蛟洞"之一般寫法及《青銅自考》改。
② 【注】亦見於《青銅自考》卷四《咨呈移會》,題作《圍攻天星寨咨覆總統部堂席》。

撫逆苗潛遁彼處,貴提督統領官兵既已環繞圍困,即宜乘其無備,一鼓而下。此寨一平,則諸寨觀望逆苗不難次第掃滅矣。貴提督務於本月十六日以内攻取,蕩清巢穴。事關軍機,幸勿遲延,合再咨催。爲此合咨貴提督,請煩查照,迅即見覆施行”等因。

准此。爲照本提督於本月十三日率領官兵抵天星寨下立營盤,分派各營官兵扼守各處箐口并緊要地方。十四日,先取小天星寨,殺死逆苗數百名,架立鎗砲攻打大天星巢穴。據寨苗在上喊稱“願受招撫,只候廖四保來,即便下寨投誠”等語。本提督稔知苗心叵測,難可憑信,除一面傳與廖四保赴營,一面相視機宜撫剿,如有狡詐之處,我兵已經四面圍困,無路可遁。縱使寨險難上,亦係釜中之魚,終無遁路,不難蕩清,以仰副本部堂無遺之勝算也。

總統催取天星寨文

爲軍務事。

准貴提督咨開“天星寨四壁陡絶,止可智取,急難力攻。俯容相度機宜,以定撫剿”等因到本部堂等。爲照天星一寨,止可智取,急難力攻,具見貴提督籌畫精詳,但苗性頑梗,罔知信義,且狡詐多端,反覆不常,用兵貴於神速,久則恐其生變。貴提督身歷其地,洞悉苗情,作何調度,是又在鴻裁之酌奪耳。相應咨覆,爲此合咨貴提督,請煩查照施行。

覆總統驗看天星寨文①

爲軍務事。

准欽差總統席咨開,“准貴提督咨開,‘天星寨陡絶,止可智取,

① 【注】亦見於《青銅自考》卷四《咨呈移會》,題作《驗看天星寨咨覆總統部堂席》。

急難力攻,昨於本月十六日遣把總蔡賓芳率領敢死士二十人,齎持花紅,暗藏刃幟,賺取葛梯,一湧登寨,逼令寨苗歸誠。現有官兵在上屯扎看守,信義難失'等因。准此,爲照本部堂等欽奉訓旨,'苗子投誠後,率領滿漢官兵將苗巢穴盡行確視'等因,欽遵在案。今天星一寨,貴提督統兵圍困已久,其投誠安插之苗若干,是否真心歸誠? 如果真心向化,本部堂等即登寨確視,以便覆命。事關甚鉅,幸勿泛視,相應咨詢。爲此合咨貴提督,請煩查照,迅將目下情形不時見覆施行"等因。

准此,除祇遵恭候本部堂按臨登寨確視外,相應咨呈本部堂查照施行。

覆總統查天星寨器械文

爲軍務事。

康熙四十二年十二月二十二日,准本部堂咨開,"天星寨既稱真心向化,應將軍器追繳"等緣由。准此,當經查追去後。茲據寨苗稱"係我等俱是上岩口、中岩口、下岩口、鵝里寨、臭施寨、籌兒寨、搆皮寨、磨岩等寨苗子,既蒙皇恩招撫,已將器械繳送招撫之辰沅道、協兩處"等語。如其真實,该道、協自應造册呈報;如其未繳,亦應該道、協查追。本提督現率官兵拱聽指麾,以司撫剿,軍務不惟不暇旁及,抑且兩處查追,令苗無所適從。相應咨呈本部堂,俯賜徑檄辰沅靖道會同沅協副將韓琪查册追繳,以歸畫一施行。

彙報官兵撫剿捷文[①]

爲彙敍撫剿紅苗情形,仰祈鑒達以勵勞員事。

① 【注】亦見於《青銅自考》卷四《咨呈移會》,題作《彙敍撫剿捷咨報總統部堂席》。

案照本提督接奉撫剿紅苗之部行，即便飛調楚蜀各營官兵由常進發。既抵辰州，隨檄長沙副將高一靖、九谿副將韓永傑率領各營官兵三千餘名，由乾州一帶會同鎮筸左營遊擊火運升、永順土司彭弘海由崇山衛砍山開路，直至龍朋、鴨保，接連貴州官兵營盤聲勢。本提督親率各營官兵三千餘名，並隨征功加、候用、外委人員，由殺苗坪一路至火麻營、上麻冲、地良坡、白菓窑、櫟木營，安設官兵，保護糧運，相度形勢，遵候咨派剿撫。於十二月初九日准本部堂大咨，派令本提督於十三日由龍蛟洞、天星寨一帶前進會剿。本提督因思天星寨爲苗穴第一險寨，龍蛟洞係非常惡箐，除飛檄副將高一靖、趙文璧，參將周應武，吴郡，遊擊蕭之盛、火運升等，都司牛射斗、劉俊、王國寶等，守備俞禮、王繼偉等，各帶領千把及隨征候用、功加、外委人員，自龍蛟洞前後左右分爲四股而進，務要齊心竭力奮勇剿殺，以淨根株去後。是日，本提督親率官兵前進，經過受撫順苗洞寨，嚴飭官兵秋毫無犯，直逼天星寨安立營盤。①

環視此寨，高險異常，迥然獨立，四圍懸岩峭壁，無級可登。隨令鎗砲攻打，苗恃土穴藏身，寂然不動。本提督遥望小天星寨後山陡岩高，樹林陰暗，恐有埋伏爲彼聲援，隨令大同參將許士隆、永定遊擊包成於十四日黎明帶領官兵攀岩而上，②透箐外出。巳末，果見逆苗約有七八百人群起迎敵。我兵鎗砲齊發，箭射如雨，逆苗迎敵不住，正欲奔逃，適副將高一靖、韓永傑等從龍蛟洞搜箐，聽得小天星寨後山鎗砲震天，③由西南一帶圍裹前來，與許士隆等兩下夾攻。自午至未，共鎗矢擊殺逆苗四百九十三名，活擒八名，解營斬首訖，其餘帶傷滚岩，箐險難追。我兵陣亡二名，帶傷六名，得獲鳥鎗一百一十三杆、長鎗二百五十二杆、斷折長鎗不計根數、弩弓四十張、弩箭一百八十枝、環刀四十一口、馬九匹、雜糧背簍八十個。

① 逼：《青銅自考》作“抵”。
② 大同、永定：《青銅自考》無此四字。
③ 寨：《青銅自考》無此字。

其不堪器械隨經焚燬,其堪用鳥鎗、馬糧分賞有功官兵訖。復令高副將等仍照原派搜箐,令守備王繼偉領兵於小天星寨並對山安立營盤,架立鎗砲,三面環打大天星寨。苗見襲取小天星寨已經胆落,又被鎗砲環打,始稱"我等原係撫過順苗,避兵上寨"等語。本提督深知苗情狡詐,難可憑信,乃令撫苗廖四保傳知:"皇上洪恩,原不殺你,你既投順,爲何又上寨拒守?"苗稱"我等害怕,原係受撫過的岩口八寨,家口在上"等語。本提督隨挑選胆勇健丁二十名,密諭把總蔡賓芳帶領,於十六日辰時各持花紅、銀牌,懷揣號旗,身帶利刃,仍令廖四保在前,把總、健丁隨後。待至懸梯,一湧上寨,麾旗抽刃:"我等奉令招安,不可動手,你若動手,我一人殺你三五個便可抵命。"苗見官兵勇猛,稱説"我等歸順情真",各領花紅銀牌。先遣男苗十餘名、老婦五名,[1]次早復遣小娃子十三名到營謝恩。該把總等屯扎寨上,密又請示前來,應否官兵接應,上面動手。本提督因繹聖諭,未順者尚須勒令歸誠,既稱造册投順,[2]豈可復行屠戮? 密令官兵屯扎寨上,不必動手。此十六日弁兵登寨之頃,[3]摩旗吶喊,正值本部堂遣護軍參領齊寇、兵部郎中阿玉璽等到營親所目睹。[4]

於二十一日,本部堂同都統、督撫等位親臨確視,參領等登寨驗看,寨苗男婦老幼羅拜叩謝皇恩。除户口、軍器聽撫苗署辰沅靖道張仕可暨沅州副將韓琪查繳外,此本提督先取小天星寨,大殺逆苗,十六日兵上大天星寨威脅,真心歸誠,經本部堂所確視者也。其分遣官兵搜剿箐苗,陸續據副將高一靖等、遊擊蕭之盛等、都司牛射斗等、守備俞禮等自十五至二十日各有具報,[5]斬殺逆苗、得獲器械多寡不等。

---

① 名:《青銅自考》作"口"。
② 稱:《青銅自考》作"願"。
③ 頃:《青銅自考》作"傾",誤。
④ 阿:原作"艾",據《青銅自考》及"阿玉璽"通用寫法改。
⑤ "副將""遊擊""都司""守備",以及前三個"等"等十一字,《青銅自考》均無。

至二十一日,又據長沙副將高一靖、九谿協副將韓永傑、辰州副將趙文璧、天柱參將吳郡、大同河保參將許士隆、永定遊擊包成、本標左營遊擊蕭之盛、襄鎮遊擊張國、沅協都司牛射斗、本標守備俞禮等聯名報爲飛報事,[①]内開"卑職等奉檄率領官兵並永順土司兵丁,自龍蛟洞左右兩箐搜至大小天星寨三岔箐口,四向分路,挨次搜捕,直抵岩口、楓木坪、夯柳、岩板溪一帶,往返密搜,[②]逐箐搜捕,俱有陸續擊殺帶傷滚岩、滚溝、竄遁逆苗,俱經逐案呈報在案。至本月十七、十八等日,遵令過箐,由老萊溪、老寅寨下箐搜至毛都塘,[③]並無苗踪。十九日,又復合師搜箐至排六梁箐口,因見箐大異常,竹木陰蔽,職等駐兵箐口,差丁踩探。此箐直逼糯糖、老杠等山,夜黑,見深箐之中微有火亮,職等當即分兵五股:韓副將、趙副將率兵由箐口直進;高副將率兵循山向箐西口而入;天柱參將吳郡同沅協都司牛射斗等由箐北口而進;[④]大同參將許士隆同本標守備俞禮等由箐南口而進;[⑤]又因箐南上接糯糖、老杠等山,恐苗勢迫扒山逃竄,公議永定遊擊包成、本標左營遊擊蕭之盛、襄鎮遊擊張國等各帶官兵循箐傍南扒越上山,[⑥]以堵遁苗之路。分派已定,約以連放五鎗爲號,一齊都至放鎗之處,[⑦]於二十日黎明分路而進。卑職永傑等搜至日午,遥見箐南大小懸岩之下隔一深溝,[⑧]有新舊茅蓬大小百十餘間,樹林之内約有千餘苗人並牲畜等項。職

① 又:原文無,據《青銅自考》補。璧:原作"壁",當爲版刻之誤,據本書多處出現之"辰州副將趙文璧""辰州協副將趙文璧"及《青銅自考》改。"長沙副將""九谿協副將""辰州副將""天柱參將""大同河保參將""永定遊擊""本標左營遊擊""襄鎮遊擊""沅協都司""本標守備",以及"名"後之"報"等四十六字,《青銅自考》均無。

② "往返密搜"四字,《青銅自考》無。

③ 萊:本卷《遣發官兵搜箐報總統文》、卷七《傳令副將趙文璧等搜剿排六梁檄》亦作"萊",本書前附《苗地情形圖》《苗寨全圖》及《青銅自考》均作"菜"。

④ "天柱""沅協"等四字,《青銅自考》無。

⑤ "大同""本標"等四字,《青銅自考》無。

⑥ "永定""本標左營遊擊""襄鎮遊擊"等十二字,《青銅自考》無。

⑦ 都至放鎗之處:《青銅自考》作"併力"。

⑧ 大小:《青銅自考》無。

即令放號鎗,逆苗群起,各執篳子、鳥鎗拒溝對敵。我兵鎗砲齊發,四路官兵一齊都至,被我漢土官兵齊心奮勇自午至未擊死大半。苗勢急迫,扒岩而走,又被包遊擊、蕭遊擊、張遊擊各率官兵從山邀截,堵住岩路,鎗矢如雨,俱被擊死,餘皆滚岩跳溝。實共擊死並傷重、斬首共八百餘人,得獲鳥鎗二百九十杆,空火藥彈子包一百二十五個,長杆子鎗四百七十餘根(内多折斷了的竹鎗二百餘根),刀三十六口,皮盔十五頂,[①]鐵盔一顶,皮甲十身,綿被子二百二十身,苗馬二十六匹,牛五十七頭,大小猪八十隻,背簍一百五十四個,竹囤子二十個(内裝雜糧)。各營官兵被逆苗鎗傷、陣亡者,俟查明另報外,理合聯名飛報"各等情到本提督。

據此,是一役也,以歷代不服王化之蠢苗一經撫剿,上賴皇威遠播,本部堂勝算無遺,撫者崩角稽首,剿者膏我斧鉞,甫及十日,克奏膚功,從來撫剿未有如廟謨預定神速之若斯也。所有搜箐官兵悉皆攀藤捫石,雨雪無寧,重搜疊剿,不辭艱辛,前後節次共斬逆苗一千三百餘名,是該各將弁捨死趨險,期盡忠赤,仰報皇上豢養之洪恩也,雖屬微勞,似不可泯。仰懇本部堂俯念官兵深入苗穴,搜剿勤勞,實與平常克敵之戰功不同,難逃本部堂之親鑒,俯賜題請破格議敍,以示鼓舞,是出皇恩浩蕩而本部堂洪慈無既矣。除得獲馬牛、器械、米畜賞給得獲各官兵有功人員訖,至陣亡、帶傷兵丁,統俟查明造册送部外,再有督撫部院檄委署辰沅靖道張仕可會同沅州協副將韓琪入苗招撫,業經三百餘寨。並各委撫弁目勞績俱不可泯。除署辰沅靖道等聽督撫咨題外,所有副將韓琪等委撫宣勞,理合聲明,相應一並咨呈本部堂,請煩查照鈞裁,示覆施行。

① 《青銅自考》"皮盔"前有"弩弓八十餘張"等六字。

辦苗紀略卷之六

目　録

咨　移

咨箄鎮防範文

爲欽奉上諭事。

爲照紅苗素爲邊害，奉旨撫剿，欽差、將軍總統滿洲大兵、三省官兵分佈前進，除招撫及勒令歸誠之外，其抗撫洞寨仰藉方略，分

① 咨移：原文無，據正文補。
② 部覆督題抽調協防箄鎮兵數文：原作"部覆督題抽調協防鎮箄官兵數文"，據正文标題及文意改。

兵搜剿，一時竄逆俱膏斧鉞。業今奉令班師，並酌派湖南官兵貼防乾州、箭塘二處，而善後事宜，現在會同督撫部院籌畫外，但苗性蠢狡，慣於報復，當此一番搜剿，不無漏網餘逆。貴鎮久鎮岩疆，洞悉苗情，一切汛防尤宜嚴謹，必使撫者懷德，能爲我用，剿者畏威，不敢伺隙，方足以收此番撫剿之後效也。合亟咨會，爲此合咨貴鎮煩爲查照，希即嚴飭汛防將弁兵丁，務必加緊隄防，嚴守要隘。晝則登高，夜則伏草，遊巡官兵互相絡繹，上下塘哨彼此聲援，毋致少有疏略，以貽伺隙之虞，則叨共事之誼於匪淺矣。

廣西提督報捷文

爲軍務事。

案照本提督仰伏皇上天威，蒙本部堂指授方略，帶領官兵刻期於十二月十三日前赴馬鞍山、打郎寨等處進剿。本提督凜遵檄令，密諭桂林副將王國用、全州參將王順各帶千把及功加、外委人員、馬步兵丁從馬鞍山而進，本標前營遊擊劉伏振、柳慶協右營守備王朝佐，平樂協左營守備陳義各帶千把、官兵分路直抵老枉山堵截分合，各相地徑，聲勢務要相通，遠近疾徐俱以午刻爲准，本提督從中在山之巔布置聲援各去後。據桂林副將王國用等報稱，"率領官兵沿馬鞍山各處搜遍，並無逆苗蹤跡。離馬鞍山二里路遠，見有一峒，樹稠箐密，壁陡崖懸，卑職即令鎗炮全施，弓矢勁發，竟有逆苗千有餘人踞險敢於冲鋒迎敵。我兵奮勇向前，適值劉遊擊帶領官兵越山而至，合力張威，陣斬逆苗三百餘人，苗賊膽消，旋奔潰逸。又有柳慶王守備、平樂陳守備突截其路，連破一十七寨，斬死一百五十餘人，其餘身負重傷不計其數。凡有膏粱、小米囤糧盡行舉火焚燬，得獲長鎗七十四杆，鳥鎗二十七杆，鐵盔三頂，弩弓四十八張，環刀三十一口，斷折杆子、木弩不計其數"等情。

又於十四日復親身統領官兵分路前進，凡有深箐密峒、極高極險之處，督率官兵四面圍布，逐一搜捕，並無凶苗蹤跡。及抵打郎山，適遇貴州高遊擊亦帶兵到彼，兩省官兵會合，共爲踩緝。其已經歸誠者，安諭無擾。隨收兵轉回，搜有一里之外，凶苗從斜荒深箐突出拒敵，右營千總洪珍率領兵丁奮勇直前，砍死逆苗五十餘人，鎗傷逆苗不計其數，餘苗不敢對敵，俱滚入深箐，跌死甚多。得獲鐵盔二頂、皮盔七頂、長鎗三十七杆、環刀五把、鳥鎗二十九杆。

又於十五日黎明，本提督復親身統領官兵於老枉山各處，自辰至未極力搜捕，因此山高峻深險，兼之逆苗如鬼如蜮，潛蹤靡定，竟無影響，天色將晚，只得收兵屯扎。

又十六日飭令桂林副將王國用、全州參將王順、本標遊擊劉伏振、平樂協左營守備陳義各帶官兵分路沿箐搜捕。左江鎮標把總雷啓明領兵轉過山隘，劈荆覓路，走至沖下逼陡水溝，竹樹叢密，陰蔽如同黑夜，突出大夥苗賊群起交攻，把總雷啓明率兵奮勇登先迎敵，殺死苗賊二十四名，把總雷啓明當被傷陣亡，又鎗死兵丁一名，帶傷兵丁一名。適本提督遣本標千總郭寰領兵從山之東而入，甫至溝上，大呼而下，鎗炮齊發，奮勇殺死、鎗死逆苗八十餘人。桂林副將王國用、全州參將王順一聞炮聲，督兵立至，合力奮擊，殺死逆苗一百餘人，其餘帶傷奔跑，本標前營遊擊劉伏振堵截後路，殺賊九十餘人，得獲鳥鎗三十一杆、環刀二十五口、藥弩四十三張、長鎗五十五杆。因天色將晚，收兵屯扎。

又十七日密諭桂林副將王國用帶領弁兵由山之東而進，全州參將王順帶領弁兵由山之南而進，平樂協守備陳義、柳慶協守備王朝佐帶領弁兵由山之西而進，本標前營遊擊劉伏振帶領弁兵由山之北而進，本提督帶領官兵在山之頂相險分佈遊奕，以壯聲援。於黎明時候，直到沖下水溝之内、深林茂箐之中，官兵會合，尋跡覓影，見有一深峒，内有苗賊足跡，又聞苗娃哭聲，即督官兵架炮張矢，挨次而入。奈峒徑如竇，兼之怪石巉巘，陰迷黑暗，我兵不能得入，就令各兵砍樹刈茅，堆塞洞口，燒薰有三個時晨，不知薰死多少。隨復將四處大小坑峒逐一窮搜,亦見有鎗傷並跌死許多苗屍。搜得箭塘營守備龍化麟木記二個、鐵盔一頂,并有地窖篋囤膏粱、小米、棉花各物,即令兵丁舉火焚燬以絶其糧食。仍督各路官兵分列,從下而上遍處搜緝,不復有苗賊影跡。

又於十八日親身統領官兵近老家等寨一帶布置進剿。山旁見有一寨,驅令官兵搜剿,巢内並無一苗,當令官兵上山左右前後搜捕,見逆苗一名藏在草内,隨將鎗打死,獲杆子一根,并搜獲牛七隻。督令再四搜捕,並無餘苗,所有逆苗巢穴糧食令兵盡行燒燬。又督兵前至老家寨,而苗穴已經鎮筸雷總鎮官兵與保靖司土兵放火焚燬,苗賊俱先逃竄。隨即飭令桂林副將王國用、全州參將王順、本標前營遊擊劉伏振、柳慶協右營守備王朝佐、平樂協左營守備陳義各帶官兵於糯塘山一帶分佈屯扎,與湖廣、貴州官兵聲勢相連。

十九日,據桂林副將王國用等回稱本日雨雪路滑不便進兵等情。又於二十日,本提督見雪天霧重,恐逆苗乘機潛逃奔逸,亦未可定,隨令本標中營千總郭寰、右營把總吴進、平樂協千總張鐸、潯州協把總趙啓鳳各帶兵丁一百名前去各山僻箐處遊奕巡哨,小心隄防,遇有逆苗蹤影即便協力擒獲去後。據右營把總吴進巡哨回營稟稱,把總奉令分頭巡哨各處僻隘,即日帶領本標五營馬步兵丁一百名哨至官峒地方,見有苗子數十走往山背,把總立即與衆兵齊追,殺死苗賊二十餘人,賊就四散奔逃,又被兵丁鄢奇等攔截,弓箭齊發,射死一十三名,並獲長鎗七杆、弩弓二把,隨即遍尋,並無别苗。及哨前一里餘地,又遇着苗子數個,衆兵奮勇追趕,苗子棄械滚入深塹,兵丁隨即用鎗炮向下直打許久,諒亦不能逃生。獲有鳥鎗二杆、長鎗四杆等情。又據潯洲協把總趙啓鳳回稱,奉令帶兵巡哨至甘峒坪,適遇苗賊一名、苗婦二口奔逃,把總即率兵向前拿獲,理合解驗等情。當即審問,苗賊一名謝老羅供系毛都塘人,隨即移解鎮筸雷總鎮查收發落外。又於二十一日據前營遊擊劉伏振等回稱:“本月二十日,據右營千總洪珍回稱‘卑職奉令帶領兵丁前去哨路,聽得苗穴山箐有人説話,理合回報'等情。卑職隨即會同桂林王副將、全州王參將,不避雨雪,三路進兵攻打。桂林王副將率領平樂陳守備由左路而進,全州王參將率領永寧官兵由右路而進,卑職帶領本標官兵由中路而進。三路一齊攻打,有苗賊一群皆向箐林山坎躲藏。卑職等督令官兵奮勇齊上,有後營把總羅列率兵登先,殺死苗賊二人。三路官兵合力齊上,共殺死苗賊一百七十餘人,活擒苗賊三十七名,餘賊閃躲逃命,帶傷滚落深岩,跌死許多。得獲長鎗十杆、鳥鎗二十五杆、弩弓九把、馬五匹、牛六隻。查被賊鎗死兵丁四名,帶傷兵丁五名,理合飛報"等情。據此,又於二十二、二十三連日遣發各營官兵於各處山箐、溝峒遍行巡緝搜捕。據各回稱並無餘孽蹤跡等情,隨查馬鞍山等處逆苗狡滑,雖巢穴虚無一人,然數日以來沿山搜箐,約計殺死逆苗一千一十餘人,帶傷墜落深塹者不可勝數。是逆苗雖四散奔逃,或當敵殺死,或負重傷墮落深溝陡塹而死,或在岩峒燒死,以及活擒,似無遺類。此皆仰仗皇上天威丕播、本部堂碩畫弘猷之所致也。

再照打郎上、中、下三寨先經鎮筸雷總鎮差員前來,會同本提督仰遵本部堂廣布皇上好生之德,將發來告示照式抄録,轉給領齎招撫。業據鎮標千總楊偉帶領苗目人等出投並獻出男婦、軍器,開列户口人丁,前赴鎮筸雷總鎮行營。是打郎三寨率衆歸誠情由統在鎮筸雷總鎮明白,轉報本部堂核奪矣。至於活擒苗賊謝老羅苗婦二口,審係毛都塘人,移交鎮筸雷總鎮查收發落,其餘三十七名當即梟斬。所獲長鎗,鐵、皮盔等物俱不合用,業已銷毁,鳥鎗及牛馬賞給用命各營官兵併另捐賞各有功官兵以示鼓勵外,所有本提督統領桂林副將王國用,全州參將王順,本標前營遊擊劉伏振,平樂協左營守備陳義,柳慶協右營守備王朝佐,[1]本標中營千總郭寰,左營把總田尚義、陳名,右營千總洪珍、把總吴進,前營把總劉

① 佐:原作"优",當爲形近而訛,據上文多次出現之"王朝佐"改。

會科，後營把總羅列、吴啓賢，桂林千總張應文，平樂千總張鐸，潯州千總李大定、把總趙啓鳳，全州千總陳用、把總唐占魁，永寧營千總蕭得勝、把總安萬年，以及功加、外委人員、馬步兵丁連日進剿情由理合備敍呈報等因。除呈報欽差部堂外，相應咨會，爲此合咨貴提督，請煩查照施行。

貴州提督報捷文

軍務事。

案照康熙四十二年十二月初十日，承准本部堂等咨派，本職督率官兵前赴糯塘山上、下葫蘆寨等處，鼓勵士卒，訂於本月十三日前進會剿。緣由隨祇遵本部堂洪謨，密行酌派銅仁協副將孫成龍並職標前營遊擊高化麟，帶領本標銅仁石阡守備、千總並各項隨師效力人員，馬步兵丁合爲一股，由烏漕江一路前進；又密行酌派本標後營遊擊吴明帶領本標及畢赤營守備、千把及各項隨師效力人員，馬步兵丁合爲一股，由小池河營過去一路前進；又密行酌派大定鎮標右營遊擊李雄、威寧鎮標右營遊擊林德、平越營遊擊丁延祥各帶該標營守備、千把並黄施營同職標前營千總齊天章，馬步兵丁合爲一股，由葫蘆寨上下兩路前進；又密行酌派鎮遠協副將吴坤、思南營參將曾捷、貴州撫標右營遊擊翁國禎帶領該協標營並都匀、定廣、貴陽守備、千把同職標右營委署把總王文良，馬步兵丁合爲一股，由兜沙分爲兩路並進；又密行酌派平遠協副將駱儼、黔西協左營遊擊程巨勝、安籠鎮標左營遊擊成一經帶領該協營守備、千把同職標後營千總陳元，馬步兵丁合爲一股，由重寨分爲兩路並進，以上共派五路官兵，各發軍令單，俱於十三日黎明一齊前進，搜剿糯塘山一帶山箐。本職仰遵本部堂等指示，親於糯塘山上、下葫蘆寨等處調度機宜，鼓勵將士奮勇撲滅。其已經歸誠男婦、家口、大小人等俱各在寨安坐，嚴令分别，不許驚擾。如有執持凶器踞險拒敵者,並令同心撲剿,毋得彼此參差去後。今據五路領兵將員報稱,“職等奉令帶領各標協營官兵於十三日黎明前進,攻打糯塘山,奈此山勢險峻非常,綿亘廣闊,不下百里,俱係箐木插天,箭竹密排,糾纏黑暗。我兵扳藤上下,側身低腰,扒岩逾險,至十五日進至飛岩坉,逆苗二千餘人拒險對敵,鎗弩齊發。我兵一齊圍攻,自辰至午,奮勇向前,奪占頭層岩坎,逆苗滾木檑石齊下,職等督率我兵用炮對面攻打,暗分兩路鑽砍竹茨,得從兩肋扒上。逆苗亦分兩路迎敵。我兵乘間奮勇齊上,陣斬逆苗七百餘人,鎗打箭射,帶傷滾岩死者不計其數,活擒逆苗三十七人,得獲鐵盔四十六頂、鳥鎗二十三杆、長鎗二百五十餘根、弩弓五十五張、環刀一百七十四口,其餘逆苗奔滾岩箐。我兵追趕至暮時,因天晚雨雪交加,暫在箐中扎營。十六日復行搜剿,至十七日進至蜂筩岩,逆苗千餘盤踞放鎗,我兵奮勇圍攻,鎗炮還打,自辰至午。前面虛張攻上之勢,逆苗在前死力聚守,職等一面分兵抄出賊後,奮勇齊登,逆苗奔潰,且戰且走,我兵四面截殺,陣斬五百餘賊,活擒二十九人,帶傷滾岩不計其數。得獲鐵盔二十八頂、皮甲七身、鳥鎗三十三杆、長鎗一百八十一根、弩弓四十七張、環刀八十九口。復搜至偏岩逆苗老巢,得獲苗婦五口,懷抱苗娃八個,馬二十三匹,牛二十三隻。復於十八、十九至二十三日,越六晝夜,遍處搜剿,深谷高岩、密林險箐週圍搜遍,再不見有逆苗蹤跡。除陣亡、帶傷官兵查明另報外,所有活擒苗賊及得獲苗婦、苗娃、馬牛什物解驗,理合塘報”等情到本職。

據此,查本職遵奉本部堂等調度機宜,酌派五路官兵進剿糯塘山上、下葫蘆等寨逆苗,今據五路領兵將領報稱,於十五、十七等日在於飛岩坉、蜂筩岩等處陣斬苗賊一千二百餘人,活擒苗賊六十六名,並得獲苗婆苗娃、馬牛、鎗刀器械、盔甲前來,此皆皇上天威遠播、本部堂等方略指授之所致也。除將活擒苗賊正法梟示,苗婦苗娃、馬牛均勻分賞各營在事有功官兵,其得獲器械、盔甲俱不堪用,當就銷燬。至標、協營傷亡官兵查明另造清册呈報外,理合塘報,伏乞本部堂等查照彙題，仍祈賜覆施行等因。

除呈欽差部堂等外，相應咨移，爲此合咨貴提督，煩爲查照施行。

咨督撫抽裁兵數協防鎮筸文

兵部爲欽奉上諭事，内開："職方清吏司案呈奉本部送兵科抄出，該本部等部會覆吏部尚書管理禮部尚書事席題前事，内開'該臣等會議得吏部尚書管理禮部尚書事席爾達疏稱，"紅苗居楚、黔、粵西三省接壤之地，擾害邊民，特遣三省官兵撫剿。查廣西與紅苗所踞之地尚遠無庸議外，惟貴州銅仁府與鎮筸接壤，逼近紅苗居巢，此等要地駐守兵共六百四十名，應酌量增兵五百六十名，合爲一千二百，令其於要隘處所分汛防守。再設同知一員管理苗人事務。其增兵、設立同知之處令該督撫提酌議具題。其湖廣鎮筸總兵官標下四營兵丁共二千一百名，而防守地方自喜鵲營至亭子關三百八十餘里，汛廣兵單，應酌量選募九百名，共爲三千，俱爲戰兵。自殺苗坪至亭子關，督標、兩撫標及提標兵均匀抽撥一千名，遣遊擊、守備等官令駐乾州以至喜鵲營，各分其界，互相聯絡，協同防守。前項官兵俱聽鎮筸總兵官管轄。至增兵九百名，即於湖廣無緊要地方抽裁，以符該省兵額。俟地方底定之日，將協防兵一千名具題撤回。臣等復遵上諭，確視苗人巢穴，見其山多田少，錢糧勢難徵輸，應停其編設州縣。可將辰沅靖道移駐鎮筸，再於乾州添設同知一員，鳳凰營添設通判一員，着令分界管理苗民，其同知、通判員下於楚省現任巡檢、吏目等撥各一員交與同知、通判，令其巡查，此項官員俱聽辰沅靖道管轄。其苗人錢糧雖難徵收，而糧米不可不令其輸納，應按户口起徵，交與該督撫查明定數具題。又於苗寨内各選設寨長一名，命其催徵糧米，並酌設土百户，令其約束寨長。此設寨長、百户之處亦交與該督撫提選擇苗衆推服之人酌量委用。至於募兵、裁兵及設同知等官之處，俱令該督撫提酌議具題。其添設官兵廨舍、營房令楚省官員捐俸建造”等因具題前來。查銅仁、鎮筸增兵、設官、分汛防守處所,並苗人輸納糧米應按户口查明定數,酌設土百户、寨長約束徵收,及建造廨舍、營房等項事宜既經尚書席爾達交與該督撫提酌議具題,應俟該督撫提等議覆到日再議可也’等因。康熙四十三年三月初十日題,本月二十三日奉旨:‘依議。欽此。’抄部送司,案呈到部,擬合就行,備札前來。”

蒙此,爲照鎮筸添設文員,苗人輸納糧米,酌設百户、寨長約束徵收,以及建造廨舍、營房等項應聽貴部院會同南撫都院鴻裁酌議咨示,並自殺苗坪以至亭子關、乾州以至喜鵲營應否仍令督提兩撫標均撥兵丁一千名,遣員令駐乾州分界防守,亦聽貴部院會酌咨示尊奉外。惟是增筸兵丁九百名應於楚省無要緊地方抽裁之處,本提督查楚省制兵原額四萬名,自各案陸續裁存之後,僅兵三萬八千一百七十七名。幅幀遼闊,苗猺雜處,汛廣兵單,在在皆然。前奉部行以湊足本標之兵丁五百二十名在於楚省無要緊地方兵内湊足,本提督仰籌無策,業已兩請主裁,或應於何營不要緊地方湊足,抑或於楚省各營作何抽撥,酌奪示覆,以憑祇遵去後。兹又接奉部文,又以增筸兵丁九百名仍於本省無要緊地方抽裁以符兵額。是通省除湊足兵丁五百二十名歸本標外,僅餘兵丁三萬五千五百七十七名,①又除鎮筸兵丁二千一百名不在抽裁數内外,實止存兵三萬三千四百七十七名矣。於中再議抽裁,仰遵諭旨,允如部行酌覆再議,本提督寡昧之識,實乏良籌,非藉鴻裁妥畫難以克符定議。相應咨會,爲此合咨貴部院,請煩查照,希將增筸兵丁九百名或應於楚省北南各營何處係無甚要緊地方可以議抽若干名,或應於何處係全無要緊地方可以議裁若干名,抑或以楚省武職冗員甚多,裁

① 三萬五千五百七十七:根據文中所敘,38177－520－900≠35577,不知“三萬五千五百七十七”從何而來。下文“三萬三千四百七十七”亦如此。

官俸以充兵餉,請爲另募增添,并或於通省酌量均派若干名之處,統祈主裁確定賜覆,以憑附銜會題,幸無撝謙下詢,頻繁案牘,致滋往返遲延,則感荷南指之誼匪淺矣。竚切!竚切!

總督咨議標兵撥防乾州文

爲欽奉上諭事。

康熙四十三年四月二十四日,准督部院咨:"准兵部咨開:會議得吏部尚書管理禮部尚書事席爾達疏稱,紅苗居楚、黔、粤西三省接壤之地,惟貴州銅仁府與鎮筸逼近紅苗居巢,此等要地令其分汛防守。議以督標、兩撫標及提標均匀抽撥一千名,遣遊擊、守備等官令駐乾州以至喜鵲營,各分其界,互相聯絡,協同防守,俟地方底定之日,將協防兵一千具題撤回等因。准此,相應咨會,爲此合咨貴提督,煩爲查照會行,仍先將貴標兵丁抽撥二百五十名,遴委將弁率領赴筸,并將遴委將弁姓名、抽調兵丁花名、數目及起程日期飭令貴標中軍造册,呈齎查核,并祈見覆施行。"

偏撫咨抽撥貼防兵數文

爲欽奉上諭事。

康熙四十三年五月十八日,准偏撫趙咨開:"據標下中軍遊擊林琦驗稱,'奉本部院案驗内開,"准督部院咨開,'請將貴標兵丁照一千之數抽調二百五十名,選委將弁率領前赴筸城'等因到院。准此,合就檄行,爲此牌仰中軍官即將本標兵丁内抽調二百五十名,遴委將弁率領前赴筸城駐防乾州以至喜鵲營一帶,各分其界,聯絡防守"等因。奉此,隨即移行左右兩營遵照去後。兹准右營胡遊擊并據本營署中軍守備事右營千總杜凱回稱:"遵即選撥兩營馬步戰守兵丁二百五十名,遴委右營中軍守備王邢彪,左右兩營把總黄正、張士尚率領,於本年五月十二日赴乾。所有官兵起程並花名清册造送前來。”准據此,理合齎報,俯賜電鑒’等情。據此,相應咨會貴提督,請煩查照施行。”

北撫咨撥防筸兵數文

爲欽奉上諭事。

准湖北巡撫咨開:“據標下中軍陳董用呈稱,‘奉憲檄,准督院咨開,准兵部咨前來,“准此,相應咨會貴都院,請煩查照見覆”等因檄行到職。奉此,遵即派撥兩營馬步兵丁二百五十名,遴委右營守備彭標、把總吴進孝,左營千總王尚禮、把總梅雨率領前赴筸城,駐防乾州,聽候分界防守,除飭令該備弁遵於本年五月十八日率領兵丁起程外,所有官兵花名、數目清册並起程日期合就呈報’等因。據此,相應咨會貴提督,煩爲查照施行。”

筸鎮咨開四標官兵貼防地方文

爲欽奉上諭事。

准鎮筸鎮咨開:“承督部院照會,内開‘准兵部咨開云云等因。准此,隨經檄行標下中軍,暨分咨撫提遵照抽撥並照會該鎮在案。今據標下中軍副將張文定呈稱,“遵即遴委中營守備李光琛、把總黄得甫,左營千總田見龍,右營把總張成虎帶領三營抽撥馬步戰兵二百五十名前往鎮筸、乾州協同防守,除飭令起程外,理合報明”等因。又准北撫都院咨開,“據標下中軍遊擊陳董用呈稱,遵即派撥左右兩營馬步兵丁二百五十名,遴委右營守備彭標、把總吴進孝,左營千總王尚禮、梅雨率領前赴鎮筸、乾州分界協防,[1]除飭令起

① 左:原作“右”,根據文意以及上篇《北撫咨撥防筸兵數文》當爲“左”字誤,據改。

程外,相應咨會”等因。又准偏撫督院咨開,“據標下中軍遊擊林琦呈稱,遵即選撥左右兩營馬步戰守兵丁二百五十名,遴委右營中軍守備王邢彪,左右兩營把總黄正、張士尚率領前赴鎮筸,貼防乾州一帶,除飭令起程外,相應咨會”等因。又准提督咨開:“據標下署中軍參將印務右營遊擊李得勝呈稱,遵即遴委右營守備孫芳、左營千總蔡賓芳、前營把總何太率領五營抽撥兵丁二百五十名前往鎮筸,[①]赴乾貼防,所有官兵起程緣由相應咨會”等因各到本部院,准據此,合就照會該鎮,俟各標官兵到齊,查照原題地方,酌量分派,聯絡防守,俱聽該鎮統轄,毋得怠忽貽誤’等因。

“承此,本鎮查得撥防駐乾四標官兵一千名俱於五月二十八、六月二十九等日先後到齊,本鎮於七月初二日自鎮城起行,於初三日抵乾州。仰遵題定地方,將貼防官兵令駐乾州及喜鵲營一帶,分界聯絡防守。第思乾州以至喜鵲營雖處鎮苗邊界,尤錯雜於永、保地方,似屬偏閒,且現有左營官兵駐防,可以勿容增置。本鎮從殺苗坪起,沿途相度地方險易情形及便宜樵採汲牧等事,自殺苗坪下三里係木林坪;由木林坪二里係灣溪,乃一大坪;由灣溪十里至乾州。查得各處高闊平坦,俱當苗巢要隘,易於聯絡,便於防守。本鎮議將以上三處均分四標官兵駐扎,當即飭知各備弁會商,令其鬮分。有南撫標拈得木林坪,督標暨北撫標拈得灣溪,貴標拈得乾州,隨飭令移營屯扎。除行仰左營遊擊火運升作速修造營房並轉飭各備弁兵丁小心防禦地方外,所有各官兵分駐緣由理合咨會貴提督,請煩查照施行。”

---

① 蔡賓芳:原作“蔡賓方”,本書卷七《撤兵檄附次序掏捲略》亦同,但本書其他多處地方均作“蔡賓芳”,查《青銅自考》卷四、五多處亦均作“蔡賓芳”。根據多數情況,統作“蔡賓芳”,據改,卷七同。

咨覆總督各營抽撥貼防官兵數目文[①]

爲咨商事。

准督部院咨開,[②]"照得鎮筸汛廣兵單,前經欽差題准部覆增兵九百名,貴提督與本部院初擬有裁冗員,並裁無緊要之處兵丁以符其數。復思楚省地方遼闊,非山即水,營汛多屬緊要,官弁皆係額設,與其擇營裁撤,[③]不若於各營均勻抽撥,赴筸協防,遞年更換,俟苗人與邊民合爲一氣之後,仍令各歸原伍。業將抽撥緣由擬具疏稿,移請會題在案。爲查抽撥兵丁應須先期派定,於各營内均勻抽撥,何營額兵若干,應撥若干。所撥之兵或委遊擊二員、守備二員,并千把統率前往。到筸之日,此項官兵仍聽筸鎮統轄,庶勞逸均而紀律肅矣。相應咨會貴提督,[④]煩爲查照,即爲酌撥見覆,以憑咨部施行"等因。

准此,查鎮筸增兵九百一案,前准貴部院咨開,與其擇營裁撤,不若均勻抽撥,赴筸貼防,遞年更换,俟苗人與邊民合爲一氣之後,仍令各歸原伍緣由主稿咨會注題前來,本提督當即祗遵注題,移覆在案。今准大咨,以抽撥兵丁應須先期派定,於各營内均勻抽撥,何營額兵若干,應撥若干,酌撥見覆,以憑咨部等因前來。查此案議貼兵丁爲數甚多,若按以均勻抽撥,勢必有地方緊要、額數原少者,一經均抽,未免愈覺單虛。且兵丁零星調集,本管弁員必多,即使另員統轄,而各丁之月米、季餉、鞋腳等項均須本營解送,道路遥遠,不但疏虞可虞,[⑤]抑且舟車實難,此零星之抽撥誠不若整齊之調防更爲安貼。

---

① 【注】亦見於《青銅自考》卷四《咨呈移會》,題作《撥防筸邊官兵咨覆總督部院喻》。
② 督:《青銅自考》作"貴"。
③ 撤:《青銅自考》作"抽"。
④ 《青銅自考》"會"字後有"爲此合咨"四字。
⑤ 可虞之"虞"字,《青銅自考》作"慮"。

今本提督仰體貴部院籌思楚省地方遼闊，非山即水，營汛多屬緊要之意，擬仍於先經可以議裁議抽、無甚緊要之鄖陽協撥都司一員，均房營撥守備一員、把總一員、兵丁二百名，竹山營撥千總一員、兵丁一百名，竹谿營撥把總一員、兵丁一百名，合共四百名，責令鄖協都司統領；彝陵鎮標撥遊擊一員、千總一員、兵丁二百五十名，辰州協撥把總一員、兵丁八十名，宜都營撥守備一員、把總一員、兵丁一百三十名，興國營撥把總一員、兵丁四十名，合共五百名，責令彝標遊擊統領，赴筸貼防。嗣後仍即在此數營之内遞年更换。[①] 至所撥各營官兵，俱聽筸鎮統轄調遣，俟苗情貼服之後，仍歸原營。以上雖非通省均勻抽調，而實酌量於地方營制之衝僻、現在兵數之多寡通勻均調也。緣係遵咨酌撥事理，是否有協，相應咨覆，爲此合咨貴部院，請煩查照咨部，並飭各營遵照施行。

部覆督題抽調協防筸鎮兵數文

欽奉上諭事。

蒙兵部札開，"職方清吏司案呈奉本部送兵科抄出，該本部覆湖廣總督喻成龍題前事，内開'該臣等議得湖廣總督喻成龍疏稱，"前於撫剿紅苗竣事之後，經尚書臣席爾達以筸鎮標營額兵二千一百名，汛廣兵單，酌議增兵九百名具題，部覆令該督撫提等會議題覆，咨行到臣。臣等初擬有裁冗員并裁無緊要之兵以符鎮筸兵數，但楚省官弁皆屬額設，與其擇營裁撤，不若均勻抽調各營之兵協防，遞年更换，俟苗民合爲一氣之後，仍令各歸原伍，而筸汛獲增兵之利，營制免裁減之煩"等因具題前來。查該督既稱鎮筸所增九百名兵丁於楚省各營均勻抽調協防，遞年更换等語，應如該督所題，每年均調各營弁兵九百名赴筸分訊協防，苗民合爲一氣之後，該督

① 嗣：《青銅自考》作"俟"。

撫奏聞撤回協防兵丁可也’等因。康熙四十三年九月十八日題,本月二十二日奉旨:‘依議。欽此。’抄部送司案呈到部,備札前來”等因。蒙此,相應咨會,爲此合咨貴部、都院,請煩查照施行。

覆偏撫咨核筸邊善後各款文

爲欽奉上諭事。

康熙四十三年九月二十八日,准偏撫咨開:“康熙四十三年九月二十四日,據湖南布、按二司會詳,奉本都院案驗,‘康熙四十三年九月初四日,准總督喻咨開,“據該道詳齎條議苗邊善後事宜册到本部院。據此,爲照苗人自歸誠之後,業已按丁輸糧,即係朝廷赤子,一切命盜以及搶奪殺傷等事自應按照内地之律不待言矣。惟是苗性蠢頑,從來滋擾邊氓莫如捉人勒贖一事。今諸苗與民一體,似應將此一款嚴定條例,另疏請旨遵行。嗣後,如有伏草捉人,枷肘在巢不放,仍勒銀贖取者,請照强盗之律,不分首從皆斬。沿邊哨民如有勾通附和,於中取利者,即照强盗窩户之律治罪。又如鎮筸既經設立同知、通判耑管苗務,其五寨司土官土民俱應听其管辖,遇有逃盗等事,一例處分。以上两条俱应添敍入册,可否如此,或另題或彙題,應候撫都院、提督酌會明確再行。至所議永順、保靖兩土司令丞倅提調,查定例,永、保二土司既有鎮道管轄,足資控馭,况野苗已入版圖爲民,永、保二土司彼地土從不納糧,各有疆界,無所用彼爲力。今議令丞倅提調,恐致抗衡滋事。設使有調遣處,自有督、撫、提、鎮、道員檄調,何須廳官。此條應删去。再照邊俸一款,查廣東八排設立同知,請以邊俸陞遷,部覆未准,此款亦删去。其餘給關防、换印信、嚴接壤之邊釁、移駐附近之教員各款俱照議允行。合行檄飭該道即將善後事宜另造清册移送藩、臬會核,詳請撫都院移明提督,公同會酌核定。或另有善後良策諸款並請添入,該司道再行通請彙題等因。除行辰沅靖道並行知南布、按二司外,備咨過院,煩請查照會核,或另有善後良策諸款檄行該司等添入,會詳請題"等因。准此,合就飭行備案,行司會同按察司即便遵照督院檄飭,應添應删之處速移辰沅靖道另造清册,會核詳請,移明提督公同酌定,覆咨督院主裁會題,或另有善後良策諸款作速添入,會詳請題等因。奉此,又奉總督部院行同前事緣由到司。奉此,遵即移會辰沅靖道暨湖南各司道遵照憲檄,再行會同確議去後。今准辰沅靖道將筸邊善後一切事宜遵照應添應删各條議覆前來,該本司會同署按察司事驛鹽糧儲道覆查得鎮筸近邊紅苗今一經剿撫,即倾心向化,輸誠納賦,值此設官分職、百度维新之際,善後之策自應斟酌妥當,籌畫無遺,方可垂之久遠。既准該道議覆所有應行事宜詳請,以聽採擇:

"'一、苗民盗竊命案及搶奪殺傷等事俱應照内地州縣命盗案件之例具題。向來苗民梗化皆由律例不明,視强盗人命爲泛常,搶奪殺傷爲兒戲。今既歸誠,納糧輸將,嗣後有犯盗竊人命、搶奪殺傷之事,俱照常例詳報,發審具題,按律究擬。庶苗民曉知律法,不敢違犯,即有冤抑,可以控告審理,代爲伸雪,無容自相仇寇矣。

"'一、苗性蠢頑,素慣拿人勒贖,以致滋擾邊氓。今諸苗與民一體,非從前化外可比,嗣後如有不遵王法捉人,枷杻在巢不放,仍勒銀贖取者,請照强盗之律,不分首從擬斬。沿邊哨民如有勾通附和於中取利者,即照强盗、窩户之律治罪,庶民、苗知有儆畏而不敢再犯矣。

"'一、鎮筸既經設立同知、通判耑管苗務,其五寨土官、土民俱應聽其管轄,遇有逃盗等事,一例處分。俾土官知有責成而無歧視抗延之虞矣。

"'一、分防同知、通判之關防宜給也。查守城同知、通判向無給發關防之例,以其無錢糧盗案之耑責也。今鎮筸紅苗已歸誠納糧,其同知、通判又復分駐乾州、鳳凰營要地,非同城之丞倅可比,且經徵錢糧升合皆關考成。凡有盜竊人命及搶奪殺傷之事,承審招詳皆有定限,應請頒給關防,斯可以速郵傳而昭信守者矣。

"'一、添設乾州同知、鳳凰營通判。奉文於楚省見任巡檢、吏目等撥各一員,交與同知、通判,令其巡查。但各州縣吏目、巡檢皆有巡捕之責,難以缺員。兹查湖南見有請裁閒冗官員事案内奉裁、未經離任巡檢可以撥往。今議以長沙府屬之長沙縣喬口鎮巡檢李光祖調赴乾州同知員下,並請鑄給乾州巡檢印信,再將善化縣暮雲市巡檢宋純儒調赴鳳凰營通判員下,請鑄給鳳凰營巡檢印信,各耑責成。俟部覆鑄發新印到日,行令二巡檢將舊印繳銷。

"'一、土司之士子宜訓也。查五寨司洞民向來止聽土官管轄,哨民止聽營汛管轄,今苗民悉聽該廳等統帥約束,是洞民、哨民俱應統歸文職管理。至於五寨司生員,雖舊屬辰州府儒學兼轄,但五寨司距府三百餘里,生員遇有過犯,司鐸之官遠離飭懲。今議以附近之麻陽縣儒學訓導移駐五寨司,就近訓迪士子,戒飭頑劣,並請鑄給麻陽縣訓導學記,以便生童應考一切册結可以鈐蓋,照例齎報。

"'一、接壤之邊釁宜息也。楚黔接壤之區,苗寨相連,向有寃家仇敵動輒操戈殺搶,彼此拿人,搆釁不止。今既各省設立廳員,嗣後黔楚相接之苗再有越境操戈、彼此拿人搆釁者,兩廳移明會審發落,即以白晝搶奪律治罪:[①]被拿之人勒令退還;如殺傷人命,依人命論;如百户、寨長知情不行禁止,以通同治罪。

"'以上六條本司等雖已覆加確議,[②]然是否妥協,未敢擅便,相應詳請本都院俯賜查核,咨商提督酌定。或另有宏謨善後良策,仰祈籌示下司,以便遵照添入,另敍妥詳,通請題達'等因到院。據此,查該司等所詳六條似爲妥協,相應咨商,爲此合咨貴提督,請煩

① 晝:原作"畫",據卷四《題定善後條款疏》第九條之相同内容及文意改。
② 六條:上文列七條,誤。下同。

查照,希賜酌定,徑咨總督主裁具題施行"等因。

准此,爲照辰沅靖道册議箄邊善後各條,經貴部院核發另造,復經兩司會酌,詳請偏撫查核妥協,足徵無美不備矣。如苗民之盜竊命案定以審題究擬,拿人勒贖定以强盜之律;哨民勾和,亦照窩盜治罪。以上二款蓋定法有在,不患冤抑難伸,比例森嚴,能使蠢愚不犯。如逃盜事案,土官亦與責成。黔楚苗寨再有拿人搆釁、殺傷人命等事,百户、寨長治以通同。以上二款不特歸化諸苗不敢再爲妄肆,凡有責成者,尤必愈加嚴束,而邊疆永無不靖之患矣。再如分防同知、通判之關防宜給,以昭信守。議撥喬口巡檢李光祖、暮雲市巡檢宋純儒調赴乾州及鳳凰營同知、通判員下並請給印,各耑責成,各款均屬妥協,無可置議。惟是洞民、哨民既聽有司管理,麻邑訓導近移五寨,司鐸善政善教,美備無遺。第思五寨青衿雖有典型可式,而苗民子弟不使學習詩書,終必野性難訓,義理不明。嗣後,乾州、五寨司等處可否設立義館數區,俾苗人子弟有志就學者聽赴肄業,每年師儒館穀若干,議於通省文武公捐,使彼學習。既久自然風移俗易,俟其教化有成,亦准一例應試,將見不毛之鄉漸可化爲禮義之域,此義學之設未必非革頑之一道焉。又查貴部院所删邊俸一款,援以八排,部議不准爲例,誠爲允當。但鎮箄苗箐似與八排不同者,春、夏、秋三時瘴癘異常,冬時沍寒,地方瘠苦之甚。除武職外,新設丞倅各員事當創始,須用全副精神撫綏教化,不有鼓勵,莫慰賢勞。可否題請以十年之内文員照邊俸陞轉,俟十年之外停止,諒亦皇恩之所不靳也。

以上不過本提督芻蕘末議,妄爲續貂,因貴部院虚衷采訪,是以謬陳管窺。如有不協,幸賜删除,感荷寵施無既。查此案前准大咨,本提督仰體貴部院不遺葑菲至意,當移箄鎮,詢其久在箄邊,有無善後良策,俟覆日另咨外,所有本提督准到偏撫所據司道覆議前因,相應咨覆。爲此合咨貴部院,請煩查照施行等因。除咨督撫外,相應咨會,爲此合咨貴鎮,煩爲查照先今咨移事理,希將箄邊善後事宜迅賜議覆,以憑咨移督撫會酌核題施行。

偏撫咨核招撫苗寨編户徵糧數目文

爲欽奉上諭事。

康熙四十三年九月二十五日,據湖南布、按二司會詳,奉本都院案驗,内開:"准總督部院喻咨開'據該道呈齎苗民編户納糧並選設百户、寨長册到本部院。據此爲照,苗人户口自應遵照欽差題明招撫之三百一寨清查造報。查册内各寨除老幼男婦外,通計八千四百四十八丁,每丁輸納雜糧一升,共納雜糧八十四石四斗八升,爲數太少。查彼地雜糧每石價銀不過三錢,應令每丁一民納雜糧二升,共納雜糧一百六十餘石,亦不爲多。又徵糧之寨長、約束之百户俱應另册開明:寨長一名某人,所管係某某寨,共户口若干,計丁若干,催收雜糧若干;土百户一名某人,所管係某某寨長。逐一於各名下登注清楚,造册齎核。其筸子坪長官田仁心、鎮谿所哨弁宋純漢已據藩司齎結請題復設。[1] 本都院因思從前皇上諭旨原令設立州縣,因其地方窮苦,所以中止。今紅苗盡入版圖納糧,已是百姓,似不應違旨,復設長官管轄。然二弁名下各原所管轄某某苗寨並鎮谿所管之六里苗民若干寨,仍盡令二弁管轄,亦應開造清册,呈齎備查,合行檄飭,仰道官吏即將發來原册逐一更正,另造清册,將應題送部之册飛移藩、臬司會核,彙請巡撫暨提督酌定彙題等因。除行辰沅靖道外,所有該司齎到詳册合行發還,仰司官吏即便遵照,俟該道移送另册至日會核,請巡撫暨提督酌定具題等因,除行南布政司外,備咨過院,煩請查照'等因。

"准此,爲照此案前據辰沅靖道並該司呈齎苗民編户納糧並選設百户、寨長清册前來,隨經批發在案。兹准前因,合就飭行備案,

① 谿:本書前附《苗寨全圖》《苗地情形圖》均作"溪"。下同。

行司立刻會同臬司俟辰沅靖道將督部院發來之册逐一更正,另造清册,移送至日會核,彙請移明提督酌定,覆咨部院主裁,會題施行等因。又奉總督部院行同前事緣由到司,奉此,遵即移會辰沅靖道暨湖南各司道將苗人編户納糧及選設百户、寨長各册另行更正去後。今准辰沅靖道移稱:'遵即備行乾州同知哲爾肯、鳳凰營通判馬懷璋協同憲委衡州協把總陳鵬、五寨司吏目沈宗道公同傳集原撫苗各弁並先經招撫三百零一寨苗民開造户口,起派糧米俱各願每壯丁輸納雜糧二升,通計四千五百二十三户,八千四百四十八丁,共納雜糧一百六十八石九斗六升,造具清册,並選擇苗衆素所推服之人設立寨長、土百户,姓名、經管各催納糧石清册一並具文呈賫等因到道。據此,該本道覆加查核,磨對清楚,鈐蓋關防,擬合一並移送,煩將移來各册會同司道覆核明確,通請彙題等因並移送三百一寨户口及土百户、寨長姓名各到司。'准此,該本司會同署按察司事驛鹽糧儲道覆查得先經欽差招撫三百零一寨,通計四千五百二十三户,成丁八千四百四十八丁,每壯丁俱各願輸納雜糧二升,共納雜糧一百六十八石九斗六升。又先經大兵臨巢之内有毛都塘、馬鞍山等寨逃匿窮岩深箐並從前抗不就撫之苗寨,嗣經辰沅靖道移駐之後復委陳鵬、田仁心、楊象玉等入寨招撫,俱各悔罪。就撫苗目赴道驗明給賞,披剃入册,共計一十二寨二百零四户,成丁三百六十九丁,每壯丁願納雜糧二升,共納雜糧七石三斗八升。查此一十二寨不在原題招撫三百一寨以内之數。今該道會同廳員等並選擇苗衆素所推服之人設立土百户、寨長,分管以上原撫、續撫共三百一十三寨苗民户口、糧石,以耑責成,所有户口、徵糧數目及土百户、寨長分管、约束、催徵各姓名、缘由相应會造,登明清册,详请本都院查核,咨明提督會奪批示下司,以便遵照另敍妥詳,通請題達"等因到院。

據此,相應咨會,爲此合咨貴提督,請煩查照,希賜酌定,徑咨都部院主裁會題施行。

咨總督苗寨編户徵糧數目文

爲欽奉上諭事。

查此案前據南藩司咨呈當經本提督照會,内開"查造報招撫各苗寨户口會議徵糧數目,以及選設土百户、寨長各緣由既經督部院飭議,極其允當,再經貴司及辰沅靖道查議,自無不盡善盡美,無庸本提督更贊一詞。前項另造之册似應貴司核正即可轉達督撫會核具題,本提督惟有欣睹措置之盛美已耳"等因去後。今准偏撫咨據藩、臬二司會造原撫三百一寨及續撫一十二寨,共三百一十三寨苗民户口、徵糧數目及土百户、寨長分管、約束、催徵各姓名清册,詳請查核轉咨酌定,徑咨貴都院主裁會題等因前來。則是原撫、續撫諸苗既經輸誠納糧,且有百户、寨長專司責成,將見苗民從此沐王化而永享昇平之福,皆貴部院之鴻裁碩畫所致也,本提督無庸贅致一詞,惟有樂觀其盛耳。相應咨會,爲此合咨貴部院,請煩查照主裁,會題施行。

部覆善後各條例文

户部等衙門爲欽奉上諭事。

湖廣清吏司案呈户科抄出楚督喻成龍題前事,康熙四十三年十月初十日題,十一月初十日奉旨:"該部議奏。欽此。"欽遵抄出到部。該臣等會議得"湖廣總督喻成龍疏稱,楚分南北,地稱曠渺,而田賦無多,蓋汛多大山巨浸,兼之西南一帶接壤川、黔、粤西,千有餘里皆大小各土司環居。因地無出産,难設流官,難責貢賦。然土司之官世襲給印,民性雖頑,尚有約束。惟鎮筸紅苗種類甚繁,僻處萬山荒野,地實不毛,不耕不賦,性則悍愚,素慣攘竊,自古不通聲教。我朝中外一統,薄海同風,不忍棄置異視,聽其行爲不法,自蹈鋒刃。乃蒙我皇上特遣大臣統師壓境,恩威並用,以服其心。

苗即感畏,傾心歸誠者三百一寨,計户口四千五百二十三户,成丁八千四百四十八丁。今每丁願輸納雜糧二升,共納糧一百六十八石九斗六升。又先經大兵臨巢之際,内有毛都塘、馬鞍山等寨逃匿窮岩,經辰沅靖道移駐之後,俱各悔罪輸誠,披剃入册,共計一十二寨,二百四户,成丁三百六十九丁,共納糧七石三斗八升,俱應於康熙四十四年起徵。但紅苗既盡歸誠,編户納糧,與民一體,兹當初入版圖之時,而善後事宜自當斟酌,方可垂之永久"等因。詳議九款,會同偏撫趙申喬、提督俞益謨合詞具題前來:

一、苗邊文武事權宜耑也。從前紅苗、土民俱係協鎮僉立哨長分管,悉聽營將管理,今既移設道、廳等員分地駐扎,地方事務應聽同知、通判耑管,辰沅靖道統轄,以耑責成。其武職應遵定例止令約束兵丁,防汛巡查,不許干預地方事宜,如或有苗人自相穴鬬,亦應聽文員移會,酌發兵弁巡查彈壓等語,應如該督等所題,苗地一切事務俱應聽新設同知、通判分地管理,以辰沅靖道統轄,令武弁約束,兵丁巡查。汛地或有苗人鬬爭事發,文員移會撥兵弁巡查。

一、苗民盗竊命案及搶奪殺傷等事俱應照内地州縣命盗案件之例具題也。查從前苗土命盗等罪律例未明,而蠢苗搶奪殺傷視爲泛常,今紅苗既已歸誠,披剃納糧,與民無異,嗣後有犯情罪重大者,應照常例詳報,發審具題,按照律例從重究擬。仍先明白諭知,使苗畏法,不敢輕犯,至苗有冤抑之事,亦許赴道、廳控告審理,即爲伸雪,則命盗杜而仇冤釋矣等語。查紅苗歸誠納糧,特設土官管轄,嗣後除苗有犯輕罪者,仍聽土官自行發落外,若有犯殺死人命、强盗擄掠人口、搶奪財物及捉拿人口索銀勒贖等情,許被害之苗赴道廳衙門控告,責令土官將犯罪之苗查拿,解送道廳衙門,照例從重治罪。如土官將犯罪之人藏匿,不即行解送者,將土官照例嚴加議處。行令該督明白諭知,以文到之日爲始,定限三個月後遵行。

一、紅苗捉人勒贖之例宜嚴也。苗性貪頑,素慣捉人勒贖,以致滋擾邊民。今苗與民一體,應遵王化,不許仍前伏草捉人,枷肘在巢,勒銀贖取。如敢不遵,請照强盗之律,不分首從擬斬。沿邊土、哨、奸民勾通附和取利者,即照强盗窩户之律治罪,庶民苗知法而畏犯也等語。查紅苗素常捉人,勒銀取贖,皆因先不曾定有治罪之條,其該管官平日亦不嚴行約束所致。嗣後如有仍前伏草捉人、枷肘在巢、勒銀取贖者,令土官將犯罪之苗解送道、廳衙門審理。如初次有犯,將爲首者擬斬監候,爲從之人俱枷號三個月,責四十板,臂膊刺字;如有再次者,不分首從,皆斬立决;内有初次犯罪者仍分别首從擬罪。其有土、哨、奸民如有勾通附和取利者,審係造意,爲首不分初次、再犯,擬斬立决;若並非造意,止通同附和希圖取利者,各枷號兩個月,責四十板,僉妻發邊外爲民。其該管土官雖不知情,但平日不嚴行約束,有一起者,將土知府、知州罰俸三個月,百户、寨長各罰俸六個月;有二起者,將土知府、知州罰俸半年,百户、寨長各罰俸一年;有三起者,將土知府、知州罰俸一年,百户、寨長俱革職;若該管官知情不行禁止者,俱革職,不准折贖,責四十板;若係教令或通同取利者,革職,不准折贖,枷號三個月。應令該督先行明白曉諭,以文到之日爲始,定限三個月後遵行。

一、土官之責成宜耑也。鎮筸既設同知、通判耑管苗務,其五寨司土官、土民應聽該廳管轄,遇有逃盗等事,將官員一並處分,俾土官無歧視、抗延之虞等語,應將五寨司土官、土民令廳員耑管。如地方有逃盗之事者,照例將土官一並處分。

一、添設廳員之關防宜給也。查府城同知、通判無請給關防之例,因其無錢糧盗案之耑責。今紅苗歸誠納糧,其該廳分駐乾州、鳳凰營要地,非同城可比,且經徵錢糧升合亦關考成;凡有盗竊人命、搶奪殺傷之事,承審招詳,皆有定限。應請頒給關防,以速郵遞而昭信守。至於撥用宜檢耑員以司巡查,今添設乾州同知、鳳凰營通判,奉文於楚省現任巡檢、吏目等撥各一員,交與同知、通判,令其巡查,但各州縣吏目、巡檢皆有巡捕之責,難以缺員。湖南現有奉裁未經離任巡檢可以撥往。今議以長沙縣喬口鎮巡檢李光祖調赴乾州同知員下，善化縣暮雲市巡檢宋純儒調赴鳳凰營通判員下，并請鑄給乾州、鳳凰營各巡檢印信，俟准鑄新印到日，將舊印繳銷，俾得各耑責成等語。查該督既稱紅苗歸誠納糧，其該廳又係分駐乾州、鳳凰營要地，經徵錢糧事關考成，凡有盜竊人命之事，承審皆有定限，應准其鑄給同知、通判關防。其鑄給關防字樣應俟該督等擬定到日，移咨禮部鑄給。又稱巡檢有巡查之責等語，應如該督所題，將長沙縣裁缺巡檢李光祖補授乾州巡檢，善化縣裁缺巡檢宋純儒補授鳳凰營巡檢。各官現在湖廣應停其給憑，仍將到任日期報部注册。其鑄給印信應如該督所題，乾州巡檢、鳳凰營巡檢字樣印信交與禮部鑄給，俟舊印繳回時相應銷燬。

一、新設移駐各員應照邊俸以示鼓勵也。查楚省民苗雜處之州縣官員經前任郭總督條奏，部覆准其調補，並照四川、貴州等省邊俸之例陞遷在案。今鎮筸一隅環逼苗巢，移駐之道員，添設之同知、通判、巡檢俱皆駐扎，苗地又與川、黔接壤，自應照邊俸陞遷，遺缺一例調補等語。查具題内稱鎮筸一隅環逼苗巢，移駐之道員，添設之同知、通判、巡檢具皆駐扎，苗地又與川、黔接壤等語，應將鎮筸等處移駐之道員、同知、通判、巡檢等照黔、蜀等省邊俸之例陞用。伊等缺出將湖南省品級相當、熟悉風土、廉能之員令該督撫會同保題調補。

一、新設移駐各官之廨舍宜置也。辰沅靖道移駐筸城所需廨舍，應將五寨司土官衙門騰出以作道員衙署，并動支各官捐建銀兩量加派修給該道駐扎。其同知、通判、巡檢各廨舍，將本部院從前發下捐銀暨各官公捐銀兩酌量分給建造，以定規模等語。查新設各官廨舍，該督既稱將五寨司土官衙門騰出以作道員衙署，并動支各官捐建銀兩量加添修給該道駐扎，其同知以下各廨舍，將本部院從前發下捐銀暨各官公捐銀兩酌量分給建造等語，應如該督所題，作速將五寨司土官衙門騰出以作道員衙署。其同知以下各官廨舍,動支各官公捐銀兩酌量分給堅固建造,仍將造過廨舍房間數目報部。

一、土司之士子宜訓,苗民子弟宜設義學教育也。查五寨司洞民、哨民俱應統歸文職管理。至於五寨司生員,雖舊屬辰州府儒學兼轄,但五寨司距府三百餘里,生員遇有過犯,司鐸之官遠難飭懲。今議以附近之麻陽縣儒學训導移駐五寨司,就近訓迪士子,戒飭頑劣,并请鑄給麻陽縣訓導學記,以便生童應考一切册結可以鈐蓋,照例賫報,庶事件不致遲延,而子衿得司鐸之訓迪,亦可免佻傼之風。再,苗民子弟不使學習詩書,終必野性難馴,義禮不明,應於乾州五寨司等處設立義學數區,苗人子弟有志就學者聽赴肄業。每年司儒館穀,議於通省文武公捐。俟學習既久,教化有成,准附五寨司學應試,將見愚頑之性化爲禮義之民矣。相應如該督所請,將麻陽縣儒學移駐五寨司,其設立義學數區,令苗民子弟肄業之處應聽該督酌量設立,俟教化有成,准附五寨司應試。其入學名數,該督酌量人數多寡,具題到日再議。至請鑄給麻陽縣儒學訓導移駐五寨司學記,俟該督撫擬定字樣報部,移咨禮部鑄給。

一、接壤之邊釁宜息也。楚黔接壤之區,苗寨相連,向有冤家仇敵動輒操戈殺搶,彼此拿人,搆釁不止。今既各省設立廳員,嗣後黔楚相接之苗再有越境操戈、彼此拿人搆釁者,兩廳移明,會審發落,即以白晝搶奪律治罪,被拿之人勒令退還。如殺傷人命,依人命論。如百户、寨長知情不行禁止,以通同治罪等語。查黔楚相接之苗,每因小忿動輒操戈殺搶,彼此拿人,皆因頑苗不知法紀,竟以殺人搶掠視爲泛常,傷殘多命,其該管土官平日亦不嚴行約束所致。嗣後如有兩省相接之苗有冤抑之事,令其赴兩廳控告,兩廳會同土官審明發落。如有仍前殺搶者,令土官將犯罪之苗嚴行查拿,解赴兩廳審理明確,俱照白晝搶奪律治罪,免其刺字。但苗人不便擬以流徒,應照旂下人枷號杖責。若聚衆不及五十人,亦無殺死人命,止傷人不死者,將爲首之人枷號兩個月,責四十板;爲從者各枷號一個月,責三十板。如有殺死人命者,將爲首之人擬斬監候,秋後處決;下手之人各枷號三個月,責四十板;其餘爲從者各枷號四十日,責四十板。若聚衆至五十人者,雖無殺死人命,將爲首之人擬斬監候;爲從者各枷號五十日,責四十板。如有殺死人命者,將爲首之人擬斬立决;下手之人俱擬絞監候;其餘爲從者枷號兩個月,責四十板。若聚衆至百人者,雖無殺死人命,將爲首之人擬斬立决;爲從者各枷號兩個月,責四十板。如有殺死人命者,將爲首之人擬斬立决,梟示;下手之人俱擬斬監候;其餘爲從者各枷號三個月,責四十板。其所搶人、畜、等物俱勒令給還原主。其該管各官雖不知情,但平日不嚴行約束,以致衆苗互相搆釁。若聚衆不及五十人者,將土知府、知州罰俸三個月,百户、寨長各罰俸六個月;若聚衆至五十人者,將土知府、知州罰俸半年,百户、寨長各罰俸一年;若聚衆至百人者,將土知府、知州罰俸一年,百户、寨長俱革職;若聚衆至百人以上者,將土知府、知州革職,百户、寨長革職,不准折贖,責四十板。若係知情不行禁止,將知情之該管官革職,不准折贖,枷號一個月,責四十板。若係教令或通同商謀,希圖均分財物者,俱照爲首之犯一體治罪,行令該督明白諭知,以文到之日爲始,定限三個月後遵行。

至於先經招撫之三百一寨並後歸誠之一十二寨,計户口四千七百二十三户,成丁捌千八百一十七丁,應納雜糧一百七十六石三斗四升。該督既稱於四十四年起科等語,應如該督所題,將所收糧石造入該年奏銷册内,報明户部查核可也。

康熙四十三年十二月十五日題,本月二十一日奉旨:“依議,欽此。”抄出到部,相應合札前去,欽遵查照施行。

辦苗紀略卷之七

目　録

① 趙：原文無，據正文標題補。
② 札：原文無，據正文標題補。
③ 原作“飭各營官兵分派札立營盤檄”，據正文標題改。

軍　　檄

准偏撫趙委沅州協招撫紅苗檄

爲仰體聖主好生之德,姑開蠢苗免死之門,特先曉諭招撫以廣皇恩事。

康熙四十二年八月二十日,准南撫都院趙咨開云云等因。准

① 貼:總目録作"守"。
② 扎:總目録作"防"。
③ 原文"夜劫"後有"略"字,據正文標題删。
④ 原作"立表戒嚴坐卡略五則",據正文標題及文意改。
⑤ 原文"卡瞭"後有"略"字,據正文標題删。
⑥ 申明樵牧:原作"牧馬樵汲略",據正文標題改。

此,爲照紅苗梗化,動擾邊陲,甚至掠我人民,逼勒贖取,焚燬廬舍,搶奪牲畜。種種肆害,不一而足。本軍門下車後,屢准據鎮筸鎮將咨報前來,披閱之際,不禁髮指。但念此輩蠢苗雖同禽獸,豈無人心,趨死忘生,必有其故。咨准總督部院檄委署辰沅靖道前赴鎮筸地方,開誠布信,宣示皇仁,並咨本軍門於委員到日,相度機宜,兼遴幹將,協力抒謀等因前來,合行檄委。爲此牌仰該協查照牌内院咨事理,限文到即便輕騎減從,星赴鎮筸,會同署辰沅靖道等傳諭各寨,招出苗頭,示以督撫部院及本軍門仰體皇上好生之仁、不忍即加誅戮之意,務使革面革心,披剃摘環,傾心向化,永歸版圖,庶不負督撫部院及本軍門網開一面、予以自新之至意也。倘果真心就撫,立誓輸誠,即將作何管轄之處聽委道籌畫萬全,協同飛報督撫部院以憑會疏題報,慎毋草率竣事,致干委任不力之咎。仍先將起程日期具文通報施行。

預備營馬檄

爲欽奉上諭事。

康熙四十二年十月十三日酉時,遞蒙兵部札付,内開"車駕清吏司案呈,查本部等衙門會題疏稱'紅苗居處内地,常劫掠我民人牲畜,生事多端,應派出在京大臣,照都統松柱帶去之例,將八旗前鋒每旗挑選五名,帶子母砲八位,前往湖廣,宣布上諭,曉諭歸誠。若冥頑不悛,即刻期三路進剿撲滅。此遣去大臣及前鋒兵俱乘驛馬前往,驛馬不足,給與營馬。俟至本地,令巡撫將標下營馬撥給等因具題,奉旨在案,相應移咨湖廣總督,直隸、河南、湖廣、偏沅巡撫,嚴飭驛道,轉行州縣驛遞,將驛馬加意喂肥,毋得疲瘦缺額。遇有倒斃,作速買補;倘有殘病,即速更換。如有湖廣馳送軍務事件,到站即刻星夜馳送,仍將到站日時及馳送人員姓名登記印簿,並令該管道官不時稽查,不許遲誤時刻。此遣去大臣及前鋒兵等所騎驛馬不足，即撥營馬乘騎，俟至本地，令偏沅巡撫將標下營馬撥給，并札行直隸、河南、湖廣三省提鎮，一體遵照可也’等因案呈到部，擬合札行，爲此備札前來”等因。

蒙此，合行飛檄，爲此牌仰該將備查照牌内緊急事理，如遇欽差大人前鋒經過該營地方，驛馬如果不足，即撥該營膘壯馬匹，照數乘騎，不得遲誤時刻。再查該營馬匹，除調征安撥之外，存馬無幾，誠恐不敷，又撥某營馬若干匹以資協濟，並檄某營遵照外，該將備仍就近飛移某營，迅將協濟馬匹如數星夜赶赴該營，以應緩急可也。事關緊急，毋任推諉遲誤，致干未便。迅速仍將遵行緣由具文飛報施行。

飭調兵馬檄

爲欽奉上諭事。

康熙四十二年十月初九日，蒙兵部札付，内開該臣等會議得云云等因備札前來。蒙此，合行飛檄，爲此牌仰該協將備查照牌内事理，即便挑選精健馬步兵丁，技勇熟嫻，照依後開數目，限文到三日内，該協將備責令統領，路由常德者馳至常德聚齊，有便路者取便馳赴鎮筸聚齊，聽候調遣。馬兵每四名外給空馬一匹，其一切軍火器械等項、餱裹帳房、鑼鍋鞋腳務要整齊、鮮明、鋒利，馬匹務要膘壯，應需糧餉就近移會司道，星速支給，以資飽騰。沿途務必申嚴紀律，不許騷擾民間一草一木，以及繞道滋事等弊，一有故違，查出定行飛參，重處不貸。仍將奉行緣由插翎由馬塘飛報，並將奉調官兵銜名、數目造具花名清册，一樣二本，具文呈齎，以憑彙達施行。

飛催兵馬檄

爲欽奉上諭事。

本年十月二十一日,蒙兵部札開,"准總統部堂席等咨稱,'康熙四十二年十月初六日恭請訓旨。奉旨:"湖廣提督俞益謨漢仗好,行兵練達,爾等商議而行。欽此。"本部等於十月初七日自京起程,約於本月二十五日可抵荆州,即率荆州滿洲官兵前往'等因到部,備札前來,該提督查照施行"等因。蒙此,案查前蒙兵部札付,當經飛檄該營挑選精健官兵,路由常德者馳至常德聚齊,有便路者取便馳赴鎮筸,聽候調遣等因在案。今蒙前因,合再飛催。爲此牌仰該協將備照牌事理,限文到即日内即將奉調官兵遣發起程,星夜兼馳,路由常德者約限十一月初一日到常聚齊前進,有便路者即便俱於十一月初六馳赴鎮筸,慎毋逗逼遲誤,致干未便。火速火速!

行九谿、長沙副將韓永傑、高一靖領兵由乾州進剿檄[①]

爲照蠢苗無知,致煩廟謨,特遣欽差大臣席等並駐荆滿兵及廣西、貴州、湖南三省官兵,乘此冬月直逼苗穴,勒令歸誠,設立州縣等因,欽遵在案。今總督部院喻暨本軍門會同欽差大人席等議將楚省調征官兵分派扎營地方,所有乾州一路最關緊要,僉以該協老成持重,練達機宜,堪充總統之任,合行檄委。爲此牌仰該協查照,单開各營官兵數目,盡屬總理,領兵將領悉聽調度,在於乾州崇山衞一帶持重前進。該副將和衷計畫,或分途勦事,或兩軍齊發,務必師行有紀,號令嚴明,彼此聲援,以應事機。所過生熟苗境,嚴束兵丁,不許騷擾一草一木,以阻向化之門。直逼苗穴,相度樔木營、龍蛟洞等處險易情形,扎立營盤,重栅堅壁,布置森嚴,以奪蠢魄。運道樵汲處所及經過險隘地方,留兵扼守,聯絡安塘,以備不虞,以速文報。一切機宜,總在兩協相機會酌而行。永順土司素稱忠順,

① 【注】亦見於《青銅自考》卷五《檄行文告》,題作《檄由乾州進兵》。

兩協酌量分管,堵遏奸詭土司與苗接濟及隱匿竄苗之弊。但該協膺兹重任,務必虚中克己,領兵將領俱宜共相熟籌,以圖萬全,毋以一時之小嫌,毋恃一己之偏見,致誤公家之大事可也。

再照三省合師,滿漢雲集,何難立殄逆苗,乃我皇上好生之德,儘此一番招撫,期必悔悟,保全生靈之至意。該協同在事人員尤宜廣播皇仁,開誠布信,務使頑苗畏威懷德,悔罪歸誠,慎毋諱撫爲剿,以致疑畏不前。勉之!

取高一靖等官兵數目駐扎地方檄

爲欽奉上諭事。

康熙四十二年十二月初二日,准欽差總統席咨開"本年十二月初二日,准貴提督咨開高副將所扎四營即係所率之兵一千五百三十二名之數,韓副將所扎四營即係所率之兵一千五百七十八名之數,其駐扎之地總係龍朋一帶,其與紅苗何寨相近之處亦如滿漢官兵駐扎之樣木營、白菓窑相似,其與黔省官兵遠近烽火可以相望等因到本部堂。爲照本部堂等先經移咨副將高一靖等安設八坐營盤,每營官兵數目若干,及駐扎地方與紅苗何寨相近,並與黔省官兵營盤相隔幾里,事關入告,幸勿遲緩等因,咨移在案。貴提督應將八坐營盤每營官兵數目及駐扎地方與紅苗何寨相近,並與黔省官兵營盤相隔幾里俱各聲明,以便入告。今准來咨,止開官兵總數,其餘並未分晰,合再移咨貴提督,請照前咨逐一作速查明,迅即見覆施行"等因。

准此,合行飛檄,爲此牌仰該協查照牌内咨查事理,限文到即日内,即將該協等所立營盤八坐每營官兵數目若干,及各營駐扎是何地名,與紅苗何寨相近,并與黔省官兵營盤相隔幾里之處,逐一確查,分晰明白,開摺星速差人呈覆,以憑咨覆欽差總統具疏入告施行。慎毋刻緩,大爲未便。

行遊擊火運升檄

爲欽奉上諭事。

爲照撫勦紅苗，業經欽差大臣席等同總督部院暨本軍門會議，分派官兵各逼苗穴，扎立營盤，以便勒令歸誠。所有乾州一帶，派撥長沙高副將、九谿韓副將各領官兵一千五百餘名，並永順土兵馳赴乾州崇山衛樣木營，[1]相度險易，安營勒撫，以速機宜外，查得該將久駐斯土，諳悉苗情，地理險易平昔諒有熟籌，合就檄行。爲此牌仰該將照牌事理，如遇高副將到彼，該將即同高副將一路前進，並酌帶所屬弁兵及親信熟識苗性苗徑人役，勤探苗息，審察地理，一切事機盡心商酌，務獲萬全而行。並開誠布信，廣播皇仁，務使蠢苗格心向化，以副皇上勒令歸誠之廟謨，慎毋諱撫爲勦，以及縱容兵丁在於經過駐營生熟苗境騷擾一草一木，以阻歸誠之路可也。慎之勉之！

行參將周應武檄

爲欽奉上諭事。

爲照撫勦紅苗，前經欽差大臣席等同總督部院暨本軍門會議，分派官兵各逼苗穴，扎立營盤，以便勒令歸誠。所有乾州一帶，派撥各營官兵檄委長沙高副將、九谿韓副將總統前進，其各營領兵官弁聽該副將調度在案，所有該參將官兵一百三十名撥隨韓副將前進，合就檄行。爲此牌仰該將照牌事理，即將該將所領官兵一百三十名星即率領，由辰溪縣便道馳赴乾州，隨韓副將合師前進，聽其

---

① 一：原作“二”，據卷五《咨總統遣官兵取崇山衛一路文》《咨總統副將高一靖等安營文》《再咨總統據高副將等下營文》《彙報官兵撫勦捷文》及本卷《取高一靖等官兵數目駐扎地方檄》《行各營官兵扎立營盤檄》等篇目所載，高一靖、韓永傑二人所率官兵均爲一千五百人左右，故此處原“二千五百餘名”當爲“一千五百餘名”之誤。據改。

調度可也。均毋故違,速速仍具文報查施行。

准總督咨行各營官兵撫剿檄

為移知事。

康熙四十二年十一月十八日,准總督部院喻咨開"照得紅苗梗化,欽奉諭旨,特遣尚書席等統領滿漢大兵會同本部院商確撫剿,並派貴州、廣西官兵備用,俱經行文在案。今紅苗感戴皇恩,聞風向化,爭先歸誠,剃髮摘環者已二百四十餘寨,其餘僻遠者亦陸續漸至。惟另遵諭旨,將前拿陷官兵勒贖之苗人,逼令縛送軍前,即定撫剿之局矣。誠恐各省會集之兵到邊,未知苗人歸誠情形,倘或在其邊境騷擾生事及妄造謡言,則不惟尚有未經歸誠者觀望不前,即已經歸誠之苗不無疑畏恐懼,苗情向背,生死之機,於此關係不小。至各寨苗人内或有頑梗不馴,不即歸誠,狡思奔逸藏躲亦未可定。則貴提督屯扎要隘之處,防範尤宜加嚴,相應移會,煩為嚴飭領兵將弁約束兵丁,凡係經過百姓處所及駐師苗境邊地,務須加意撫輯,不致騷擾苗人、百姓一草一木並妄生議論,驚擾已經投誠苗人。仍飭各汛隘防弁,凡係紅苗接壤出入處所,撥兵嚴加防堵,如有戴髮梗化頑苗竄避奔逸者,即時拿解欽差大人軍前正法示衆,並嚴飭附近土司、苗峒一體凜遵,毋得容留,致干重罪可也等因。除咨貴州、廣西提督外,為照撫剿紅苗一切機宜,貴提督俱已深悉,合并移會,為此合咨貴提督煩為查照,一體防範施行"等因。

准此,為照此番撫剿紅苗,乃皇上好生之德,令其畏罪悔心,以免屠戮生靈之聖意也。前本軍門委長沙、九谿二協為乾州一帶統領,已將凡遇經過駐營生熟苗境,嚴束兵丁不許騷擾一草一木,以阻向化之門,尤宜開誠布信,慎毋諱撫為剿,以致疑畏不前等因在案。今准前因,合再嚴檄,為此牌仰該協查照牌内咨移事理,即便移行該協所統各營領兵將弁一體恪遵,嚴束官兵,凡遇經過百姓處所及駐師苗境,加意撫輯,不許騷擾,並不許諱撫爲剿,妄生議論及驚擾已經歸誠苗人。敢有違者,將備據實揭報,千、把竟行綑責文報以憑會參重處可也。仍飭汛隘防弁,凡係紅苗出没之處,嚴兵堵遏,如有竄逸戴髮梗化頑苗,立即拿解欽差大人軍前以憑正法,並飭隨征土司一體凜遵。毋違!

准總督咨行長沙、九谿、辰州等官兵檄

爲稟報事。

本年十一月二十五日,准總督喻咨開"准貴州提督咨開,'據思南參將鲁捷、撫標遊擊翁國楨稟稱,"二十一日午時,有駐扎龍蛟洞之鎮遠吴副將等差官護送運糧夫役回到兜沙,離營盤三四里,夫役走過將完,忽有紅苗五六十人在草中一齊起手,將貴陽營尾後兵丁程顯、段成龍殺傷。前行兵丁回救,殺死苗子二名,活捉五名,環刀五口、長杆一根、馬一匹,解轅隨發銅仁府查訊,供係葫蘆下寨,是湖廣招撫苗子,上寨十個,兜沙十個,下寨四十個"等情到本職。查得紅苗計圖截夫勒贖,仍行慣智,在官兵碍於紅旗告示,動不敢動,今未入其巢,尚且出路尋人,誰肯給示給牌?詭譎反覆,似難革面革心。如此朦朧姑息,必貽後患。撫則速撫,剿則速剿,與其貽誤於後,莫若預言於前。伏乞本部堂等速籌機宜,急見施行,其所捉五苗暫羈職營,或賜委員前來池河營同銅守審明,於葫蘆上、下兩寨梟示警頑。再葫蘆中寨苗頭龍老吾先經傳諭招撫,賞給銀牌紅布,諭回原寨,後職到彼看下營盤,此寨苗子以及龍老吾復藏山箐,情僞顯然,統乞憲鑒等因。除呈欽差部堂外,合并咨請會酌'緣由到本部院。

"准此,爲照紅苗奉旨撫剿,自欽差大人等位暨本部院臨邊之時,諸苗奔叩道傍,頭目歸降者已約二百四十餘寨,隨經賞賚並委員齎帶順民旗、告示入巢張挂,俾别頑良,以昭我皇上不即屠滅隆

恩,用是安撫其心。即如此等投誠苗寨,雖未能盡測其心,但既投赴軍前,焉敢不遵旨撫慰而揮棄不理,㟁事剿滅乎? 今准大移,有葫蘆、兜沙、排六等寨苗人窺伺官兵運米,敢於坐草,執持鎗刀,意在截夫勒贖,仍行當日慣智,竟敢對敵傷我兵丁。是彼處凶苗頑黠成性,全不知感沐皇恩,趨生避死。查兜沙、排六二寨撫册内原未開載,其葫蘆寨現今拿獲三名,則係二百四十餘寨頭目已經愿撫之内所有苗人也。昨據差員造具續投各苗人口草册,以七十寨計之,而大小男婦已及五千名口。若以二百四十餘寨大概總計,則不下數萬口矣。且欽差大人等位見在統兵巡查,而願撫各苗果否原繳兵械,不移眷口,尚未可預料。況苗性反覆不常,奸狡叵測,又安能保其數萬人之心乎? 即如貴提督一臨邊境,即開誠布公,宣示皇恩,而龍蛟洞諸苗隨諭歸化,領受銀牌花紅,乃不移時而旋搬糧逃避,則苗性叵測難馴,不亦彰明較著耶! 且我官兵並未擾及伊寨,不過砍柴運糧,放馬行走,輒敢行凶傷害,則凡屯駐巡警,無一不宜加嚴防範矣。除進兵撫剿機宜及見獲凶苗應聽欽差大人等位裁奪施行外,相應咨覆貴提督,煩請查照,通飭貴標官兵,嗣當進兵,如遇苗巢,即已給有順民旗面之寨,必須欽差大人等位統兵巡查之時,伊等男婦大小守寨未移、繳出軍器者,乃可遵旨分别頑良,剿則剿之,撫則撫之,否則更當謹慎防範。至行間一切機宜,在貴提督壯猷碩畫,自必籌策周詳,統希不時移示,仍祈見覆施行等因。除咨覆貴州提督并咨明欽差大人等位外,相應咨會,爲此合咨貴提督,請煩查照施行"等因。

准此,合行嚴飭,爲此牌仰該協查照牌内咨移事理,凡遇我兵經過及駐扎有苗地方,一面開誠招撫,不許兵丁騷擾一草一木,以阻向化之路,仍嚴飭各營官兵不論已撫、未撫苗地,有無順民旗面寨洞,一切樵汲、運糧、放馬等事俱宜嚴加防範,毋致疏虞。慎切慎切!

行鎮筸遊擊李德嚴守城池檄

爲欽奉上諭事。

爲照奉旨撫剿紅苗,雖經欽差總統、督撫部院給旗招撫,現有剃髮歸誠之苗,其中不無恃險梗化、觀望不前之蠢孽。今照貴州提督李及長沙、九谿高副將等,欽差總統、都統等暨本軍門各率滿漢官兵分途立營,總鎮雷亦經率兵前進,誠恐苗性狡悍,出没不常,乘虚暗犯司城,侵擾内地亦未可定,合行嚴飭。爲此牌仰該將照牌事理,即便嚴率存城將備、弁兵及一切汛防官兵,務必加緊隄備,分佈巡查,遠近塘卡聲勢相連,毋分曉霧夜雨,晝瞭夜伏,兵不離伍,械不去身,務保萬全,方盡該將之責成。倘有疏虞,干係匪輕,慎之凜之!仍將遵行緣由及存城各官兵數目、銜名開摺飛報,查考施行。

傳令進兵檄 並圖[1]

一、行兵有擊首尾應,[2]擊尾首應,擊中則首尾相應,擊首尾則中軍分應。苗路崎嶇,難用此法,惟行順逆連環之法,可以步步接應。[3]

(辰州) (黄州) (先鋒) (天柱) (左營) (中軍) (戎旗) (後營) (永定)

一、自殺苗坪前進,令辰州副將趙文璧爲第一撥,至火麻營安營;吴日光爲第二撥,至上麻冲安營。再前進,令先鋒俞禮、天柱吴郡爲第一撥,蕭之盛爲接應,許士隆、張禎爲奇兵,陳大勳、包成爲後應。

一、如後面有敵,包成、陳大勳爲第一撥,張禎爲接應,許士隆爲奇兵,吴郡、俞禮爲後應。

---

① 【注】亦見於《青銅自考》卷五《檄行文告》,題作《圖檄進兵》。
② 行兵:《青銅自考》作"兵法"。
③ 下圖在《青銅自考》中位於篇末。

一、如中軍有敵，蕭之盛、陳大勳、張禎爲第一撥，許士隆爲接應，吴郡、包成爲奇兵，俞禮爲後應。

行副將趙文璧駐扎火麻營檄

爲欽奉上諭事。

照得本軍門不日率師由殺苗坪一帶前進，查自殺苗坪以致㯹木營地方，有火麻營、地良坡二處最關緊要，今將辰協兵丁一百一十六名，並前撥往乾州兵丁一百名安於火麻營扎營，黄協兵丁二百名安於地良坡扎營，以資防堵，合就檄行。爲此牌仰該協照牌事理，即將該協官兵駐扎火麻營，並將黄協官兵駐扎地良坡，酌量地勢險易，布置均匀，互相聯絡。凡屬通苗出没隘口，加謹防堵，毋致疏虞，以重聲援。安設塘撥，趲護糧運，傳遞緊急文報，以速機宜。其黄協守備吴日光聽該協調遣，均毋違錯。仍將至彼分佈下營緣由具文馳報施行。

行竹谿等官兵駐白菓窑檄

票仰竹谿營遊擊黄助、竹山營千總徐大奇即便率領該營官弁一百二十名移駐白菓窑，即駐兩桂、德安營盤，以便兩桂、德安官兵移駐㯹木營。務必整飭營伍，小心隄備，護送糧運，傳遞緊急文報，以速機宜。尤宜嚴束兵丁，不許騷擾苗民一草一木，慎毋故違，致干軍令，大爲未便。

行各營官兵扎立營盤檄

一、副將高一靖率領所部官兵一千五百九十六名在於鴨保西南，上接副將韓永傑營盤，下接貴州官兵營盤，直逼苗巢，相度險要隘口,分屯四營,務要首尾呼應,嚴加堵遏,晝夜遊巡,毋使逆苗潰遁。第一險要,責任至重。

一、副將韓永傑率領所部官兵一千五百七十八名在於鴨保西北,上接大塘永順土司營盤,下接副將高一靖營盤,直逼苗巢,相度險要隘口,分屯四營,務要首尾呼應,嚴加堵遏,晝夜遊巡,毋使逆苗潰遁。第一險要,責任至重。

一、襄鎮遊擊張國、千把總六員帶兵三百四十八名,在殺苗坪扎營,堵截五寨司、乾州兩處要路,扼守鎮苗、筸苗巢口,防守屯糧,保護運道。第一重地。

一、鄖陽協守備姚光憲、千把三員帶兵二百四十名,在火麻營扎營,逼近火麻營苗寨,堵截紅苗四通隘口,護送糧運。

一、興國參將陳嘉謨、千總一員帶兵九十六名,襄陽營千總一員帶兵一百一十名,道士洑營把總一員帶兵五十六名,三營共兵二百六十二名,在上麻冲扎營,逼近上麻冲苗寨,控扼紅苗出没要隘,保護糧運。

一、竹谿營遊擊黄助、千把二員帶兵一百二十名,黄州守備吴日光、千把二員帶兵二百名,竹山營千把二員帶兵一百二十名,均房營千把三員帶兵一百九十二名,漢陽營把總一員帶兵五十六名,五營共兵六百八十八名,在地良坡扎營,逼近地良坡苗寨,爲紅苗巢中第一險隘,保護糧運。最關緊要之地。

一、本提督標遊擊三員,左營遊擊蕭之盛,署右營遊擊李得勝,後營遊擊陳大勳,署中營守備俞禮、千把總十六員,帶兵六百五十名,大同鎮標參將許士隆、宣鎮千總盧天培帶兵二百五十名,辰州協副將趙文璧、千把總三員帶兵二百一十六名,天柱營參將吴郡、守備謝瑛、千總一員帶兵一百四十名,永定營遊擊包成、千把總二員帶兵一百零六名,常德營千總侯宗周帶兵三十名,六標營共兵一千三百九十二名,駐扎白菓窑,深逼苗巢。四通要隘。

一、臨藍營參將費成啓、千把總二員帶兵一百三十四名,兩桂營守備申瞰、把總一員帶兵一百一十二名,德安營千把總二員帶兵九十二名,三營共兵三百三十八名,隨滿洲大兵駐扎樶木營地方扎營,逼近苗巢。四通八達緊要之區。

飭陳嘉謨嚴謹麻冲檄

爲嚴飭事。

照得本軍門准總統將軍席咨進剿龍蛟洞等寨抗撫逆苗,業經起營,所有麻冲一路係是逆苗冲要隘口,勢必由此宵遁。合亟密檄,爲此牌仰該將照牌事理,即便率領弁兵,務要加緊防範,不得令其免脱。晝夜放卡盤詰,遇有帶械行走者即係逆苗,務要力擒解赴。如敢抗敵,即行撲殺。仍諭左右已順苗人,不得帶械行走,恐致誤拿誤傷。切切無違!

飭陳大勳留守白菓窑檄

爲軍務事。

爲照本軍門於本月十三日率師前進,會剿抗撫逆苗,該將有承管護糧之責,合就檄行。爲此牌仰該將照牌事理,即便嚴飭在營弁兵俱聽該將約束,務必加緊隄備,晝則登高,夜則聽静,不許擅離部伍,尤宜嚴加盤詰。遇有潛遁逆苗,擒拿解究,毋容竄逸。其有樵採,兵丁亦不許遠出卡外;若遇糧運,小心護送。以及一切未盡事宜,總在該將嚴緊整飭,以副責成。慎毋解弛,少有疏虞,俱惟該將是問。慎之凜之!

行副將高一靖等進兵檄

爲軍務事。

本年十二月初九日酉時，准欽差大人席咨，龍蛟洞等寨逆苗抗不受撫，訂期於十三日進剿等因，本軍門業已調集各營官兵，至期應由龍蛟洞接貴州官兵之尾以至楓木、岩板溪一帶，聯絡廣西、鎮箪官兵前進會剿。所有該協與九谿韓、長沙高副將應分兩路而進，合就密檄。爲此牌仰該協照牌事理，除應酌量存留守營官兵之外，即便統率各營官兵於本月十三日分路前進，所至地方相度形勢，分扼險要。臨時尤宜先操勝算，鼓勵兵將奮勇撲滅，務盡根株，慎毋輕率競利，疏慢遲疑，致苗竄遁，有失事機，大爲未便。事關三省會剿，各宜同心努力，互相聲援，不得彼此參差，亦不得概行屠戮已經歸誠順苗峒寨，以負皇仁。其存營官兵，亦嚴加戒飭，謹守壁壘，不許擅離部伍。其進剿官兵餱裹有限，糧食作何運送以資接濟之處，均宜籌畫至當，毋致掣肘可也。仍將奉行緣由及臨期進剿情形，分派各營將備弁兵作何布置，撲剿一切機宜，不時密報施行。

再行副將高一靖等進兵與貴州官兵聲援聯絡檄

爲軍務事。

本年十二月十一日准貴州提督咨開，“本年十二月十一日准貴提督咨，准欽差大人席咨前事，‘訂期於十三日會剿逆苗，貴提督整飭官兵，至期由龍蛟洞接貴州官兵之尾以至楓木、岩板溪一帶，聯絡廣西、鎮箪官兵前進會剿’緣由到本提督。准此，爲照本年十二月初十日承准欽差部堂等咨同前事，本提督隨即行調各營副參遊守，密議分路進兵，酌派調遣去後，於初十日申時據鎮遠協副將吴坤、平遠協副將駱儼會差千總劉上明到本提督池河行營稟稱，二副將蒙欽差部堂等面諭，“龍蛟洞一路若黔省官兵亦進，則湖廣官兵再無應分之路，莫若將此一路讓與湖廣官兵，黔省官兵止由重寨以上分路並進”等諭。查本提督於奉文初派之時，亦曾慮及於此，但因龍蛟洞汛地係久奉部堂等派定指名交與扎營汛地，駐扎日久，兹當進兵之時,恐涉推諉,所以不敢輕議。今奉部堂等所諭分佈極是,遵即另行酌派,自重寨以上分爲五路前進搜剿,重寨下則與貴省龍蛟洞一路官兵接連聲援,烏槽江上則與廣西、鎮筸接連聲援,楚粵官兵由東南往西北而進,黔省官兵由西北往東南而進,彼此聯絡,不致參差。今准前因,相應咨覆貴提督,請煩查照施行”等因。

准此,合就密檄,爲此牌仰該協照牌事理,即便會同九谿韓、長沙高副將,至期即由龍蛟洞、押保一帶分路而進,[①]上接貴州重寨,官兵互相聲援,彼此聯絡,毋致參差。事關合師搜剿,務宜和衷共濟,鼓勇官兵臨敵制勝,以收萬全,慎毋有誤事機,致干未便。仍不時將一切情形密報施行。

傳令副將韓永傑等搜剿楓木坪檄

傳九谿韓副將,即將該營並荆州、荆門、靖五、武岡、宜郴、武昌、寶慶等協營官兵多帶鎗砲,於本月十六日黎明即便率領前項官兵前赴楓木坪搜箐,至岩板溪過箐與鎮筸鎮官兵接連,相度地勢下營扼險,約會筸鎮官兵搜攻兩頭羊、排六梁、毛都塘等寨抗撫逆苗。該協等務必同心努力,毋致參差,並戒嚴官兵加緊搜堵,不許擅離部伍,致有疏虞。仍將一路搜箐及至彼聯絡搜剿情形不時飛具密報。

傳令副將趙文璧等搜剿排六梁檄

爲軍務事。

---

① 押保:原作“鴨保”,查本書前附《苗地情形圖》《苗寨全圖》及其他各卷均寫作“鴨保”,當據發音記載,音同而字不同。

票仰辰州趙副將,即帶該營官兵並永順土兵二百名,於十六日早過箐,由老萊溪架梁進剿排六等處逆苗,相度地勢安營扼守險要,務必嚴飭官兵加緊隄備,相機堵殺搜箐,各營毋致參差遺誤。其有黄州官兵至日亦隨該協下營,毋違。

傳令遊擊王佩接援韓趙二副將檄

爲軍務事。

票仰永鎮遊擊王佩,即率該營步兵於十六日過箐,相度地勢,上接趙副將,下接韓副將,居中聲援,並嚴飭官兵加緊隄備,奮勇堵殺搜擒,毋致參差遺誤。

傳令遊擊包成等搜剿布勒地方檄

爲軍務事。

康熙四十二年十二月十六日亥時,准總統部堂席咨開,"康熙四十二年十二月十六日,據拿獲苗人吴老十供稱:龍蛟洞、重寨逆苗潛遁,現在布勒地方屯踞,布勒有二隘口,一名治口,一名干洞,二處相隔十有餘里,前番官兵搜箐不曾到這地方等語。據此,爲照逆苗狡詐多端,凡遇官兵搜剿,散漫潛藏,是其故智。今據吴老十口供鑿鑿,既有逆苗屯踞之所,應行剿滅,本部堂等已遣土司田仁心帶領土兵並拿獲苗人吴老十前赴副將高一靖行營合剿外,貴提督希將副將高一靖所率官兵並永順司土官彭弘海所帶土兵,限本月十七日飭赴布勒,令副將高一靖挑選精健官兵把守治口、干洞要路,其餘兩山架梁堵截,土司田仁心、彭弘海土兵入箐搜剿,務浄根株,勿使逆苗遁竄。合亟移會,爲此合咨貴提督,請煩查照,仍將轉飭緣由見覆施行"等因。

准此,合亟飛飭,爲此牌仰該宣慰即便率領精健把目、土兵星夜馳赴布勒地方,會同土官田仁心入箐搜剿,務必鼓勇士卒,將苗人吴老十供報聚苗立行擒斬,以靖根株,慎毋狥縱疏忽,以致逆苗竄遁,則失機之罪責在該宣慰矣。仍將前進搜剿一切情形不時具報。如土司不敷,即將前調於箐内下營之土兵撤回,會同永定營官兵隨師進剿可也,火速等因。除行永順司土官彭弘海外,查長協高副將已經率兵搜剿龍蛟洞諸箐,誠恐錯路有誤機宜,合就檄行,爲此牌仰該將照牌事理,即便會同本標遊擊蕭之盛、沅協都司牛射斗,率領各營官兵遵照總統咨移事理,星夜馳赴布勒地方,挑選精健官兵把守治口、干洞二隘口要路,餘兵兩山架梁,加緊堵截,不許逆苗一人奔竄。並嚴飭在彼土官田仁心帶領土兵,務與永順土兵同心努力,鼓勇士卒,將苗人吴老十供報屯聚布勒地方之逆苗立行擒斬,以靖根株。慎毋少有疏逸致令蠢苗竄遁,則該土官等大干軍紀矣。慎之慎之!

仍將奉行扼險,飭令土司搜箐情形不時具文通報施行。如遇高副將,一同堵剿。毋違!

傳令包成等互相接應檄

傳包成、蕭之盛、牛射斗、永順司彭弘海知悉:永順彭宣慰率領土兵在前奮勇前進,蕭遊擊繼土兵之後奮勇前進,包遊擊繼蕭遊擊之後居中調度,牛射斗收後接應,不許各兵遺後。務各隊伍整齊,首尾兼顧,鎗砲齊備,用紙塞口以便往下施放。如遇逆苗即便合力擒剿,慎毋任其竄逃一人。倘有疏縱,定以軍法從事不貸。慎速!

傳令參將王廷瑚移營大塘檄

爲軍務事。

照得該將前係九谿協派令帶領弁兵留守原營，今查大塘地方最關緊要，合行檄調，爲此牌仰該將照牌事理，文到即便統領所留各營弁兵馳赴大塘原日永順土司扎營之所安立營盤。務必嚴兵接續而行，慎毋任意散漫，致有疏虞，干咎匪輕。安營之後尤宜小心隄備，護送糧運，傳遞緊要文報，以速機宜。慎毋故違，大有未便。

准總統獎勵官兵檄

爲軍務事。

康熙四十二年十二月二十四日，准總統部堂席咨開"康熙四十二年十二月二十三日，准貴提督咨開'副將韓永傑、趙文璧、遊擊王佩等領兵在排六箐口與逆苗對敵，各營官兵奮勇，自午至未，鎗矢傷死逆苗共有八百餘名並活擒五名，得獲器械、牲畜等項'等因到本部堂等。准此，爲照逆苗抗撫，分兵進剿，該協等率領官兵陣斬生擒、得獲器械牲畜等項，具見調度有方，官兵奮勇，均屬可嘉。本部堂等現在繕疏具題外，應行獎勵，爲此合咨貴提督，請煩查照，希即轉行以示獎勵施行"等因。准此，擬合就行，爲此牌仰該協將查照牌内咨移事理，即便移行所率各營官兵一體獎勵施行。

撤兵檄 附次序掏捲略①

爲軍務事。

照得該協將前經檄令，率領官兵搜箐。今照搜箐事畢，合行撤調，爲此牌仰該協將照牌事理，文到務必慎密。至四更時，豫將帳房等項收拾齊備，②次早黎明即便率領所統各營官兵及永順土司

① 【注】亦見於《青銅自考》卷五《檄行文告》，題作《撤兵倒捲》。
② 豫：《青銅自考》作"預"。

仍由便路馳赴本軍門行營。事關撤兵，尤宜謹慎，鎗架火繩，弓箭隨手，嚴明號令，整齊隊伍，架梁巡哨，精兵殿後，接續而行。慎毋任意散漫，縱兵離伍，抄徑騷擾，致失行列。敢有疏虞，罪在該協將矣。軍律森嚴，慎之凜之！

一、永鎮官兵於二十七日起身，先往唐寨下營，候大營兵丁過盡，該永鎮馱子即緊隨大營收後官兵之尾，該營自留精兵斷後而行。

一、沅州都司牛射斗在各營抽撥精兵三百名，分爲十隊，每於起營，聽頭號即率領精兵於沿路相度險要處登高架梁，候大營過盡，即隨收後兵尾，挨次席捲而退。

一、把總蔡賓方帶領步兵六十名，各帶鍬鋤鐮斧，候登高精兵走盡，即去沿路遇有坑塹崖坎、叢林難行處砍修。

一、把總鄧洪隨修路兵丁一處丈量道路里數、地名，逐細寫明。

一、天柱塘馬四隊馱子，天柱千總周昌管領；軍厨馱子、長隨書房隊將材健丁各項門役馱子，把總范國斗管領；中、左、右三營馱子，把總李元臣管領；前、後、城守三營馱子，把總趙順管領；辰州、沅州、永定馱子，[①]辰州把總劉玉管領。候修路步兵走盡，該管千把即整齊催趲而行。

一、天柱參將吴郡統領先鋒四隊，帶領該營兵丁爲第一撥，孫承爵爲第二撥，黄紹爲第三撥，俞禮爲第四撥，候馱子過盡，即率領挨次先行。本軍門帶副將許仕隆領戎纛二隊，千總張禎領健丁二隊，遊擊蕭之盛領中、左、右三營，遊擊陳大勳領前、後、城守三營大隊起行，沅州千總黄子清隨辰州副將趙文璧協同永定遊擊包成各領本營兵丁收後起行。

---

① “把總趙順管領辰州沅州永定馱子”等十四字，《青銅自考》無。

留貼防箄邊官兵檄

爲欽奉上諭事。

康熙四十二年十二月二十五日，准總督喻咨開箭塘、乾州應各留官兵五百名貼防緣由到本軍門。准此，除咨覆督部院外，合就檄行。爲此牌仰該將照牌事理，即將該營千、把總酌派一二員帶兵若干名前赴箭塘、乾州貼防。務宜小心防範，加緊隄備，晝則瞭高巡邏，[1]夜則放卡盤詰，毋許兵丁擅離部伍，騷擾苗民一草一木。凡牧放樵汲，毋許遠出卡外，致有疏虞，大干未便。其留防弁兵俱聽本標陳遊擊、乾州火遊擊調遣，俟事竣之日另檄撤回可也。均毋故違，慎之凜之！

飭委遊擊包成駐防五寨司檄

欽奉上諭事。

照得前經本軍門檄委沅州協韓副將率領臨藍營千把一員、兵丁九十名，兩桂營把總一員、兵丁八十名，宜郴營千總一員、兵丁九十名，武岡千總一員、兵丁五十名，天柱營千總一員、兵丁四十名，沅州協千把一員、兵丁一百五十名，共兵五百名貼防鎮箄在案。今照該副將現在攢造招撫文册，難以分理，合再檄委。爲此牌仰該將照牌事理，即便督率前項弁兵並該營在乾兵丁五十名撤回，暫駐五寨司貼防，以便另調天柱守備馬龍翥到箄之日，更換該將及各營前防弁丁回營，具文報查可也。仍嚴飭各營領兵千把，倘敢縱容兵丁在途逗遛離伍、騷擾民間一草一木者，查出定行按法重處不貸，均毋故違，慎之！

---

① 瞭：原作"嘹"，根據文意，以及本卷多次出現行軍作戰中登高警戒之"瞭"改。

飭更調貼防官兵檄

爲欽奉上諭事。

照得紅苗新經撫剿,善後機宜尚在區畫,所有現留貼防官兵俱係調征已久之卒,未便偏苦,合行更調。爲此牌仰該協將照牌事理,文到即將該營未經調征官兵之内挑選若干名,檄委率領,定限本月二十八日馳赴岩門、瀘溪縣聚齊,聽天柱守備馬龍翥、辰州都司丘矗漢統領馳赴鎮筸、乾州貼防,暫資彈壓,以俟另檄撤换可也。倘敢遲誤期限以及縱容兵丁沿途離伍、騷擾民人一草一木者,查明定行按法重處不貸。仍將遣發官兵數目、日期具文報查施行。

一、貼防鎮筸

靖五千把二員、兵丁一百五十名,沅州千把一員、兵丁一百名,武岡把總一員、兵丁四十名,天柱守備馬龍翥、兵丁三十名,永定千把一員。以上共兵五百名,①以天柱守備馬龍翥總統駐鎮筸。

一、貼防乾州

辰州都司丘矗漢、兵丁一百名,九谿千把一員、兵丁五十名,常德把總一員、兵丁一百名,澧州千把一員、兵丁一百名,洞庭千把二員、兵丁一百五十名。以上共兵五百名,以辰協都司丘矗漢總統駐乾州。

告　示

嚴禁兵丁下鄉示

爲嚴禁曉諭事。

照得調征官兵,業經本軍門嚴飭各營領兵將領嚴束兵丁,不許

① 五百:根據文中所敘,不足五百之數,不知"五百"從何而來。另,根據文中句式、表述習慣及常理,疑"永定千把一員"後脱"兵丁一百八十名"等内容。

騷擾鄉民一草一木等因在案。今照各處官兵已到軍前,業又分遣各路前進,面加飭禁,其間恐有陽奉陰違,藉買糧草私下鄉邨,任意騷擾亦未可定,合再出示嚴禁。爲此示仰鄉民人等知悉:嗣後敢有官兵經過地方及駐扎處所擅離隊伍,私下鄉邨,藉買糧草打獲牲畜,需索酒食,恃强買賣以及强宿民家,擅拉民人挑担等弊,許爾鄉民記明某日經過某營、某樣旗色、委係何營兵丁,徑赴本軍門軍前喊稟以憑立刻查拿之外,仍加重賞。其犯兵立拿重處,領兵官定以約束不嚴糾參。本軍門令出如山,斷不食言,慎毋疑畏裹足,有負關切民瘼至意。

特示。

督撫提公同用印曉諭苗民示

爲特示曉諭亟獻從前被陷兵民男婦老幼,以便准其招撫事。

照得爾苗無知,歷來捉拿民兵男婦老幼人等,致干天威震怒。欽差大人,滿洲大兵,廣西、貴州官兵,暨本都院、部院、軍門統領本省官兵環逼苗巢,本應即行撲剿,爾如穴中之鼠、籠内之鳥,更向何處逃生。因我皇上聖德如天,恐爾苗中亦有良善,不忍盡行誅戮,儘此一番招撫,以廣好生之德,是以欽差大人會同本都院、部院、軍門給發順民旗面,遣員招撫在案。今查文案並據邊民控告,歷來拿陷苗寨兵民男婦老幼甚多,①延今許久竟不獻出,殊屬自取滅亡,合行出示曉諭。爲此示仰一切峒寨苗人知悉,即照後開拿陷户口,遠寨限十日以内,近寨限五日以内,②俱要獻赴軍前,以憑許爾剃髮歸誠。即有死亡以及轉賣何人之處,從實供報,務要確據。如果情真,本都院、部院、軍門自有鑒原,饒爾生命。倘敢違限,隱匿不

① 根據文意,本句之“拿陷”“苗寨”二詞當互乙。
② 限:原作“陷”,誤,據文意及上句之“限”字改。

獻及不據實供報真情,或被別苗首出,除來首者係是良善苗人重賞外,其隱匿不首及供報不實即是行凶作亂之人,大兵臨巢,定行誅戮。爾良善苗人,慎毋互相容隱,自取玉石不分之禍。速切速切!

特示。

嚴禁取贖示[①]

爲特彰取贖之嚴禁,以免拿陷邊民事。

照得紅苗向來坐草拿人,勒銀取贖,雖其貪利故智,一因内地奸人誘哄,始而誘其出劫,既而居間調停,要銀要貨,講多講少,盡屬此輩兩面欺朦。究之,苗得無幾,而被陷取贖之家不致傾家蕩産不止也。再若無人贖取,[②]即有土司可賣,以致習爲慣技。此等奸弊,痛恨已久,合行給示曉諭,[③]爲此示諭民、苗、兵、土人等知悉:

爾等苗人仰沐皇恩,死中再活,保全一家骨肉,從此感恩悔罪,永享昇平,自無敢爲作孽之事。倘一寨之中仍有凶頑未化之徒,間萌故智,[④]潛出偷盜,坐草拿人,本寨頭人即以内地透哄之奸人姓名並拿苗犯送官究治,[⑤]定爲從優給賞。如或隱匿不首,頭人一並治罪。其内地人民,除在境内耕作本家拿去者,有生熟苗土、哨弁人等能熟知凶苗住址、姓名,或本寨頭人將本人送出者,本家給予酒食酬謝;其餘境外行走致令凶苗拿去者,一概不許取贖。倘凶苗因其不贖轉賣土司,土司因而收買,苗罪發覺,土司敢於窩隱,不將苗犯及收買之人到官,該土司一並參提治罪。至如兵丁人等,或在塘汛或在臨陣被捉者,爾既不能用命殺賊致被擒拿,辱國辱軍莫此爲甚。除被殺害及能自盡者家屬仍予恩卹外,逃出者責治革伍,贖

① 【注】亦見於《青銅自考》卷五《檄行文告》,題作《嚴禁取贖》。
② 贖取:《青銅自考》作“取贖”。
③ 給:《青銅自考》作“出”。
④ 萌:原作“蒙”,據《青銅自考》改。
⑤ 透:疑爲“誘”字誤。

出者仍應死罪，並所轄贖出之將備等官一並糾参，決不寬假。本軍門言不妄發，令出必行，爾民、苗、兵丁其各凜然祇遵，毋貽後悔。

撤兵曉諭苗人示[①]

爲明白曉諭投誠苗寨，既已免死偷生，切勿爲非作惡，自取天誅，必殺毋赦事。[②]

照得爾等苗人非是虎狼蛇蝎，生來便是凶毒，[③]總由爾父祖相承，無非殺人報怨之事，少長習見，只此坐草攫物之長。[④] 譬如一寨之中有百人，内有一人不去殺人、拿人，爾等定説他不是好漢，因此習成一派凶惡，就如天地生成的一般，雖屬可恨，亦屬可憫。所以然者，只因從來官長未必有人將爾痛切訓誡一番，即或有人訓誡，爾苗愚蠢無知，如水澆石，何曾記省。[⑤]

本軍門今日會同滿漢三省官兵進剿，實實恨爾歷年作惡，擾害邊疆，搶掠民人牲畜，[⑥]務在洗蕩巢穴、淨盡根株而止。不意皇恩浩蕩，許爾歸誠，本軍門即有殺爾之心亦付之無可奈何而已。第思自今已往，[⑦]爾勿謂投誠是爾慣技，大兵一撤，既剃之髮可蓄而長，既繳之械可製而就，[⑧]仍可糾黨劫掠，仍可坐草拿人。官兵追捕，爾便入箐，少則無如爾何，多則再無請旨復用大兵之理；即用多

---

① 【注】亦見於《康熙朝漢文硃批奏摺彙編》第一册《湖廣提督俞益謨奏陳所屬苗民情況及撫剿之法折》後所附《康熙四十二年十二月内撫剿紅苗書示稿》，題目均同。還見於《青銅自考》卷五《檄行文告》，題作《曉諭苗寨》。還見於嚴如熤《苗防備覽》卷二一《藝文志下》，題作《曉諭苗人告示》。

② 【注】本篇以下至"説得出做得出也"亦見於《(乾隆)湖南通志・理苗》，題作《提督俞益謨曉諭苗人告示》。

③ 毒：《苗防備覽》作"惡"。

④ 只：《苗防備覽》作"止"。

⑤ 省：《(乾隆)湖南通志》作"着"，《苗防備覽》作"著"。

⑥ 年：《(乾隆)湖南通志》《苗防備覽》均作"來"。

⑦ 已：《苗防備覽》作"以"。

⑧ 製：《苗防備覽》作"制"，誤。

兵,[1]必須搬糧運草,動費時日,爾等蚤已躲入深山大箐,[2]無影無蹤矣。[3] 爾等横此識見於心[4],所以樂得爲惡,攫取人財,更樂得投誠誆騙犒賞。試問爾苗人是兹伎倆否耶?

本軍門未進兵時,業經料定如此,勿謂爾等今日投誠,竟將本軍門瞞過也。本軍門既知爾必定投誠,[5]豈不知爾必有反復?[6] 既知爾必有反復,豈有聽爾反復而不預思剿殺之方?本軍門此番撤兵,爾之苗巢山箐、道路險隘一一熟在眼中、胸中。密疏奏請聖旨,如爾苗真心向化,納糧當差,與我内地邊民一無嫌隙則已,倘若鷹眼不化,仍復爲非,或拿一人入内,或燬近邊民房一間,及竊取牲畜財物者,本軍門既已不必再爲奏聞,不用滿漢三省官兵,不用搬糧運草,無論酷暑嚴寒,無論晴明風雨,但確查爲惡是何苗寨苗人,率領飛騎密馳而來,使爾狡不及防,健不能鬭,將爾寨黨盡誅,子女盡縛,廬舍盡燬,牲畜盡戮,必不使爾苗寨之上一人逃死,脱有漏網,必將爾耕種田禾盡行芟刈,在倉糧粟盡行燒燬。或數月而一臨,或一月而再至三至,總教爾立脚不牢、安身不住、扼喉絶吭而後已。本軍門從來作事光明正大,不肯暗中殺人,故將此等情事先行明明白白、諄諄切切告誡曉諭,原要爾等既然歸誠,必須革面革心,安生樂業,共享太平。爾若辜負皇恩,將投誠當作往常兒戲,[7]將本軍門告示當作大言欺衆,試敢妄殺妄拿一人,看本軍門果係是何動静。本軍門亦不爾禁,但勿怪本軍門狠心辣手,[8]説得出做得出也。

須至告示者。

---

① 多兵:《(乾隆)湖南通志》《苗防備覽》均作“兵多”。
② 蚤:《苗防備覽》作“早”。
③ 矣:《苗防備覽》無此字。
④ 識見:《苗防備覽》作“見識”。
⑤ “竟將……投誠”等十八字,《苗防備覽》無。
⑥ 復:《苗防備覽》作“覆”。下句同。
⑦ 《苗防備覽》“投誠”後有“竟”字。
⑧ 狠:原作“很”,據《青銅自考》《苗防備覽》改。

要　略[①]

哨探略[②]

南北地方不同,戰陣行兵亦異。苗地山險萬叠,或懸崖絶澗,一線之路,灣曲窵長,或兩傍深箐,或亂石叢雜,或崩溪斷橋,或茂草蓬蔽,或深溝陷泥,無地不可伏兵,無路不可邀截。若哨探不明,誤入其中,既不能用衆,又不能施巧,雖有好漢,前後難援。古云:"兩鼠鬭於穴中,將勇者勝。"我之將士未必人人皆勇,難以决其必勝。萬一前途稍卻,則道路窄狹,人馬堆積,以致自相蹂擠,墜崖墮塹,舉不可知。此孟浪無籌之失也。

今有良法,你們熟記,我兵與賊廝殺,不在能殺賊,先在我不輸。今用兵的事,必要自已萬全,先立於不敗之地,才爲神妙。今且以營兵一千説,每百爲一哨,撥善走膽大步兵一名,配馬兵一名,作十塘,令其前行。或二三里、四五里,凡路傍有山,馬兵不能上去,步人執小號旗一面上山周圍探望,若無埋伏及賊兵在前,即執旗立於山上,馬兵馳回,即報一塘無警,一哨立營。其第二塘又向前,或一二里,或三五里,探望的確來報如前。以次至八、九、十塘,皆如此立營。若十塘已盡,又自一塘捲起上前。若一邊是山,一人可以瞭望二面。若兩面是山,未免見一面不見一面,致有差錯亦未可定。應二撥上一面山,共先撥步人分左右登望:左右皆無警,不必舉號旗;或左邊有警,左邊山上之人舉旗;右邊山上有警,右邊山上之人舉旗。馬兵馳回報知,以便應敵廝殺。如此行兵,凡賊之情

① 【注】本部分以下各篇除《軍機戒飭略》外均收入賀長齡、魏源等編《清經世文編》卷七七《兵政八》,總題作《行軍策略》。各篇題目均以小標題形式出現,正文均删去了有關撫勦紅苗的内容,其他文字上也有較大差異,但主體内容一致。

② 【注】《行軍策略》題作"探哨"。

形我得預知,彼雖邀截佯誘,我已先有不敗之勢矣。倘探兵不虞,突然遇賊,馬兵馳回報知,即相山形布陣,准備迎敵。其步兵一名如走得及,火速走回;如走不及,即潛入深山崖石或草木深茂之地暫爲隱避。一人之身,敵倉卒不暇尋覓,自可免難。如果塘報得實,免被邀截,我兵殺賊有功,即將此塘報之人准頭功賞敍,庶我兵無倉皇卒急之虞。關係重大,故賞獨加於衆也。深入苗穴,照此探行,萬無一失。

申明山谷行營略[①]

山深道險,探兵恐一時搜索不到,誤入伏中,或遮我前,或衝我中,或斷我後。彼以有謀,待我無備,山隘之隔,首尾難援,百步之險,前後莫救,若不預先申明,必致倉皇無措。

凡爾將士今當進剿苗地,山險路生,先將所部兵丁預定兩哨官兵,若逢要險,即令於兩山扎營。若前部一遇有警,即將本哨退入兩傍立營之中,正當路口,包山連原,立住營脚,安排廝殺。賊退則躡其後,後營復如噴珠而出,相連立營,更番迭戰,此反客爲主、我逸賊勞之法也。倘賊自中間突出,我兵即兩頭扎住山險,踞住高陽,以待敵人,相機應變,士氣百倍。彼雖有謀,難施其巧。蓋我兵先立有營壘以待其來,譬之到處有家,自然軍心齊一,不致崩潰,彼此爲援,人膽自壯矣。如賊斷我後,當以退爲進,將後哨作前哨,量留敵兵倒捲而回,彼亦難邀。如遇江河山汊險隘,必先留兵把守,然後再進。歸路要緊,切記切記。山谷行營,無逾此法。此捲簾陣,步步爲營之勢也。

緣兵非久練有制之比,倏忽臨敵,恐易奔潰,收拾自己人心,不得不然。凡行軍者,寧慎毋忽,寧詳無略。爾將吏或别有妙用,本

① 【注】《行軍策略》題作"山谷行營"。

軍門更當虚心受教,其抒獻無隱。

申嚴夜劫三則[①]

一、下營遇夜,凡有要路可通,行走扒越,俱要放卡。其放卡兵丁,謹藏火繩,加謹窺探。如有賊警,放鎗爲號。在營官兵不許脱衣睡覺,甲包打開,兵器在旁,每帳房一人輪遞支更,一有警息,切勿聲張,即時推醒同伴,披甲執械,静坐待敵賊至近處,即放銃發矢。切不可走動,如有動者即是賊軍,即行射殺。總之,遇有夜警,你衆人若安然不動,咳嗽無聲,任他是如何强兵,只好在遠處空喊,萬不敢近我營牆。切記切記。

一、黑夜賊來劫營,或東或西、或南北侵犯營壘,所當之營與未當之别營俱當安静戒嚴,不可妄動。各守營壘至死不移,方爲萬全。若東營不支欲奔西營,不特西營不納,反遭銃箭射死,豈不是自送性命? 所以各營有事,遇黑夜惟有死守,不可妄行。至囑至囑。

一、我們劫賊營盤,去悄悄密密,銜枚潛行,臨伊營盤一半里地,即便放銃,齊聲吶喊,站住不可行動,看他營盤中或亂嘈叫,或亂奔走,即便用力前進,可以全獲;若伊安然不動,久無聲聞,萬萬不可前進,即便結陣速退,不可忽略。至要至要。

申明立表略[②]

一、營盤既定,即於東西南北相地形勢,各立旗表。每表安設撥兵多則二十名,少則十數名,務要弓箭刀銃齊備。其採樵汲牧之兵丁,俱不得擅越旗撥之外,犯者貫耳示衆。仍曉諭瞭哨兵丁,嚴

① 【注】《行軍策略》題作“申嚴夜劫”。
② 【注】《行軍策略》題作“立表”。

加守望,如有過表之人即行查拿。倘狥情疏縱,軍法重處不貸。

申明謹防略[①]

一、苗地大箐深溝,冬氣凛冽,每有霜霧冰濘,白晝如晦,苗人每每乘此攻拿,稍有疏懈,爲害不小。我兵入内,遇有此等天氣,營盤内須要嚴加防範,比黑夜更爲吃緊。其登高放撥兵丁,寸步不可擅離汛地,誠恐一時審視不詳,誤爲所乘。切切!

申明卡瞭三則[②]

一、坐卡兵丁每日清晨登瞭,必俟坐夜卡兵丁至,彼方許歸營;夜卡兵丁至曉,必俟清晨登瞭兵丁至,彼方許歸營。敢有遲違,不俟彼此交替即行離卡歸營者,查出,罪在營將。昨夜雨雪,將弁安眠帳房,竟不念坐夜卡兵丁之苦,及至天明,又不早發登瞭兵丁去换,此輩全無人心,嗣後再如此怠慢,定以軍法重處。

一、登高瞭遠兵丁,遇有苗子二三十人或執器械前來,响鎗爲號,執雙旗向那方指,以便接應。

一、兵丁、僱工擅出卡外者,將坐卡擅放兵丁及出卡之人一體治罪。

申明樵牧三則[③]

一、每日巳時吹海螺三聲,撥領旗一名,帶領五營兵丁二十五名架梁瞭望,各營餘丁、僱工齊出採樵,務足一日之用。午時再吹

① 【注】《行軍策略》題作"謹防"。
② 【注】《行軍策略》題作"卡瞭"。
③ 【注】《行軍策略》題作"申明樵牧"。

海螺三聲,各各歸營。違者查拿重究。

一、每日牧馬、採樵、汲水兵丁、僱工人等,若聽營内鎗砲响及掌號聲,不論遠近,即速回營盤。違者貫耳。

一、馬匹走出卡外者,執一单旗招三下,上流下接,向那方指,即往那方速速去尋。

傳令整暇略[1]

凡遇對敵之際,必先留有餘地,兵有餘備,方免臨事倉忙。兩軍既舉,固應大勢齊上,然前面之隊務要疏匀,後尚留五七隊整齊者以待,一則可助前隊之威,一則可以更番迭戰,一則我有餘備可以接應出奇矣。倘若一概向前,未免挨擠,反多碍手,且無表裏相依出奇之勢。此臨機决勝之秘法也,爾將士各宜牢記。

軍機戒飭略

爲萬分切要軍務事。

照得我兵營盤聯絡數十里,聲勢不爲不壯,其間寫遠難顧,空隙儘多。苗路甚熟,我路甚生,今近營苗子寂然遠遁,顯有不測陰謀。況我等下營之處兵數之多寡强弱,不是近營苗子透信,即是假來投誠、假做買賣以及奸頑苗子竊來窺探,萬一乘懈竊發,夜間偷出,深爲可虞。合亟飛飭,爲此牌仰該協將備照牌事理,務於我兵立營處所俱要日間瞭哨,夜夜於要口遠遠埋伏,日夜交代,俱要先出後歸,替換明白,勿遺毫髪空隙。一有警息,即便放鎗爲號。苗子若走,黑夜不必追趕;若來攻營,必要奮勇廝殺,如怠玩無備、廝殺不力致苗得計者,定按軍法。此番申令,勿比尋常,慎之凜之!

---

① 【注】《行軍策略》題作“傳令整暇”。

埋伏略[①]

行兵之道,貴知地利,地利不明,萬難出奇設伏。所到之處,守土者先將彼處山川險易形勢繪成圖本,繪圖之法必如天上之看地下,極其明白,山山水水,不可混淆,更不可巧飾點綴以圖壯觀。必將我兵應由某處而進,某處可守,某處可伏,有無分途暗度之處,某處可以合師歸一,某處可以決戰,賊兵必由某處而來,某處可以埋伏及有無傍徑抄出我後之處,若在某處對敵我兵宜占某處可得地利,某處山險谷深、有無林木、其中寬狹若何、可以伏兵若干名,一一注明,獻之大將,大將參以己見,詳加斟酌。如伏處在我去路之中者,設伏以爲佯輸夾攻之用;伏處在敵路之中者,設伏以爲傍出邀截之用。隨機應變,密書錦囊,心腹能將密密埋伏,多帶金鼓、旌旗、鎗砲爲亂敵心眼之具。而起伏之法亦必預爲約定,只看某山之上放某樣砲幾聲、晝揮白色旗幾次、夜懸紅燈幾盞,二者一時並舉,方可起伏。恐敵兵多詐,或見地勢可疑無故放砲,或着人執旗登山瞭探,一有暗合,我兵遽起,兵失事機矣。至若狡苗或聚或散,據極險之處吶喊放鎗,誘我去攻,彼則速退,俟我方回,彼又假追,追必吶喊張勢,退必沿途暗插毒簽,伏草隘口以待我兵入險則爲得計。如我勢大攻急,彼則騎草馬滚岩而遁。總之,苗敗不可追,即欲追,必須分兵三路,一路從中追苗,兩路於左右兩傍山上架梁而行,則苗雖狡無能爲也。大凡我兵進退,非架梁不可。爾各將領遵行。

遊兵略[②]

大軍未進,威武先張,其在遊兵之法歟。必左右各立頭隊、二

① 【注】《行軍策略》題作“埋伏”。
② 【注】《行軍策略》題作“遊兵”。

隊，各統以驍將，爲之張兩翼而前驅之。一可哨探敵兵之至止，一可搜羅敵兵之有無埋伏，一可猝然遇敵挾我大軍而飛擊也。如頭隊遣去遊巡，則二隊翼我左右而行；頭隊遊至若干里立營，及至其營，二隊又前去遊巡，頭隊又可翼我左右而行；二隊遊至若干里立營，頭隊又如前法而行之。往回環護，絡繹不絕，則左右遊兵雖各止二隊，而師行千里皆有翼焉。且一住一遊，更番迭進，尤無疲乏之虞，各營須知。

分敵略[①]

臨陣分敵之法有二。一爲兩軍遇於平原之野，賊分幾股而來，我兵亦分幾股以應之，只須一登高阜，賊之來勢概可見矣。平地分兵亦易爲力，即或前後有賊，我兵亦可從中而分，前軍敵前，後軍敵後。惟指麾舒徐，不可倉忙失措，轉前以敵後也。一爲兩軍遇於山險之中，我兵一股而進，賊若按彼山頭分股而來，我則急切難見，只到股股賊出山頭之上，[②]山山有賊而下，我方見之，一時分兵不惟不易，抑且四環皆山，急難展轉，即至展轉分敵，賊已據高趨下，易至轃面，不無措手不及之虞也。嗣若會戰於山險之中，除迎敵大軍仍照大勢前迎之外，先看我兵四傍有山可以撲賊來路者，按山派定股數，分頭而進。倘賊亦派股數而來，自可頭頭相對；倘賊未派股數而來，則亟難分敵，措手不及之虞，皆賊之所短，我之所長矣。又除派股之外，大將必登最高之山，將自衞之兵分爲幾隊，每隊統以能將，嚴整森立。遥觀我兵某股與賊相遇之情形：如隊伍舒展，意氣勇躍，則知此股必勝；或見某股步趨踉蹌，行伍失列，則知此股必怯，急命環侍之能將率隊以助之。或見賊之某股倍於我股之兵，亦

① 【注】《行軍策略》題作"临敌布置"。
② 到：疑爲"道"字誤。

命環侍能將率隊而倍之可也。然分股迎敵之時,亦有可講之道。我兵方至山頭,賊已至我山下,我則拒山不下,待賊上至半山,我兵即發山上木石而擊之,不惟力易工省,且木石滾擂傷之者衆。再令鎗手每人多備小草束以塞堂口,便放"滴水鎗",不致吐子也。如賊尚在山頭,我兵至賊山下,則故爲怯回之狀,引賊下至半山,我兵平鋪急上以攻之。蓋我怯回者,一則離其山溝免受木石之擊,一則引賊失險且無木石可擊。倘賊鎗手未備草束,更不能放"滴水鎗"也。各協將留心。

餘兵擄獲略[①]

當兩軍交戰之際而我前軍得勝,止許追奔逐北,隨敵掩殺,其有賊棄輜重、牲畜,以及洞寨之中倉庫米料、財貨、子女之類,一概不許瞻顧。一恐縱敵远飏,收拾散卒,仍成勁敵;一恐彼此爭取,錯亂隊伍,賊或反戈相向,中其餌敵之計矣。各當嚴戒前軍,只管追殺,責令餘兵沿途擄獲,俟營立定,盡獻大帥之前,分上、中、下等次,上者賞得勝之前軍,中者賞擄獲之多者,下者分賞在事之全軍或留後充賞。敢有隱匿,訪首得實,其物雖微,法必處死,其隊目及同窩鋪之人一體連坐。如有一人出首者,賞此一人,餘免坐。

安置傷兵略[②]

大凡臨敵帶傷者,皆係好漢子,肯向前廝殺之人。如前隊打仗有人帶傷者,急令臥倒,不可亂動,待戰後令人扶掖送至老營,或送至舟次,留一親厚之人調理,撥醫救治,其金鎗等藥必須預備。一

① 【注】《行軍策略》題作"餘兵擄獲"。
② 【注】《行軍策略》題作"安置傷兵"。

營之中尤宜耑委老成仁厚者一人,以司其事,尤宜即照所定頭、二等傷之賞格現發以資日用,時賜恩問,免人輕忽。痊日重賞重用,以勵士氣。倘成廢疾不能用武,永當留營食糧以資暮年之養,以固後人用命之心可耳。

騰營伏路略[①]

兩軍相遇而陣,或我軍遠來初至之夜,或對敵勝負未分之夜,或我分兵别往之夜,或風雨陰晦之夜,或我軍偶有憂戚之夜,或軍中有賽神晏樂之夜,敵人皆有偷營劫寨之謀,乘我疲懈無備耳。務必觸景驚心,晝示極疲、極得意、極淒凉之狀,至晚則必騰營設伏,虚立旗幟營中,燈火明滅相間,不廢更鼓以待之。四路密布,聽静鎗手或三名、五名,俟敵入套,約以三鎗、五鎗按數齊放,伏兵聽其鎗數相符,然後四圍齊起。若不約定鎗聲响數,恐敵尚未入套,自鳴數鎗以爲驚探我兵之意,伏起殊無益也。若伏起邀截,大營之兵從後掩之,但恐黑夜莫辨,令我兵各含一蘆筒吹之,庶不爲所誤。惟是我兵進止一日,行程幾何,苗能預計之;我兵下營之處,苗亦預知之;其下營之山險可伏處、樵汲必至處,苗皆得而料之也。蓋我兵必須循路繞山,順箐而行,苗則無路之山皆可抄徑越險而行也。每於我兵下營之後,或於樵汲之處,或於左右前後山險之處,三三五五晝伏夜起,放鎗吶喊,誘兵出營搜捕,伏草竊拿人畜,一爲驚擾之計,使我疑畏不能久留。我若未曾移師,即先詢鄉導,計其下營之地而後移,一至其地,相其險易,樵汲之處可設伏者,即先密爲設伏以待苗之來,則先手在我矣。其騰營伏路之法頻頻而行,不可厭煩憚疲也。

再,我兵力單弱,或我大軍不繼,前軍勢孤,敵倚大勢來壓,則

① 【注】《行軍策略》題作"騰營伏路"。

有衆寡懸殊,退之不可,拒之難敵,亦可以用騰營伏路之法。必先探聽確實,計其遠近,敵若日暮可至,則我謹閉寨栅,虛設旗鼓,以張死守卒然難犯之勢以疑之。我卻騰兵伏於四險,俟敵主持不定、自然安營於將安未定之際,而我四險鎗砲齊鳴以驚之。敵若錯亂,則乘勢起伏以擊之,我逸彼勞,可收以寡破衆之功。敵若敗退,尤先於林木叢密、高山深澗處,皆宜多張旗幟燈火,亂鳴金鼓鎗砲,不惟可助我勢,可亂彼心,抑且使敵不知我兵多少,不敢再來矣。若計道里,敵可晨午而至,則我連夜移營於三二十里有險可伏之地,照前騰營設伏之法,使敵見我空營爲怯,必來追我,及至我營亦日暮矣,一如前法行之可也。蓋寡勝衆,非日暮不可。如遇草木叢密之處,因風縱火,更易爲力。

得勝戒嚴略[1]

我兵既獲全勝,追敵不過餘威耳。倘緊追之際,賊忽立住不動,非有接應兵至,即係前有險阻不能急遁故也。我若緊追,乘其偶住而擊之,賊有接應,則我從新又決勝負。我以戰困之兵,賊以生力之卒;我以既勝而驕之心,賊以救死洩忿之志,我再勝不過追奔逐北耳,敗則前功盡棄矣。

賊遇險阻,既不能前,又難傍遁,勢窮死戰,人人一心,以我成功之卒對賊拚命之兵,先已自不檢點、自失便宜矣,况犯"窮寇毋追,先死後生"之忌乎!惟可隨後尾追,令其自相踐蹋,收其輜重降卒。如賊立住不動,我既收兵,扣賊所住之處即下營盤,晝則多竪旌旗,夜則多張火鼓,洗放鎗炮,號令嚴明,人馬喧閴,金鼓應節,兩傍密布伏兵,四遠暗設聽静鎗手,而戒嚴之令較未曾勝敵之時尤加嚴緊,一則以防偷劫,一則以勵驕玩也。

---

① 【注】《行軍策略》題作"得勝戒嚴"。

再書招撫檄文射入賊營，或遣能辯之士曉以利害，示以誠信。賊以垂頭喪氣之餘生，見此堂堂正正之威勢，驚心眩目，勝衰相形，一夜思量，已無堅志，及聞招撫，不散即降，獲萬全而收必成之功者，此之謂也。而扣賊下營之法，初立營盤，不妨數層於其中，倘賊一日不見動静，至晚抽出一層，於肘腋之外又下一營；二日不見動静，又抽一層，於外又下一營，賊必謂我兵力日添，其心愈散，其功愈速，是亦虛虛實實之變法也。

受降備兵略①

古云“受降嚴於受敵”，蓋謂受敵已嚴矣，而受降尤宜嚴也。受敵彼此皆有殺心也，皆戒嚴也。若受降不嚴，彼有疑畏而我多驕玩，設有不虞，變起倉卒，莫之能禦矣。務必先察勢之强弱、情之真僞，確有可信，然後准其投誠，定以期限。如期嚴整營伍，令有氣象奪人之勢，後設重兵，壁外張兩大隊翼於大營左右之前以待之，更宜侍衛森立，使不能見幕後之有無。司執事者各司其職，如不見不聞者，不許交語聚觀，致失位次。俟至兩翼處，掌號發金鼓三次，陞砲大坐，威儀整肅，方傳號令，降兵立住，傳渠目解去什物，先行入見。撫慰事畢，呈上所降官兵、馬匹、器械、糧草數目册籍，給以免死文牌，令渠目持去宣諭。各降兵盡去什物，交我執事人員收管，方令率至轅門外匍匐聽撫訖。渠目或賞給衣帽，或給牌扎。各降兵或量賞米肉以示恩信，差委能員詢各降兵，願歸農者另立一傍，聽候填給文牌，交地方官遣發回籍安插。其文牌皆需预備，止填姓名、籍贯，以速遣爲宜。願爲兵者另立一傍，伺候分派我兵隊中，聽我將弁參雜管領。尤必營隊相隔，不可令聚一處，密加隄防，毋令時常聚語。渠目照以給扎品級，每日隨我將弁班次待茶，略無異

① 【注】《行軍策略》題作“受降謹備”。

同,或擇内中有才技、忠誠者一二先用之,以繫衆心。兵丁遇缺補伍,亦先補一二以示必用。嚴諭我兵不可欺生淩辱,不可對降兵誇詡勝敗之事,不可妄以降卒之名呼之,恐惱羞成仇也。至若大敵未滅先有來歸者,非識時務之士,即有嫌疑之人,又當寬其禮數,嘉與維新,厚賞重用,不撤其兵,不廢其權,以廣招徠,總在經權之得宜耳。至於苗降,則整威儀,張旗鼓,陞砲大坐,令其膝行聽撫,猶宜詰責前非,曉以利害,以攝服凶頑之心,然後准披剃,賞花紅,給順字旗牌,盡其套數而已。或有據險勢窮糧盡而請降者,必須先令有名苗頭縋下爲質,然後遣能幹文武上寨查驗人口、牲畜數目,勒令獻出從前作惡、拿我官兵之首惡數人正法梟示,方准招撫,追其器械,遷徙巢穴,斯亦可矣。

辨苗紀略卷之八

目　録

出师文武官員銜名

欽命總統三省滿漢官兵議政大臣經筵講官吏部尚書兼管禮部尚書事　席爾達
參贊副都統　圖思海④
參贊副都統　徐九如
鑲黄旗内府護軍參領　齊寇

① 出征各標鎮協營：原作"馬步戰守"，據正文標題改。
② 路程：總目録作"苗地路程"。
③ 附苗納糧數目：正文標題作"共三百一十三寨"。
④ 圖：原作"屠"，據卷三多次出現之"圖思海"及通用寫法"圖思海"改。

正白旗護軍参領　葉成格
正黄旗護軍参領　恩德爾根
詹事府諭德　覺霍拓
兵部郎中　阿玉璽
兵部員外郎　岳來
禮部筆帖式　恩格　劉格　阿士達
户部筆帖式　傅璽
兵部筆帖式　德格
鎮守荆州副都統　朱滿
正白旗佐領部委前鋒　噶喇大拉虎塔
正黄旗拖沙喇哈番品級章京都委前鋒參領　巴達世
正藍旗拖沙喇哈番品級章京部委前鋒參領　倪哈達
正紅旗佐領部委夸蘭大　折庫納
正藍旗佐領部委夸蘭大　龍福
鑲黄旗佐領部委夸蘭大　彭色
鑲藍旗佐領部委夸蘭大　爾德赫
镶白旗佐領部委夸蘭大　蘇爾八代
正黄旗協領部委夸蘭大　洪科
正白旗協領部委夸蘭大　羅敏
鑲紅旗協領部委夸蘭大　盧海
御發前锋八旗擺牙喇四十员
總督湖廣等處地方軍務兼理糧饷兵部左侍郎兼都察院右副都御史加七級　喻成龍
巡撫偏沅等處地方提督軍務兼理糧餉都察院右副都御史　趙申喬
提督湖廣全省軍務統轄漢土官兵兼軍衛土司控制苗彝節制各鎮總兵官左都督加三級　俞益謨
提督貴州全省軍務管轄漢土官兵控制軍衛苗彝總兵官左都督　李芳述

提督廣西全省軍務統轄漢土官兵總兵官左都督世襲拖沙喇哈番仍
　　帶餘功三次　張旺
鎮守鎮筸等處地方總兵官　雷如
鎮守襄陽等處地方總兵官　張谷貞
副將四員
　　長沙協副將　高一靖　　九谿協副將　韓永傑
　　辰州協副將　趙文璧　　寶慶協副將　許士隆
參將五員
　　武昌參將　周應武　　天柱參將　吴郡
　　興國參將　陳嘉謨　　臨藍參將　費成啓
　　宜郴參將　王廷瑚
遊擊十三員
　　督標左營遊擊　楊潢　　撫標右營遊擊　胡璉
　　提標左營遊擊　蕭之盛　　右營遊擊　李得勝
　　後營遊擊　陳大勳　　彝鎮左營遊擊　吴豹
　　右營遊擊　李世邦　　筸鎮左營遊擊　火運升
　　右營遊擊　史讚　　襄鎮右營遊擊　張國
　　永鎮右營遊擊　王佩　　竹谿營遊擊　黄助
　　永定營遊擊　包成
都司三員
　　靖五協都司　王國寶　　沅州協都司　牛射斗
　　衡州協都司　劉俊
守備十七員
　　督標中營守備　李光琛　　左營守備　方以純
　　右營守備　田鳴玉　　偏標左營守備　王定
　　提標中營守備　俞禮　　左營守備　盧天培
　　筸鎮中營守備　常國柱　　左營守備　丘治國
　　黄州協守備　吴日光　　鄖陽協守備　姚光憲

九谿協守備　謝瑛　　安隆營守備　王繼偉
荊門營守備　唐膺功　　澧州營守備　吴自道
荊州營守備　孫翩揚　　襄城營守備　孫可宗
兩桂營守備　申曒

千總五十三員

督標千總　郭廷祥、張光玉、張大用
偏標千總　王自倫、閻得功、杜凱、張望
提標千總　楊傑、楊永茂、張禎、孫承爵、陳國相、陸洪、楊嘉善
彝鎮千总　杜文英、王國興、劉培、周天貴、黄甲
篁鎮千總　趙澤玉、張天保、楊偉
襄鎮千總　李白虎、陳會吾、黄盛清、李大楫、鄧華俸
永鎮千總　李進福、蔡得明
辰州千總　李大才、蕭成
鄖陽千總　任尚禮
沅州千總　楊喬
九谿千總　張雲先
臨藍千總　蕭時節
武昌千總　王國佐
澧州千總　趙祥
宜郴千總　劉雄
德安千總　劉必朝
天柱千總　周昌
興國千總　蔡科
均房千總　敖耀龍、柳繼明
永定千總　王得貴
施州千總　王士斌
武岡千總　郭三
竹谿千總　謝從德

竹山千總　徐大奇
常德千總　侯宗周
荆門千總　曹輔
遠安千總　王明遠
襄城千總　陳之連
蕲州千總　李世忠

把總七十二員

督標把總　潘士洪、王才、任養明、黄雄、魯佳藩、嚴登科
偏標把總　李啓才
提標把總　姚上選、鄧洪、黄紹、柳存桂、梁虎、蔡賓芳、靳國柱、李元臣、徐英、趙順、李俸奇、范國斗
彝鎮把總　姚希友、汪國佐、王鳴鶴、劉國、劉希義
鎮筸把總　周國玉、趙四、張榮、陳禮連、陳天才、高選
襄鎮把總　邵淩雲、劉英、何世先、白人仙、蘇凱、郭凱
永鎮把總　張玉、王大喜、侯得、楊正福
沅州把總　何友、余士成
鄖陽把總　楊大名、劉應鳳
寶慶把總　周光雲
黄州把總　黄泗益
九谿把總　陳啓
長沙把總　余勝
靖五把總　余本友、郭之奉
辰州把總　劉玉
衡州把總　趙得勝
均房把總　余成、劉一明
宜郴把總　金勝
荆州把總　陳太
岳州把總　張子林、張文魁

德安把總　聶聯
兩桂把總　王連
武昌把總　陳金秀
臨藍把總　張鳳鳴
宜都把總　程龍
襄城把總　鍾友信
竹山把總　朱倫
遠安把總　黄文英
竹谿把總　李自榮
武岡把總　王受福
施州把總　羅名揚
永定把總　徐自友
漢陽把總　尚文新
道士洑把總　羅士升

報部自備鞍馬隨征效力原任雲南沅江協副將一員　王志

前經報部有名現在自備鞍馬隨征功加官四員

提標功加候推署副將　羅文燦
永定功加都督僉事　李世選
大同題帶來楚功加候推千總　林雨、劉之珺

前經報部有名現在自備鞍馬隨征外委千把總三十四員

王印、台鼎、張有福、畢業、張繼程、袁文廣、魏際泰、王義勝、張奇策、王材、耿可仰、李國祥、李林、包延嗣、何起鳳、郝賢蔭、俞汝亮、趙國蘭、畢正公、趙璉、郭玉、劉源貴、李銀、秦祚昌、霍昇、温憲、趙禄、劉漢、成鳳儀、王懋勳、趙錦、王孫藻、張維城、王大威

現在自備鞍馬隨征外委人員

提　標　羅慶、宋應弼、趙國腆、李虎、馬名驥、康禄、李大林、王豫、徐宗儒、郭紹儀、黄文郁、張祚、王家材、魏昱、

蔣勤、李信、李國禎、姚宗唐、李吉、李鍾榮、王修仁、蕭以賢、陳世璟、王倫、陶啓虞、邢晉、劉德、張鳳翥、馮全才、郭英、句寶書、崔應隆、張天柱、方榮、彭珍、安漢文、許光先、周開泰、支嘉善、吴國昇、梁國俊、李才、王應珍、祝起龍、郭維垣、王廷柱、梁正邦、張進賢、劉朝相

南撫標　陳賜、許煌

彝　鎮　周勝、歐陽盛、韓永祚、劉永忠、陳邦賢、何啓秀、藍如韓、于文進、楊鑑、李得明、張維鼎、李先龍、李尌陞、鍾極明、朱世鳳、李象陞、何世泰、方開泰、何芳秀、楊彦西、楊清、陳宗皋、劉名鑾

辰州協　郭方泰、劉之城、王之綱、達齊賢、陳之琥、李尚義、陳起鳳、陸焕、左朝祥、趙國光、周天擎、蕭世榮、許世泰、許共學、陳光祖、吴興業、陳孟榮、任吉善、陳猷

沅州協　祁九霄、牛文花、王禎、李國榮、周得功、石君錫、申章榮、郭進美、麻德乾、楊春生、楊春、韓開國、賀爾節、楊庭芳、胡元

靖五協　王希聖、賈林、陳王、劉鎮德、劉鎮猷、劉鎮功、王存義、王希賢、許忠、徐志、王國興、鄧宇、趙鐸、趙銓、趙欽、王懋德、劉天祥、李文尉、馮相、劉英、閻梅、劉天禄

九谿協　韓忠、丘福、趙順、陳友功、任捷、韓勇、趙勝、俞維屏、周德、劉喜、趙威、王正、蔡福、趙國柱、馬平、馮德、趙成龍、賴春、崔義、唐勝、林茂、杜明、周德政、萬世勳、包蘭馥、張世奇、高捷、史明

寶慶協　陳禮、朱國祥、李上齡、張得功、林楝、周國禎、徐世奇、張國珠、黄懷鞠、成翥、劉啓元、危天熾、戴澤遠、

童上達、李友才、蔡弘德、段加恩、鄧奇、王元、程登魁、吴士弘

衡州協　靳耿光、王爵

長沙協　邊偉、高攀聯、邊信、任一穀、高士芳、邵秉貴、常弘運、高夢懷、火秉彝、高摘桂、火應禮、吴國椿、姚公揆、王之屏、王翰、田見龍、王之藩、王敬臣、陳祥麟、雷士孔、王帝錫、楊洪譽、徐名志、陳應朝、何之忠、王澤仁、張榮貴、王瑞璋、袁中玉、郝自聖、黄文中、馮應舉、温綏遠、李三元、邢啓元、范士元、馬玉、火謙

鄖陽協　徐大擎、顧翰章、馮世勳、徐勇、吴仁、崔應科、吴養志、崔應贵

黄州協　周天爵、方榮、郭奎、李銓、趙忠、趙國昌、段嘉恩、許必成、蕭世顯、王言、蕭世傑、孫斌

天柱營　俞汝翼、孫昌祀、趙良才、皇甫錫、王之瑞、許大成、阮弘俊、許世盛、陳輝祖、馬廷柱、洪木、陳榮祖、劉茂、王之貴、祁有皋

臨藍營　李見隆、王揚武、劉鐸、王恭、張進爵、劉得勝

宜郴營　王順、趙盛、李俊、黄進、丁順、韓開遠、王祥、趙景、周弘、高乾、韓泰、吴錦、陳勝、吴輝先、劉琪

永定營　張文魁、俞維籓、李國、畢復新、史彪、吴成恩、周雄、劉琪、吴輝先、康德、李虎、趙貴、谷應祥、劉玉、吴基、王承勳、蕭之昌、張之英、吴聘、張明、楊榮[①]

均房營　張奇、楊喜、張初、張廷、楊瑞、楊加、歐明、丘振、歐陞、張貴、陳進、陳星、黄棟、陳相、吴秀、吴仁、鄧來、蕭俊、何信、王超、劉勝、林政、謝吉、李儀、耿

① 劉琪、吴輝先：上文“宜郴營”中亦有“吴輝先、劉琪”，當非同名，應爲重複記載。

忠、彭琮

荊州營　王璋、孫廷秀、靳臣、來文龍、楊光大、芳珍、粟聖、趙之珍、王琦、趙璧、陳龍、王定國、牛尚賢、楊錦

興國營　盧彬、陳瑛、陳璉、李元臣、趙發甲、陳貴、姚有功、張林、金秉乾、郎嘉貞、鄧位中、宋元獻、韓應捷、彭夢熊、劉貴、馬騰英、蔡英、吴克生、趙昌、尚瑞、丘武、李良、盧連、趙鋐、張維翰、徐忠、吴亮、吴宗宇、謝斌、徐大綸、顧翰鼎、馮世傑、譚學敬、羅焕、盧林

武昌營　蕭鵬、董世奇、羅緯、寧學顔、馬三進

竹谿營　黄天錫、崔蔭隆、黄勉捷、曾殿權、魏良、黄元懿、曾成功、聶昇、梁俊、祖應麟、張瑄

辰州協自備鞍馬隨征效用武舉一名　俞汝欽

天柱營自備鞍馬隨征效用武舉二名　趙文清、趙文勳

自備鞍馬隨征效用武生一名　郭際泰

奉調出征土司官　寶靖宣慰司彭鼎、永順宣慰司彭弘海、容美宣慰司田昞如

十二月十六日上天星寨弁兵姓名

把　總　蔡賓芳、黄紹

外　委　馬名驥、康禄、李銀、秦祚昌、李大林、劉琦、宋應弼、羅慶、俞汝亮、李春、梁肯堂、崔鼎、張福良、楊通、賀培基、郝滿倉、吴國昇、夏啓鳳

十二月二十一日上寨弁員　沅州協千總黄子清、把總蔡賓芳

出征運糧各員銜名

署辰沅靖道事衡永郴道　張仕可

黄州府同知　蔣尚忞

衡州府同知　盧成德

黄州府通判　周華

衡州府通判　張陟

岳州府知府　楊天寵

寶慶府知府　董紹舒

常德府知府　王許

長沙府同知　馬世永

常德府同知　劉兆麟

會同縣知縣　鄧士鵬　　天柱縣知縣　哲爾肯

沅州營守備　賀爾熾

招撫苗寨官弁姓名

署辰沅靖道事衡永郴道　張仕可

沅州協副將　韓琪

南撫標右營遊擊　胡璉

鎮筸鎮左營遊擊　火運升

督標左營守備　方以純

麻陽縣知縣　張五福

沅州協千總　黄子清

筸子司　土官田仁心、巡檢田弘印

外委官　毛福、陳鵬

撫　弁　楊偉、侯尚國、侯尚爵、張從耀、周大、姚滿、向進臣、譚世仁、田弘爵、田弘道、舒一盛、金之昌、胡景葵、張將、向儒元、張弘任、段可加、張弘暹、秦廷極、梁正忠、陳一美、梁正高、吴自强、梁永寧、梁國秀、譚鵬、熊正臣、孫頂元、宋純漢、宋弘軒、孔鼎元、孫見林、梁勝坤

哨　官　滕可欽、吴朝貴、曾自成、江天心、何逢元、王占魁、闕世信、楊象玉、傅天元、吴董管、吴正闕、陳于舜、吴正藩

苗　把　寥四保、吴老尚、吴老友、吴老求、吴使保、吴老三、吴老四、洪勝文、田仁傑、林茂先、龍老三、龍老六、龍老哥、龍四保、龍把約、龍豹子、龍老元、龍志寰、胡有禄

練　總　張華榮、孔國乾、田養世、高承位

百　總　張啓鳳、李之茂、周友才、裴元

領　旗　吴貞、麻重慶

出征各標鎮協營兵丁數目

駐荆滿洲兵丁一千名

總督標馬步戰守兵丁五百五十名

偏撫標馬步戰守兵丁四百七十名

提標馬步戰守兵丁六百五十名

題帶來楚大同馬戰兵二百五十名

鎮筸鎮馬步戰守兵丁八百名

彝陵鎮馬步戰守兵丁六百名

襄陽鎮馬步戰守兵丁四百一十六名

永州鎮馬步戰守兵丁三百二十名

辰州協馬步戰守兵丁二百一十六名

沅州協馬步戰守兵丁二百名

靖五協馬步戰守兵丁一百六十二名

寶慶協馬步戰守兵丁一百三十二名

衡州協馬步戰守兵丁一百四十名

長沙協馬步戰守兵丁二百六名

九谿協馬步戰守兵丁一百五十二名

鄖陽協馬步戰守兵丁二百四十名

黄州協馬步戰守兵丁一百四十四名

天柱營馬步戰守兵丁一百四十名

澧州營馬步戰守兵丁一百三十名

岳州營馬步戰守兵丁一百一十四名

宜郴營馬步戰守兵丁一百三十四名

臨藍營馬步戰守兵丁一百三十四名

兩桂營馬步戰守兵丁一百一十二名

德安營馬步戰守兵丁九十二名

均房營馬步戰守兵丁一百二十六名

武昌營馬步戰守兵丁一百三十名
興國營馬步戰守兵丁九十六名
荆州營馬步戰守兵丁一百一十四名
常德營馬步戰守兵丁五十名
武岡營馬步戰守兵丁九十六名
永定營馬步戰守兵丁一百六名
荆門營馬步戰守兵丁一百三十八名
宜都營馬步戰守兵丁四十六名
遠安營馬步戰守兵丁一百二十名
竹谿營馬步戰守兵丁一百二十名
竹山營馬步戰守兵丁一百二十名
施州營馬步戰守兵丁一百二十名
襄陽營馬步戰守兵丁一百三十八名
安陸營馬步戰守兵丁五十六名
漢陽營馬步戰守兵丁五十六名
蘄州營馬步戰守兵丁五十六名
道士洑馬步戰守兵丁五十六名
襄陽鎮自帶馬步戰守兵丁五百名
貴州馬步戰守兵丁五千名
廣西馬步戰守兵丁二千五百名
永順司土兵一千名
保靖司土兵八百名

路　程

常德府往鎮筸陸路：府城十里車橋寺，十里至南湖坪，十里至河洑山，十里至陬市，十里至吕正渡，十里至黄土鋪，十里至古司鋪，十里至桃源縣，二十里至白馬渡，三十里至水溪塘，十里至同仁鋪,二十里至鄭家驛,二十里至羯羊鋪,二十里至長板鋪,十里至新店驛,二十里至太平鋪常德頂塘,二十里至楊家鋪辰州頂塘,十三里至官庄鋪,八里至介亭驛,九里至親捷鋪,七里至馬鞍鋪,十二里至獅子鋪,六里至楠木鋪,七里至羊寶鋪,十一里至馬底鋪,九里至白物鋪,十里至松溪鋪,九里至淘飯鋪,八里至灰窑鋪,七里至長田鋪,十里至辰陽驛,十里至苦滕鋪,十二里至清水鋪,七里至仰溪鋪,九里至麻溪鋪,十里至楊溪鋪,十里至狗尾鋪,十二里至船溪驛,九里至散水鋪,十里至干溪,十一里至十里鋪,十里至辰溪縣前鋪,過河十里至潭灣,十五里至石馬辰州頂塘,十里至梅河塘鎮筸頂塘,十里至九溪灣,十里至黄桑嶺,十里至爛泥塘,十里至袁坪塘,十里至高邨,二十里至岩門,十里至楊柳坪,十里至石羊哨,二十里至五寨司城。以上共六百二十一里。①

常德府往鎮筸水路：府城十一里青泥灣,十里至龍灣頭,二十里至河洑山,十里至陬市,十里至楊州,十里至貓兒巢,十里至桃源縣,三十里至乾灘,三十里至白馬渡,十里至故鄉,十里至沙羅,十里至穿石,二十里至新湘溪,十里至仙人溪,十里至水星寨,十里至羅家灣,十里至大敷溪,十里至高都驛,十里至界首塘,十里至甕子洞,十里至麻伊洑,十里至瀾子灣,十里至雷回塘,十里至洞庭溪,十里至青浪,十里至大晏塘,十里至怡溪塘,十里至麻布淇,十里至朱弘溪,十里至北溶,十里至楊家潭,十五里至梅子溪,十里至九磯塘,十里至焦溪塘,十五里至東闢卡,十里至津頭塘,十五里至要溪,十里至窩沱塘,十里至小龍溪,十里至秤鉈山,十五里至白沙塘,十五里至新女塘,十里至白岩塘,十里至江東,十五里至張家溜,十里至辰溪縣,十里至潭灣,十里至石馬,十里至梅河塘,六十

① 【注】根據文意,常德府往鎮筸陸路共六百二十一里,下文常德府往鎮筸水路共六百九十里,應當没有計算"府城十里"和下文的"府城十一里",否則具體里程數與共計數就無法一致。但文中既已列出府城距下一站里數,卻没有計算在内,不知何故。

里至高郡,四十里至石羊哨,陸路二十里至鎮筸五寨司城。以上共六百九十里。

第一,鎮筸鎮城出邊牆往苗寨路徑:

鎮筸鎮城南十里涼水井,十里永安哨,七里全勝營,七里苜宿沖,四里總兵營,二里永寧哨,十里王會營,十里亭子關,十里安靜關,出邊牆十里永靖墩接苗寨。以上共八十里。

鎮城西二十里岩坎營,出邊牆十里都利,十里古桑營接苗寨。[①] 以上共四十里。

鎮城西北二十里岩坎營,十里盛華哨,[②]十里老堡子,出邊牆十里都溶接苗寨。以上共五十里。

第二,鎮筸至乾州路徑:鎮城北十一里八分長寧哨,十里清溪哨,十里由黄岩江靖疆營,十里由高樓哨土人營洞口哨,十里老虎井,十里筸子哨,二十里乾州,西出邊牆接苗寨。以上共八十一里八分。

第三,鎮筸由箭塘、岩板溪至天星寨路徑:五寨司大橋六里四分圻溪,五里四分長寧哨,六里二分殺牛坪,二里朝陽營,十里零四分箭塘營,七里八分香爐山,四里七分魯頭沖,五里四分龍井,一里二分木里,六里六分岩板溪,三里上大山坡新寨,六里二分塘寨,三里老寅寨,一里火掠坪,[③]四里六分岩口,三里四分敖林寨,三里至駐軍營盤。以上共八十里零三分。[④]

第四,筸子哨出殺苗坪至池河營路徑:筸子哨出邊一里五分殺苗坪,一里救事坪,五里二分火麻營,[⑤]三里四分泡水,三里七分上麻沖,四里地良坡,三里二分小地良坡,二里三分白菓窑,二里四分欙木營,五里大塘,五里一分鴨保,四里六分木首寨,三里龍

---

① 古:本書前附《苗寨全圖》作"枯"。

② 華:本書前附《苗地情形圖》作"化",《苗寨全圖》亦作"華"。下同。

③ 掠:本書前附《苗寨全圖》作"略"。

④ 三:原作"二",當爲計算有誤,上文具體里數合計八十里零三分,據改。

⑤ 營:本書前附《苗地情形圖》作"營",《苗寨全圖》作"沖"。

蛟洞，三里五分重寨，二里九分兜沙，二里六分下葫蘆寨，二里二分上葫蘆寨，三里小池河營，三里九分池河營。以上共六十二里五分。

第五，㯶木營由大塘分路至天星寨路徑：㯶木營五里大塘，三里二分桃花寨，四里一分臭施寨，三里八分至駐軍營盤，對箐是天星寨。以上共十六里零一分。①

第六，駐軍營至天星寨路徑：

駐軍營二百四十八丈下至箐中溝口，又下九十丈到河底；自河底上五十四丈至馬頭坳，從此上寨側邊路二十丈，頭欖梯長一丈五尺，二欖梯長三丈二尺，三欖梯長一丈五尺；梯盡，又自岩邊上二十丈至寨頂。

頂中下東坡二十丈，沿邊有水泉一個，如碗大，一起可足十家造飯，續取續有。

頂中下西坡二十二丈，岩次有水坑一個，岩上滴水如線，一起可供二十家造飯，續取續有。

第七，鎮筸至茶山路徑：鎮筸城三十里四分箭塘營，三里千公坪，四里齊頭樹，八里毛都塘，五里過深箐上坡到茶山。以上共五十里四分。

第八，鎮筸至馬鞍山路徑：鎮筸二十里朝陽營，十里盛華哨，三里新洞，上坡五里石灰窑，三里冒頭溪，五里馬鞍山。以上共四十六里。

第九，鎮筸鎮至池河營路徑：鎮筸四十里永寧哨，五里浪中江，②五里鳳凰營，十里岩坳，十里老虎寨，十里犵老寨，十里黑頭寨，③十里池河營。以上共一百里。

第十，鎮筸鎮至貴州銅仁府路徑：鎮筸六十二里亭子關交界，

① 六：原作“五”，當爲計算有誤，上文具體里數合計十六里零一分，據改。
② 浪：本書前附《苗寨全圖》作“波”。
③ 寨：本書前附《苗寨全圖》作“江”。

二十里小田,二十里銅仁府。以上共一百零二里。

第十一,乾州至欙木營路徑：乾州三里仙鎮營,十里鎮寧營,七里寨陽,十里平郎營,五里亂石灘,五里鬼者,五里三脚岩,十里桃枝,三里小新寨,二里大新寨,五里西去即崇山衛路、岩位坡,五里欙木寨,五里科甲,十里龍蓬,十里鴨保寨,十里欙木營。以上一百零五里。

第十二,乾州由崇山衛至欙木營路徑：乾州正西六十里大新寨,五里萬朋,十里黄老寨,[①]五里高岩,上坡二十里破口寨,十里苦李寨,十里崇山衛,正南五里大哨,五里上夯,五里下夯,十里果留留,東南五里排打窩,十里亞西寨,正東五里上水,五里下水,五里塹城,五里溝沙,[②]五里龍蓬,東南五里杉木寨,五里鴨保寨,十里欙木營。以上二百零五里。

第十三,崇山衛至龍蓬捷路徑：崇山衛十里補臭,十里馬擠,五里大奔,十五里龍蓬。以上共四十里。

書　札[③]

致總督預備舟梁書

頃以紅苗小醜動煩廟謨,特遣内大臣赴楚與老台臺老先生會議撫剿機宜,一切經籌從藉鴻裁區畫聆教不遠。第查楚疆非山即水,上屆欽差赴草會審,其時從者無多,撫提各帶文武屈指可數,乃

① 老：本書前附《苗寨全圖》亦作“老”,本書前附《苗地情形圖》及卷五《咨總統高副將等已抵崇山衛文》《再咨總統據高副將等下營文》二文中均爲“腦”,當據發音記載,音近而字不同。

② 溝沙：查本書前附《苗寨全圖》《苗地情形圖》均無此地名,卻均有“兜沙”,卷四張旺《恭報領兵回汛疏》、李芳述《恭報領兵回汛疏》等文内亦均有“兜沙”,疑“溝沙”即“兜沙”之音近而寫法不同所致。

③ 書札：原文無,據本卷《目録》補。

自常以上則有陬市、吕真、延前、白馬、水溪、鄭家驛、辰溪、高郵等渡，除高郵搭有浮橋之外，其餘大渡僅有一二船隻，每隻渡馬七八匹，小渡則皆小艑編板爲之，每隻渡馬二三匹而止。陸則羊腸一線，難容並轡。以故水陸擁擠，艱於前進。兹者欽差人衆，兼之荆州禁旅各標營調征官兵衆寡相懸，不啻什百。今歲雨水浸淫，港汊繁多，遥揣荆、襄到常各處渡口未必在在俱有大船可渡。況自常德而上，陸則崎嶇窄狹，水則濟渡頻頻，不但芟除道路在所急須，凡於渡口或架浮梁，或用連舟，正不可不急切預備，用資欽差大兵速進也。

弟叨共事，諸藉光榮，偶有所思，不敢不爲僭陳座右耳，乞賜鑒諒爲荷。

致偏撫預籌兵米書

序屬小春，功成萬寶，仰托鴻鈞有造，故能玉燭均調，戴德蒙庥，曷勝慶幸！

兹者廟堂成算，以紅苗不靖，特遣重臣來楚，帶領滿漢官兵乘冬進逼，是蓋彰其天威，以成老先生倡撫盛事也。賀賀軍興在即，竊知運籌轉餉策有成畫，無庸弟爲借箸，但謬叨知愛，有不得不預塵座右者。

去歲八排之役，楚兵糧草係委安、常二同知監放監收，各州縣慢無預備，及至官兵要米，始則諉以兵丁在汛已支月米，不便重給；繼以墨領難憑，不准支給；迨换印領，又以路遠難運，須兵自爲背負，不思對壘之兵，豈可遠赴百里之外？乃有枵腹荷戈竟至三日始食者。嗣後米到，悉係倉底腐粒，藉此出脱開銷，同知不收則謂掯索；同知放給，兵嫌醜惡，以致怨議沸騰，委官、兵丁交困。又如砲位、火藥，軍中急需，既然委官經管，自應地方抬送，乃有一概弗應，盡責之管糧同知。彼同知者，運米無夫，豈能代爲送砲？於是盡將砲火軍器委棄道傍,不能前進,反留兵丁看守。設或交鋒,何以禦敵?如是玩誤,不一而足,總由州縣不知軍務事重,一切膜不相關。今老先生節蒞楚封,威尊德重,州縣有司莫不兢兢奉法,翻然改惕。此番用兵,自無前此各弊,猶恐哲庸不一,與其臨期致誤,繩之無補,莫若請賜誥誡於前,使知軍機難緩。矧滿漢雲集,所需糧草等項較之去歲八排尤有主客之分,在老先生精誠所格,早已孚及豚魚。兼之天威聲討,頑苗盡數歸誠,斷無遺鏃張弓之事。正恐萬一用武,兵之所到,即日支領,誠不容不汲汲耳。

弟之摭引舊聞敬陳黼座者,原非以將次出兵爲此逆臆之詞,忝在同舟,相濟有成,何殊榮施之及已也。統乞涵量,恕其僭議。

肅楮恭候台履,臨池無任主臣。

致總統督撫諸公箋[①]

大師壓境者半月,入苗穴者又數日矣,雖據各寨苗子紛紛赴師乞降,有薙髪去環者,有繳送器械者,從前拿去百姓户口絶未見獻出一名一口。狡苗就撫,猶是從前欺飾故智,未有我輩而亦墮其術中者。我皇上此番震怒,直是爲拯救邊氓起見。我等進兵之日,凡被陷之百姓户口,有伊父母、妻子之在内地者,孰不欣欣然引領盼望,冀得骨肉團圓、闔家完聚?似此被陷之人杳然無跡,我等即撫剿告成,又何以慰内地人民之望?此弟之心慚面赤而不遑於寢食者。[②]

愚意今日之事,當以勒獻陷民爲第一着,擒送首惡爲第二着,薙髪去環爲第三着,繳送器械爲第四着,清查寨落、造登户口爲第

① 【注】文亦見於《康熙朝漢文硃批奏摺彙編》第一册《湖廣提督俞益謨奏陳所屬苗民情況及撫剿之法折》後所附《康熙四十二年十二月内撫剿紅苗書示稿》,題作《致總統總督公書》;文還節於《(光緒)湖南通志·武備七·苗防四》(卷八四),題作《致督撫書》。

② 弟:《康熙朝漢文硃批奏摺彙編》作"謨"。下同。

五着,相視地方、添設營伍爲第六着。一有不遵,不准就撫。蓋天威如此赫濯,兵力如此甚盛,苟不能怵服小醜,使之傾心向化。一經草草完局,聽將陷民藏匿,大兵既撤,此等陷民永無復見天日之期,寧不可痛可恨?弟之管見如斯,知老先生拯溺自具同心,區畫必有良法,特此請商,乞諭招撫官明白曉諭苗人,務要照弟所列前此六款一一祗遵。如是,則聽就撫;不如是,則不聽就撫。苗之狡謀既破,志氣自奪,歸誠之念必真,即有抗頑,亦如釜魚籠鳥,指日登諸刀俎,何伎倆之能爲?如老先生不以鄙言爲妄,竟賜酌行,不但天威免於瀆褻,抑且陰功盛德有造邊氓不小矣。

肅闻冀照爲荷。

撫剿紅苗記[①]

舜誅四凶,有苗其一;周宣中興,蠻荆背叛。歷自漢唐宋明,勢雖盛甚,而不能免醜類之不擾亂邊陲,虔劉人民,甚且直犯澧州、江陵等處,患非眇也。

我朝鼎新,蠻彝怵服山谷者六十年許,非其族類之滋較昔爲減,虎狼虺蝎有以變其爪牙喙尾而相忘於爲啮爲螫也,所憚皇威震疊,順榮逆腐,是以斂毒俯首,罔敢肆行。頃以内地奸民有所欺負,兼之狡慝出没,潛誘爲非,於是始以報怨爲名者,今且剽劫無忌。防之莫測其來,捕之莫跡其去,邊民不能安衽席、官兵不得息干戈者,三四閲年矣。我皇上御極之四十二年春,畀益謨提督楚軍,不僅以臣庸能輯譁兵,且將有事於苗而使之圖度要領也。是歲十月初吉,敕吏部尚書兼禮部尚書臣席爾達爲總統將軍,偕都統臣圖思海、徐九如、朱滿,湖廣總督臣喻成龍,偏沅巡撫臣趙申喬,廣西提督臣張旺,貴州提督臣李芳述,襄鎮總兵官臣張谷貞,筸鎮總兵官

① 【注】亦見於《青銅自考》卷一〇。

臣雷如暨臣益謨，統領滿漢三省官兵幾三萬人以進。皇上命總統將軍曰："爾其往哉！爾其用撫哉！抗乃兵哉！"再命之曰："楚提益謨知兵哉！爾其協而商哉！"以是軍機贊畫，總統特與臣謨、督臣成龍俱。[①] 臣感激恩寵，罔知所報。

十一月三日，總統諸公發自武陵，謨以大隊踵其後，遵廟謨，備籌咨也。經桃源，渡白馬，霽景冬暄，草樹青黄相間，雖川原桑麻榮非其候，而竹徑烟迷，幽村犬吠，隱然想見秦人有無間也。過此則平疇漸遠，疊嶂來前，憑高俯下，岩壑嶇崎，師旅嚴肅，但聞戈甲與落葉聲相簌簌。數日達辰龍關，群峰矗矗，截若堵牆，天若設此以限蠻彝，不得已姑留一綫通聲教也。是日，師且宿，而余以趨議馳數騎過之。夜深霧溟，捫級以登，久之及巔，喘吁疲敝。又久之，鳥驚猿駭，漸不聞聲，而燈火耀前村矣。夜來關頭景象如兹，不知晝行固作何狀耳。少之，憩辰陽驛，郡城西峙，大江中流，西南一大雄勝。辰溪渡江逆折西北，[②]經麻陽之野，則田疇墾闢，烟火連村，不異吴會、中州，眼界爲之一新。至高邨，周數十里間，畈平如掌，土沃如膏，儼又秦川八百，具體而微矣。岩門三四里，懸崖仄徑，逼臨深溪，行者惴惴，如臨王陽畏道。石羊哨既逼苗穴，二十里至五寨司，國家版圖再入不過數里，是以特設節鎮。官兵至是，列陣來迎。時軍行者月且半，僉議少憩乃進。朝廷所遣滿洲前鋒欲先馳，謨曉之曰："苗之伎倆，非敢千百爲群，鳴鼓迎敵，但於蓊翳要害散處伏匿，俟我官兵之至，暗發鎗弩。今者余應領兵爲導，騎者瞭，步者搜，左右夾輔，大兵由中進發，庶可無虞。况苗無牽制，勢必並力直前，殊煩戰鬬。宜先遣副將高一靖等自北逾險，先扼苗後，庶幾前有嚴師，退無歸路，則撫剿均易爲力。"總統、督撫諸臣咸是之。貴州提臣師至池河營，逆苗紿以就撫，暗傷樵汲兵丁。督臣聞之，[③]

---

① 督臣：《青銅自考》作"臣"。
② 折：原作"拆"，《青銅自考》刻本亦均作"拆"，此據《青銅自考》抄本改。
③ 督臣：《青銅自考》作"臣成龍"。

憤欲往諭，謨止之曰："公朝廷重臣，苗本猖犬細類，非有性靈得識賢貴，突不虞，其如朝廷、總統何？"乃止不行。師頓五寨凡數日，苗乞降者數百計，[1]督撫概給銀牌花紅慰勉之；至謨，但曉以逆順大義，宣布朝廷威德而已。督撫以謨之詘於物力也，遣齎銀幣若干，謨固辭弗受，仍不給賞。或有詢其故者，謨告之曰："此輩向者旋撫旋叛，姑息久矣。今若一概施恩，彼但知有羶可逐，弗知感也。諸公恩懷，我以威馭，正在今日，有以生其感激而破奸頑之膽識者。"大爲悦服。

師既發，由清溪哨入口，謨以先行，騎瞭步搜，罔所伏匿。睹明時所築防苗土城蜿蜒綿亘，廢址猶存，靖疆、得勝諸營星羅棋布，戍鐸不絶於耳，因嘆如兹縝密猶不能保其不潰藩籬，況無備乎！明日，至殺苗坪，知分遣副將高一靖業由崇山衛直逼龍蓬、鴨保，控其肩背。謨疾馳據其地良坡以應，前人所稱萬仞壁立、手足並行處也。坡既我有，苗之腹心已潰，不但糧芻輸輓源源克繼，抑且用撫用剿從可相機設施矣。一日，總統密計於謨曰："今日者，滿漢官兵連營扼險，環壘週遭，而龍蛟洞諸賊恃有天星寨之險，固抗不來降。是寨不下，則龍蛟諸洞難平，已撫諸苗勢且翻覆變更矣。非藉親行，他人未易任此也。"謨敬諾。於十二月十三日率師抵天星，環視寨以特起，迥隔群山，週圍削石高逾千尋，趾雖有級，及頂數百尺，上廣下斂，勢如張蓋，自上引以葛梯方可及巔。猿猱捷巧，罔所攀緣，惟有遥望叫號而已。上有土有樹，饒於薪汲，約其幅幀，可屯萬人，囷糧果足積歲，無所施其力。寨趾有澗，沿澗有徑，苗潰而逸，勢必由此奔突。謨審其要：澗之上通後山箐口，則以守備謝瑛、千總柳繼明、把總余成領兵二百六十名守之，以防逆流上突；其箐口上可爲均房之聲援者，則辰州協副將趙文璧所領把總三員、兵丁二百名也；澗之下爲汲河總口，則以竹谿營遊擊黄助並竹山營把總四員及永順司官漢土兵丁共四百二十員名守之，以防順流下奔；其夯

[1] 《青銅自考》"者"字後有"千"字。

柳下營可爲汊河總口聲援者,則永定營遊擊包成所領把總二員、兵丁一百名也;謨之中軍大營緊傍天星,居高四應各壘。既成,試用砲礮攻擊之,多以高遠莫及,及者破屋揚塵,不聞驚擾,知穿土穴爲蔽也。時見寨苗引頸西向,因密訊嚮導,知其處爲小天星。遥睇岩澗陡絶,林樹深窅,竊意此處非有伏,則慮我兵得之以窺大天星耳。因密授副將高一靖等次日以正兵搜剿龍蛟洞,以奇兵透出小天星寨之南;參將許士隆等今夜銜枚緣險,[①]斬棘披荆,務在詰辰繞出小天星。後遵約如期,果見逆苗蜂聚,不虞官兵猝至,群起攻殺,意在突圍。南向高一靖等奇兵突出,奮呼來前,外内夾剿,苗賊數百咸殲焉。寨知伏苗盡誅,失所觀望,又以小天星砲擊難支,哀呼就撫。或以窮蹙請勿許者,謨繹皇恩在撫,剿者不得已而用之。第慮苗性多狡,非出於誠,因詰之曰:"撫之將何如?"應之曰:"願薙髮去環,繳械輸糧,永服王化,不敢生事。"再詰之曰:"爾能以來朝許我官兵上寨查户口、頒賞賚乎?"應之曰:"可,請勿多人,多且驚畏。"余因授計膽勇敢死士二十人,挾利刃赤幟,五人先登,將所賚銀牌、花紅燦陳於前。所謂紅苗者,男女嗜好彩繒,貪財利。俟其聚衆來觀,十五人乘隙繼之。但得登梯,可奪其氣,彼雖有謀,無能用矣。平明一如所諭。苗以寨勢上廣,不見五人之後更有其繼,方在競趨賞利,十五人一鼓而登。苗覺,持斧砍梯,將欲爲亂,二十人抽刃揚幟,厲聲叱之曰:"我等非欲生還者,但一人殺汝數十人,足抵矣!"苗惶懼,羅拜曰:"願撫,無異志。"二十人復麾旗大呼曰:"寨已降,且無攻。"時總統屬上前親信、護軍參領等馳十餘騎至,相視攻擊,睨謂謨曰:"提督幾時得天星寨?"謨漫應之曰:"午時可得。"衆各掩笑,相與坐,對峙山巔,睇視之。少頃,我兵登寨,麾旗大呼:"全寨已降,再勿打砲。"參領齊寇、郎中阿玉璽驚喜馳還,白總統。總統方飯,輟箸鼓掌曰:"吾固知非我們提督不能辦此也。"是日,二十人

① 啣:《青銅自考》作"銜"。

插帳於寨而宿,苗以男婦十數人詣軍門謝,遣還之。次早復以稚子十數來,給飲食還之,且諭二十人撤帳還營,以示不疑,苗遂感服。

先是,十四日早,有兔從巽方越幕自入於營,至中軍獲之。余令友人王基卜其兆,將校從旁書一"勝"字。基曰:"兔,陰類,月魄也,狡且脱羅多窟。今自投而獲,取寨必矣。'勝'之象形,爲'月'爲'劵',意者其在十五之月正盛乎?"謨曰:"信如君言。但'勝'者,左"劵"於"月"偏,[①]必須二十人之力乎?竊意當在十六。"選人如數以配之,果以十六日午刻據有天星。物之預兆有足奇者。

二十一日,總統親臨閲視,苗衆率衆趨迎。登寨無阻,大爲稱悦。斯寨聽撫,而滿洲、黔、粤、鎮筸官兵搜剿箐洞者在在告捷,我兵復有排樓梁大敗逆苗之報。蓋各洞之苗視天星爲去向,天星既下,各無固志,所在披靡莫支矣。總統以既得天星寨後搜殺逆苗甚衆,首惡求乂子、老穎、老普、老管、六昭等俱就擒,[②]旋應顯戮,其天星寨苗頭陸麻子、老寅、老鄧三名特貸其死,許與三百八寨一體歸誠。威行德洽,議令還師。謨復遣員登寨,切加訓戒,圖其寨之高下險易,以爲他日有事之備。大抵寨之孤峭固屬奇險,俯窺幽澗深黑,密林毒霧,晝不見天,令人毛髮慘竪。我兵浹旬圍守,[③]良極寒苦,至是凱還,寨苗男婦老幼競相迎送者,壺漿不絶於道。還屯五寨,値歲除,滿漢三省官兵以次遣還,總統將軍繼之。謨與督撫諸臣仍由石羊出,岩門泥濘,益增其險。度溪梁,至高邨,麥英濯濯如緑雲,麻陽道上景色倍佳。抵辰溪,令騎者由陸,步者載以戰舶,教之水陣開合進止,非逸之也。過辰郡,迅不及停。壺頭山俗呼清

① 左:《青銅自考》亦作"左",疑其爲"右"字誤。依原文意,"勝"字右爲"劵",而非左;且下文言"十六",乃據上文"十五之月正盛"而"偏",十六在十五之後,依明清時左上右下之理,十六在後,當爲右。故疑"左"爲"右"字誤。

② 《青銅自考》"六"字前有"龍"字。俱:原文作"又經",據《青銅自考》改。

③ 浹旬:原作"十旬",據《青銅自考》改。案:上文有"於十二月十三日率師抵天星"之語,此處敍二十一日之後事;另,本書卷三席爾達《恭報撫剿紅苗情形疏》有"自十三至二十三日,進剿搜捕,俾逆苗膽落,大獲全勝"句,可見正式圍攻約十日,浹旬即十日。或可將"十旬"改作"十日",以"旬""日"形近而訛,亦可通。

浪灘，馬新息征蠻駐節，惜其功未底成，至今怒濤拍天，湍激之聲有若雷霆崩谷。詎公猶以蠻未及平，蓄其餘威積憤也耶？詢其地，正與辰龍關比肩立，惜不得證曩昔夜度景狀耳。下甕子，白馬、桃源洞在指顧，適以他事酬應，廢登臨，亦憾事也。[①] 還武陵署，王正上元已過二日矣。

是役也，爲撫爲剿，爲出師、還師之期者甫兩月。其神明廟算、底定大功者，則總統將軍席爾達也；[②]其協贊宣猷、悉協機宜者，則都統徐九如、圖思海、朱滿也；[③]其籌軍足餉，能使官兵用命，開誠布公，能使苗土輸心者，則總督部院喻成龍也。[④] 若巡撫都院趙申喬，[⑤]則倡撫宣諭，使苗效款者也；粤提張旺、黔提李芳述、筸鎮雷如、襄鎮張谷貞，[⑥]則調遣有方，將士戮力者也。謨則庸鄙無能，[⑦]上賴將軍、總督之指授，下賴將弁官兵之忠勤，因人成事，功何有焉？惟是楚兵昔以屢譁見告，今在師嚴肅，奮勇先登，豈其羊質善變，變而之上者與？抑亦總統、督撫諸臺恩威所被，自足生其鼓舞、忘其故態者與？兵且如斯，吾將謂苗人不復反矣。

故記之。

軍行偶拈[⑧]

夜渡辰龍關

俞益謨

路入桃源盡是山，衝寒破暝踏辰關。捫將石磴迷高下，緣乏藤

---

① 【注】参見本卷《軍行偶拈·過桃源洞未及尋》等。
② 《青銅自考》"軍"字後有"臣"字。
③ 《青銅自考》"統"字後有"臣"字。
④ 总督部院：《青銅自考》作"湖廣总督臣"。
⑤ 都院：《青銅自考》作"臣"。
⑥ 《青銅自考》在兩"提"字、兩"鎮"字後各有一"臣"字，共四"臣"字。
⑦ 《青銅自考》"謨"字前有"臣"字。
⑧ 【注】《軍行偶拈》中俞益謨的詩歌均收入《青銅自考》卷一二。

蘿費躋攀。歷落馬蹄行樹杪,依稀星斗掛巇間。車書一統遵王道,何用嶇嶔障百蠻。

駐軍五寨司登高視壘

重山疊疊勢嵯峨,歷過重山山轉多。揖石撥開荒草地,探幽躡碎亂雲窩。但須指顧清蠻窟,豈待成擒獻凱歌。一綫谿流回萬帳,軍容霽色較如何。

軍中長至賀聖

軍門曙色正微茫,列帳欣傳寶炬光。宇宙從看春有腳,兜鍪共祝聖無疆。一陽初動群陰伏,萬國咸熙化日長。戰士暄同重挾纊,慢須緹室驗灰揚。[①]

五寨司軍行曉發

戈甲森森湧似潮,肅然萬衆馬嘶驕。收將竈火暾初出,踏破岑雲瘴已消。[②] 自古相傳多戰壘,於今一蹴殄氛妖。不須銅柱標餘烈,從此謳歌沐聖朝。

軍中積雪

兵威更復仗天威,徑掩瀰漫失翠微。築就週遭銀壘固,添將一色玉驄肥。烟低直疑寒雲壓,夕暝還同霽月輝。士感君恩重挾纊,知煩廑念惜征衣。

和趙副戎頌苗納款[③]

山嶽摧搖令肅霜,正師止用陣堂堂。功成端是資群策,德播由來述聖皇。雪壓千巇樵徑失,烟横六合鳥飛茫。[④] 天威自足傾南服,閫外何能但悚惶。

攻圍天星寨諭苗歸誠

萬壑千峰取次排,巍峨不與衆相陪。巇懸直擬神刀削,徑絶曾

---

① 慢:《青銅自考》"漫"。
② 瘴:《青銅自考》作"障"。
③ 戎:《青銅自考》作"帥"。此"趙副戎"當指時任辰州協副將趙文璧。
④ 茫:《青銅自考》作"忙"。從與上句"失"字意境相對仗來看,當以"茫"字更恰當。

無鳥道開。天意分明留浩劫,蠻愚錯誤作春臺。試看臺下磷磷者,白骨於今尚未灰。

苗平奏凱

車書一統太平時,哀爾群蠻未有知。三面應嫌湯綱窄,七旬殊訝舜干遲。但欣草木沾王化,豈羨征徭入度支。載道壺漿歌且泣,今朝衽席看還師。

還軍五寨逢元旦

露布飛馳達未央,軍容喜起馬騰驤。壺漿夾道歡聲湧,旌旆迎風淑氣揚。飲至剛逢椒獻頌,投醪更藉柏生香。[①] 萬年有道干戈息,豈特蠻烟靖楚疆。

清浪灘吊伏波祠

清浪灘前水拍天,貔貅戰酣鼓方顛。伏波艱奏壺頭績,横海功成瀨下船。爲見崎嶇悲往事,敢將成敗論先賢。只今廟貌臨江滸,忠憤長凝萬古烟。

下甕子灘

山如覆甕列江干,影入波心砥激湍。霧散因知漁唱遠,烟疏但見水光寒。誰能擊楫悲殘照,莫把浮鷗作泛看。逝者如斯君悟否,下灘容易上灘難。

過桃源洞未及尋

向來幾欲問桃源,今到桃源日正暄。遥見雲霞生古洞,條聞鷄犬過前村。應嫌蹤屐常辭客,不教飛花預候門。箐篛緑蓑何日事,秦人得共細相論。

恭和夜渡辰龍關原韻

謝　瑛

峪岈天塹界重山,裘帶衝寒夜渡關。怪石依稀疑虎伏,疏林彷佛笑猿攀。星光拂劍千峰外,月色迎袍萬壑間。不惜馬蹄迷錦障,

---

① 更:原字漫漶不清,據《青銅自考》補。

一鞭遥指五溪蠻。

駐軍五寨司登高視壘[①]

層崖獨步勢巍峨,攀躋無愁瘴癘多。黑水遠縈螻蟻穴,黄雲深護鳳凰窩。指揮天際抒神算,談笑峰頭踏雅歌。一望軍容吞醜類,爲擒爲縱意如何。

軍中長至賀聖

星疏月淡影蒼茫,萬炬齊輝襯曉光。虎拜遥天尊主極,嵩呼細柳震邊疆。烟浮劍珮千官肅,日到旌旗一線長。陽德方亨彌宇宙,須知我武自維揚。

軍中積雪

彤雲疊擁壯軍威,四顧千山掩翠微。鳥獸驚寒皆斂跡,柏松含凍倍添肥。馬馳風定銀鞍穩,陣列花堆玉帳輝。天意連朝培戰氣,故將新粉護征衣。

和夜渡辰龍關原韻[②]

趙文璧

鐵騎如潮氣撼山,將軍振旅出雄關。瀘江夜月爭先渡,桂窟秋風羨蚤攀。列戟隊行雲漢上,揮鞭身在斗牛間。伏波此地何曾到,銅柱重標威百蠻。

和駐軍五寨登高視壘

陳師天塹勢巍峨,絶壁森森鋭氣多。六纛光分日月耀,千軍威奮虎狼窩。大廷敕使宣明詔,細柳連營奏凱歌。會看堯階干羽舞,天王南顧喜如何。

和軍中長至

葭飛玉琯始茫茫,刁斗催傳曙色光。閫外賡歌朝聖主,尊前瞬息靖蠻疆。陽回毳帳寒應少,漏永宫絲日漸長。百部健兒欣挾纊,

① 【注】本詩及以下兩首當爲謝瑛和俞益謨同題詩之作。

② 渡:原作"度",因上文俞益謨原詩題《夜渡辰龍關》及謝瑛和詩題《恭和夜渡辰龍關原韻》均作"渡",此爲和俞益謨詩之作,當爲"渡",據改。

書雲露布共飄揚。

大都督軍門師次檬木營群苗望風稽首俚言恭頌

將軍號令肅秋霜,威德兼敷佐廟廊。爲布王仁先撫輯,須申天討故張皇。馬嘶寒谷千山動,旗列晴峰萬樹茫。擐甲如林不血刃,受降蚤築在苗疆。

平苗頌

王　基

九重天子詔平苗,中外歡聲湧似潮。元老督師辭鳳闕,將軍肅令擁龍標。羽林蟒繡三千甲,細柳霜明十萬鑣。制府籌高帷幄重,中丞望峻餉糈饒。臨淮宿將分黔壘,萬福威名度粤嶠。峴首重來羊叔子,雁門曾睹霍嫖姚。林翻錦葉朱旗動,天爛丹霞赤幟飄。五寨連營馳鐵虎,九霄搏影落雙鵰。明朝應下天星寨,此夕猶屯白菓窑。諸葛七擒降孟獲,岳侯八日破楊么。龍蛟有洞難爲匿,檬木無烟只自燒。燐火淒淒當晝出,獠魂黯黯向誰招。驚雷徹夜聞幽谷,腥血逢人濺寶㦸。草木擬芟蠻觸浄,昆岡仍别玉焚焦。汪洋帝德今無極,神聖廟謨古莫超。雨露從沾新版册,鐃歌雅合舊簫韶。虞廷喜起賡颺頌,麟閣丹青次第描。韋布小臣瞻盛事,無才珥筆紀唐堯。

秦人洞絶句十首

翠微偶入不知年,蹤跡常防與外傳。
幸得漁郎相問訊,秦山川是晉山川。
滿目桑麻緑正稠,無拘烟景任悠悠。
扶笻野老歡聲笑,王稅經時不我收。
恬築長城剪督師,坑焚烈禍世難支。
相逢幸話滄桑事,丞相於今不是斯。
但覺寒暄節物移,花開又是一年期。
衣冠尚古桑麻盛,劉項如何總不知。
齊來稚齒與龐眉,競問漁郎竟是誰。

洞外曾聞有世界,從君邂逅不須疑。
佇立津頭路正迷,桃花幾點泛晴溪。
從知天地真消息,不教幽踪未有題。
綠楊枝下把船牽,信步探將洞裏天。
洞叟不知塵世事,翻疑漁父是神仙。
自有漁郎問渡來,桃源歲歲有花開。
溪流不見桃花泛,幾度沉吟幾度猜。
山自蒼蒼水自溶,洞門日日紫雲封。
桃花不遣等閒落,爲怕漁郎今又逢。
天王明聖邁虞唐,聲教覃敷訖萬方。
何事巢由甘寂寞,高眠長嘯水雲鄉。

恭頌平苗凱旋志喜二律

馬捷

曾讀鄉賢詩百首,早從聖世快遭逢。虎臣報國惟三略,儒將傳家只一忠。古洞旌旗懸夜月,蠻溪花柳浥春風。恩膏倘得濡枯朽,青眼何妨識爨桐。

又

九重西顧計安邊,特簡夔龍下楚天。千嶺騰歡歸馬日,百蠻羅拜舞干年。軍威早息秦烽火,廟算終收漢土田。一自春風忻奏凱,霓旌遥望劇流連。

頌凱

俞汝欽

赫濯皇靈震八荒,蠻愚何敢逆顔行。元臣秉鉞權宜重,細柳屯軍廟算長。一蹴妖氛歸血杵,齊來馬足貢壺漿。從斯黑子彈丸地,日月照懸銅柱光。

前韻

俞汝諧

堪嗤蠻觸寄南荒,煩我師臣賦啓行。任爾空山飛鳥斷,難當一劍倚天長。新新版册沾王化,歷歷簞壺捧路漿。莫話七旬干羽事,簡編試考此爲光。

武陵江上聞捷

盧承德

奉檄五溪督輓糈,艅艎依次布帆徐。九重方下平蠻詔,一月欣聞報捷書。自是鴻毛輕試熖,何曾螳臂敢當車。矜全蠢爾皇恩大,但取凶渠不計餘。

前　題

張　陟

日月光天萬翳消,車書一統奉熙朝。廟謨何有三苗固,閫算非矜一戰驍。露布才看傕急羽,糧艘儘教息輕橈。皇王盛德恩如海,詔下停將血杵漂。

前　題

謝于公

楚江風雨正霏霏,報道平蠻盡解圍。魚麗青檣安舊泊,鳥章赤幟爛晴輝。萬鈞弩豈臨鼷發,三面網仍縱獸歸。從此鴞音消僻谷,千年萬載怵天威。

平苗頌凱

馬見伯

萬國遵王化,烽烟絶驚傳。蠢爾真蠻觸,輒敢外生全。聖主隆推轂,天官秉鉞權。廟謨神聖遠,將軍閫外專。總制兼帷幄,中丞德意宣。蟻遁將無穴,霆擊有何堅。棋布周詳處,羽林踴躍前。緡蠻止何所,鵩鴣聲可憐。徂征不嗜殺,但順撫宜先。天星乞完卵,龍蛟失宛延。堪笑紅爐焰,寧有羽未然。帝德真堯舜,好生澤無邊,三面啓湯網,全活幾萬千。耕鑿供王税,長享太平年。從來未有事,今日始開天。巍巍功與德,照耀在簡編。草野欣盛事,作歌爲流連。

戒苗條約[①]

爾等既係順苗,原不該又上天星寨,分明是見得龍蛟洞各處逆苗未平,心懷觀望。本軍門得了寨子,不肯將你殺戮,總是招撫歸順在前,朝廷恩信難失,故此曲爲保全。不但得了寨子不行殺戮,又將磨岩寨拿出要殺的苗子,我都央求釋放,周圍地方寨子約束兵丁不動一草一木,無非見爾歸順在前,[②]信不可失。此番大兵撤回,爾等須要感激皇恩,改過自新,各各安生樂業,就如内地百姓一般。若再不遵王法,[③]作歹爲非,[④]本軍門係是本省提督,密奏朝廷,不須多用兵馬,你的地方形勢已在本軍門熟察之中,[⑤]不時親帶兵馬直搗巢穴,教你有箐難藏,有寨難據,有屋難住,有田難耕,骨肉搶散,身軀不保,[⑥]那時勿怪本軍門狠心辣手,[⑦]過於慘毒。本軍門生來直率,從無失信,不殺者到底不殺,要殺者斷斷不饒。爾等只把本軍門保全天星寨做個榜樣,[⑧]便曉得將來之事,必定如此施爲,萬萬不可違犯矣。

條約數款,爾敬聽之:

一、爾等出邊坐草拿人、搶掠牲畜,不過希圖取贖,否則賣於各土司得取銀兩。今本軍門已經下令:凡有被拿之人,一概不許取贖;如有土司承買者,查出參處;爾苗内若能將被拿之人送出者,地方官量給賞賚。

---

① 【注】亦載《青銅自考》卷五、《康熙朝漢文硃批奏摺彙編》第一册《湖廣提督俞益謨奏陳所屬苗民情況及撫剿之法折》後所附《康熙四十二年十二月内撫剿紅苗書示稿》、嚴如熤《苗防備覽》卷二一《藝文志下》,題目均同。亦見於《(乾隆)湖南通志·理苗》,題作《提督俞益謨戒苗條約》。

② 在前:《苗防備覽》无此二字。

③ 法:《苗防備覽》作"化"。

④ 作歹爲非:《青銅自考》均作"爲非作歹"。

⑤ 你:《苗防備覽》作"爾"。

⑥ 你:《苗防備覽》作"爾"。

⑦ 狠:原作"很",誤,據《青銅自考》改。

⑧ 本軍門:《苗防備覽》无此三字。

一、爾殺内地一人者,我定要兩苗抵命;爾搶内地一人者,[①]我定要拿爾全家償還。[②]

一、爾雖不出去拿人,有别寨苗子拿人在你地方經過,[③]爾不奪回首報,縱其拿去者,即係通同,本軍門不時進剿,即將爾等寨子先行屠戮。如能搶奪首報者,[④]定有重賞不爽。[⑤]

一、龍蛟洞各寨逆苗雖然剿殺,尚有漏網之人,大兵凱旋之後,[⑥]許其回家央托順苗頭人赴鎮筸總鎮衙門討求招安,以便安家耕種。如若爲惡不悛,照舊梗化,[⑦]本軍門輕師壓境,另有剿殺之方,斷不用搜箐攻寨曠費時日也。

一、爾等順苗軍器既繳,不許再製。大兵退後,如有執刀鎗行走者即係逆苗,[⑧]拿獲定行誅戮。

一、爾苗既造户口册籍,情願納糧當差,即與内地百姓一般。大兵撤後,如有抗不納糧當差者,即係逆苗。管爾官員申報到日,定行指名捉拿正法。

一、爾苗輕生嗜殺,只是貪利劫掠,以致官兵屢屢搜剿。今我看爾苗地所産,[⑨]有現成無限之利不知受用而貪殺身敗家之利,何也?爾山上栗樹砍倒,可生木耳,每斤在外可賣銀三四分不等;山有漆樹,可以砍漆,[⑩]每斤在外可賣銀四五分不等;黄楊木、楠木鎅成板片[⑪],砍印斧記,放在山溝[⑫],遇水泛漲可以流至乾州,各認斧

---

① 一:《康熙朝漢文硃批奏摺彙編》作"二"。
② 爾:《苗防備覽》作"你"。
③ 你:《青銅自考》作"爾"。
④ 能:《苗防備覽》作"有"。
⑤ 有:《青銅自考》作"行"。
⑥ 旋:《苗防備覽》作"還"。
⑦ 舊:《(乾隆)湖南通志》《苗防備覽》均作"前"。
⑧ 執刀鎗:《青銅自考》作"持鎗刀"。
⑨ 爾:《青銅自考》《苗防備覽》均作"你"。
⑩ 砍:《青銅自考》作"割"。
⑪ 鎅:《苗防備覽》作"鋸"。
⑫ 山溝:《苗防備覽》作"溝"。

記,每塊可賣銀子數錢。再如山箐之中多有藥材,[①]在外可賣重價。你苗若不劫殺,等我漢人進來教你學做,便是安享無窮之利也。

一、鹽、布二項,是你苗急需,[②]皆因你們性好劫殺,以致無人進來交易。即有轉賣進來的,其價又貴。是以你苗歷來常受寒冷、淡食之苦,[③]殊覺可憐。[④] 你若不劫殺,則漢人進來交易者多,將爾土産以换鹽、布,豈不兩得其利?再若爾果守法,可以自到乾州五寨司買去,其價更賤。

苗情土俗[⑤]

苗性嗜殺,尤貪利。男生,歛鐵爲賀。既長,冶環刀佩之,[⑥]習躪弩藥矢、長矛鳥銃,出入與俱。[⑦] 不識書算,但刻木記事。憑險以居,寨落雖稠,多以讐殺之故不相親暱。父傳子習,惟以滚岩走險、伏草擄人爲務。所獲漢人不即殺,用岐木錮項,仍飲食之,故爲漏諜所在,勒以銀幣取贖,否則鬻之土司。其獲同類亦然。

男女椎髻赤足,耳貫大環,性喜綵繒,無論絲布麻枲,必染絳緑爲衣裳。能織絍,故所産有苗錦、苗被、苗巾之屬。苗不知有歲時干支,自子至亥,但曰鼠年至猪年、虎月至牛月、鼠日至猪日,翻復相尋而已。苗信鬼,[⑧]户外植木,爲之疾病向禱乞愈,則椎

① 如山箐:《苗防備覽》作"於山溝"。
② 你:《苗防備覽》作"爾"。
③ 你:《苗防備覽》作"爾";淡:《青銅自考》作"澹"。
④ 覺:《苗防備覽》作"屬"。
⑤ 【注】亦見於《(乾隆)湖南通志》卷四九《風俗苗俗附》,題目同,文字略有差異。
⑥ 冶:(清)翁元圻等《(嘉慶)湖南通志》卷一七四《風俗》、(清)李瀚章等《(光緒)湖南通志》卷四〇《地理四十》均記載相同問題,前者作"冶",後者作"治",因後者襲自前者,且根據文意,"治"字當形近而訛。
⑦ 原文"性嗜殺……出入與俱"等三十二字,《(乾隆)湖南通志》作"不識字"。
⑧ 苗:《(乾隆)湖南通志》無此字。

牛爲饗。[①] 所敬事有白帝天王,[②]相傳以三十六人殺苗九千,至今畏之。又云馬伏波昔乘白馬征苗,所祀即是,但無所考證也。[③] 所居有榻無几,[④]席地而坐,爨設中庭,器鮮陶磁,凡所飲食悉刳木爲槽,共相啜取。男子自壯至老悉去髭,所獲漢人亦如之,惡其同槽不潔於飲食也。苗女在室不禁與人私,懼其孕,自取藥草佩之,既嫁除去,所私不得至門,至則殺之。然余見有被獲苗婦自涅其面者,貞淫未可概論也。苗過夜分輒飲食不眠,慮爲讐者劫殺。苗稱官府曰老皇帝,[⑤]兵曰郎,民曰客。客亦呼彼爲同年,呼其婦爲同年嫂,貽以尺布寸繒、針線之類則歡甚。

苗地天時稍異,[⑥]辰午間瘴霧瀰漫,不辨咫尺,冬則淩凍寒沍異常,凡草木梗枝如筯鉅細者,凝凍如椽,瑩如晶燭。尤可怪者,草木雖當黄落,火不能焚,須立春後數日燎之乃爇。苗地深草茂木,虎狼不處,雉兔鳥雀咸罕有,豈其出入耕作必挈鎗弩而然歟?[⑦] 亦異也。苗以有泉能灌者蒔秔稻,[⑧]極肥沃,山□厥土黑墳,[⑨]種植黍稷蘇菽,餘無他種,蓋樹蓺無方,地力未開,百穀不備故也。葷蔬絶無,人挑野菜爲茹。

苗性憨多力,能以背負而不能以肩荷,背則能任兩人之所舁,肩則不能勝一人之所挈,[⑩]負重而憩者,不倚而傴,不藉而不苦。

---

① "爲之疾病……牛爲饗"等十三字,《(乾隆)湖南通志》作"爲之疾病向禱愈則椎牛爲饗"等十二字。

② 【注】《(嘉慶)湖南通志》卷一七四《風俗》、《(光緒)湖南通志》卷四〇《地理四十》載:"白帝天王,即竹王也。"

③ 但、也:原文無,據《(乾隆)湖南通志》補。

④ 所居:原作"苗内",據《(乾隆)湖南通志》改。

⑤ 苗:《(乾隆)湖南通志》作"其"。

⑥ 地:原作"内",據《(乾隆)湖南通志》改。

⑦ 挈:《(乾隆)湖南通志》作"絜",當系形近而訛。

⑧ 秔:《(乾隆)湖南通志》作"稷",根據上下文意,這裏當爲水田作物,且下文又提及"稷",故此處"稷"字當爲形近而訛。

⑨ 山□:《(乾隆)湖南通志》無此二字。

⑩ 挈:《(乾隆)湖南通志》作"絜",當系形近而訛。

男女赤足,健捷如飛,上山下嶺,奔馬不能及,棘刺毒螫不能傷。最異者,男女習成滚坡絶技,凡懸岩陡坎,人所不能攀緣之處,彼但歛其手足,縮身如蜎,呼吸至底,無所磕損。余攻天星寨時,偶邏捉奸苗一人,縶之營,彼紿守者溺急就幕,前臨絶險,忽斷縶而墜,守者出,不意,無措。夜冥,但聞塊石硌碌聲,然四圍上下悉岩壘,弗能脱也。比明跡之,無所見。越日,餒甚,自呼岩半削石間,以繩數十丈引之而上,其異如此。

苗内以竹榮枯驗歲豐歉,出門遠近,斷草卜吉凶,爲行止性疑故也。苗地材木較内地稍殊,多梗楠、黄楊、藥草,苗不知貴也。

苗類雖夥,幸不聯屬,每有潛結剽掠,則椎牛聚衆,歃血爲盟,所獲共爲醵取。如有同行殺傷,除本寨不賠,餘照給以人口或折給銀布,名曰償骨價。[①] 因其原無統領約束,人心難齊,故不敢黨衆頻出。苗性疑怖死,由内附熟苗奸人啖之以利爲導嚮,往及攫取人畜,此輩爲之線索,取贖多寡,任其口吻,不但被擄之家不得知,苗亦不得知也。如有官兵剿捕,苗即預爲狡避,竊謂防苗莫若防奸。身在地方者,所宜加之意乎。[②] 尤可駭者,營汛等官利苗委牛馬,無故進内騷擾,以致拿陷官兵,禍結兵連,遂無底止。如沈長禄者不一其人,詎非今之罪人? 設蒞兹土者果能秉公律己,絲毫不擾,賞罰告戒,一本真誠,苗亦人類,豈無感格? 端是我化爲苗,何能使苗服我? 可慨也夫!

招撫上、中、下三哨苗寨 附苗納糧數目[③]

上哨設正土百户: 吴正先、陳于舜、滕可均。副土百户: 吴正

① 償骨價:《(嘉慶)湖南通志》卷一七四《風俗》、《(光緒)湖南通志》卷四〇《地理四十》均記載類似問題,作"倒骨價"。

② 以下"尤可駭者……可慨也夫"等九十五字,《(乾隆)湖南通志》無。

③ 本題原作"招撫上、中、下三哨苗寨共三百一十三寨",本卷目録與總目録均作"招撫上、中、下三哨苗寨附苗納糧數目",結合文意,據改。

藩、吴董官、吴朝貢。

寨長：吴老梳、龍老三、吴老寅、劉老蘇、吴老厚、吴順保、吴喬保、吴史保、吴老輝、吴董官、吴老黑、吴老耀、吴雙六、石柳英、龍老滿、龍老章、龍老養、麻雙保、龍保兒、龍老正。

上哨各寨名：岩板橋、岩蠟寨、大池河營、上犵老寨、上新寨、大教山、板欖寨、新雷公山、狗若寨、五頭寨、牛練塘寨、盤儺寨、栗林寨、[1]勾拐寨、上臥黨寨、凉水井、上勾補寨、鴨蘇寨、盤若寨、板栗寨、下臥黨寨、下勾補寨、上大塘寨、上雷公山、下雷公山、銅鑼寨、鐵馬山、樣木關、樣木山、臘耳山、下犵老寨、上蘇麻寨、下蘇麻寨、下田坪、上田坪、大樹坡、上西凉、中西凉、下西凉、沙壕、小池河營、濫泥塘、上黑土寨、下黑土寨、蜂桶寨、上麻沖、下麻沖、雞公寨、大粟坪、鴨寨營、岩㟁寨、荳田、上喇叭寨、中喇叭寨、岩壁喇、上栗坳、中栗坳、下栗坳、龍鄂營、馬頸潭、通塔領、猪嘴坡、古磉營、[2]落毫、[3]旱田沖、中新寨、老田沖、樣木林、老黄沱、地寒崗、上沙坑、瀼牛洞、洞裡、野牛塘、貓兒坉、茶陵、沙坑、蠟洞坡。

以上上哨共七十八寨，計一千零五十五户，計成丁一千九百八十五丁，每丁納雜糧二升，共納雜糧三十九石七斗。

中哨設正土百户：楊象玉、向進臣。副土百户：王占魁、闞世信。

寨長：吴老擺、龍喬三、龍老六、吴老八、吴老尚、吴老管、吴老鐵、田史保、吴老卡、龍史保、龍老三、龍祖師。

中哨各寨名：孤塘、帽頭溪、石灰窑、川洞、芭焦沱、上打郎、中打郎、下打郎、梅山、火燒灘、銅錢坉、火麻沱、殺牛坪、苟喇岩、兩頭羊、龍頸坳、岩口、磨岩寨、小老營寨、塘寨、楓木坪、到坨、上岩口、

① 栗林寨：本書前附《苗寨全圖》作“栗林坪”。

② 古磉營：本書前附《苗寨全圖》作“枯桑營”。

③ 落毫：本書前附《苗寨全圖》作“洛毫”。

中岩口、下岩口、禾栗寨、臭屎寨、[1]司門前中寨、司門前下寨、木里兩頭寨、龍井、官舍坪、韮菜坡、[2]迷壠、紅岩井、上萬溶江、萬溶江、上岩板溪、下岩板溪、夯柳、上官庄、中磨岩、重寨、毛皷坉、扁口洞、毛都塘、馬鞍山、香爐山、釀水沱、猪巢坑、[3]上茶山、渲潭、老家寨、七兜樹、把雞寨、楊家寨、猴兒寨、上磨岩、太陽山、排六梁、中大塘、上老寨溪、下老寨溪、下磨岩、鵲兒寨、大老營寨、中老營寨、火略坪、上木栗、下木栗、中木栗、搆皮寨、偏家寨、新寨坪、大田、洞腳、木葉潭、[4]毛谷坉。

以上中哨共七十八寨,計九百一十五户,計成丁一千五百五十二丁,每丁納雜糧二升,共納雜糧三十一石零四升。

下哨設正土百户:田仁心、侯上國、吴自强、陳一美。副土百户:田弘應、田弘爵、張弘任、秦廷極、胡景葵、梁永寧、彭啓商、梁正高。

寨長:廖老柳、龍把約、吴求保、龍柳墩、龍老講、吴老馬、吴雙保、吴雙喬、廖老貴、吴老三、龍老講、[5]吴老重、楊酉、龍楊花、石老貴、吴老遠、石世兒、石狗兒、石正南、楊少卿。

下哨各寨名:茶溪口、廖家大寨、新營小寨、三坉坡、鬼倒溪、打苟坡、[6]下茶山、鬼黨、欙木營、下舊司、竹山坪、高都、苟黨、排草蒿、清水塘、坳馬坡、塘冲、晒金塘、半坉、重郎坡、犇犇坳、白菓窑、中麻冲、麻冲半坉、火麻營、補頂寨、騎馬寨、上魚孔、下魚孔、下官庄、鈎腦坡、述潭、鬼猴溪、地良坡、官着寨、泡水、羊管冲、桃花寨、

① 屎:本書前附《苗寨全圖》,卷五《覆總統查天星寨器械文》《駐逼天星寨報總統文》,卷八《路程》均作"施",且從各處記載所反映的地理位置和周邊環境看,此處"臭屎寨"和他處所載"臭施寨"當爲同一地方,顯系根據發音記載,音同而字不同。

② 韮菜坡:本書前附《苗寨全圖》作"韭菜溪"。

③ 猪:本書前附《苗寨全圖》作"朱"。

④ 潭:本書前附《苗寨全圖》作"塘"。

⑤ 龍老講:疑與上文之"龍老講"有一處誤衍。

⑥ 苟:本書前附《苗寨全圖》作"狗"。

勞神下寨、勞神上寨、三岔坪、下茶園、上茶園、止喇寨、排陂寨、仙鎮寨、小溪、老寨廠、牛洞坡、岑頭坡、龍扒溪、下大塘、鴨保寨、抱格肉、果沙、補排寨、龍朋、地卡、塘喇、紅岩排、迷必、夯把拐、卡塤犵老寨、平郎營、景戎寨、虫寨、敖里坡上寨、敖里坡下寨、隔得溪、塔板沖、梨溪寨、苗長寨、杓耳寨、[1]夯補肉上下寨、洞長二房、然杓寨、梘台中寨、里砌、洞長寨、龍保寨、排坨、蕩磯石、上坪、馬驛樓、[2]過道寨、夯達塤、張方寨、排已寨、犵老寨、楊孟寨、高岩寨、革查寨、白岩寨、補讓溪寨、洞上寨、夯不市、排耳惟、對馬寨、仁隆寨、然老寨、已留寨、紅岩寨、朶牙、罷滕寨、得能寨、上桃板寨、岑作頭、夯善寨、榔梏流、犵渣寨、上臥栗、下臥栗、界排、龍頸、雞公坉、斬車、古煞、旦喇、其婁、減惡慨、上水、猪屎寨、下水、巴天寨、孤耻寨、敢扒、[3]窩排、巴柯、已齊、減列、科甲、排略、木龍、止耳寨、暴木寨、洞梛、阿谷寨、補豪寨、阿糯寨、德夯寨、補美寨、排彼寨、鬼者寨、密流、岩渭坡、桃枝寨、大新寨、萬朋寨、鬼冲、亡腦寨、米流上寨、米流下寨、報木上寨、報木下寨、岩位上寨、岩位下寨、小新寨。

以上下哨共一百五十七寨,計二千七百五十七户,計成丁五千二百八十丁,每丁納雜糧二升,共納雜糧一百零五石六斗。

以上上、中、下三哨共三百一十三寨,計四千七百二十七户,計成丁八千八百一十七丁,每丁納雜糧二升,共納雜糧一百七十六石三斗四升。

① 耳:本書前附《苗寨全圖》作“兒”。
② 驛:本書前附《苗寨全圖》作“蚁”。
③ 扒:本書前附《苗寨全圖》作“把”。

附録一

孫思克行述[1]

（前闕）

王屢嘉異之。

順治八年，公年廿四，即授漢軍佐領兼刑部理事官。十一年，補授參領，仍任刑曹。歷俸十有二載，決讞多所平反，民無冤枉。後以參領加誇蘭大，出征湖南、滇、黔。公膽略過人，英氣邁衆，凡臨敵輒以身先人，遇有艱險首請願往。時統兵諸大臣以公弱冠之年，何其爲國出力若是也，咸嘖嘖稱羡不置口。凱旋，上其績，授頭等功牌。[2] 經考滿者四，俱列高等，廷議擬以方伯外擢，公以漢文未通辭。

康熙二年，奉命以都督僉事充鎮守陝西、甘肅總兵官。

康熙四年，移駐涼州。公未蒞任之先，西海厄魯特蒙古部落咸駐牧於黄城兒、大草灘、大黄山一帶，延至周道，居民時遭蹂躪，而商賈往來者，非分哨防護，裹足不敢前。自公下車以來，首分内外

① 【注】本文以中國國家圖書館藏清抄本爲底本，以羅振玉校録《振武將軍陝甘提督孫公思克行述》（1912 年版《東方學會叢書・史料叢刊初編》和 1924 年版《史料叢刊初編》第九册均有收録）（簡稱羅校本）爲參校本進行點校。因本篇内容較短，且無法確定抄本和羅校本之關係，故校勘中凡有異文均出校。凡意可兩通者，不做辨析；凡可辨析確定某字當爲某時，則在文中徑改並出校。另：本文點校時參考了李新達標點《孫思克行述》（載中國社會科學院歷史研究所清史研究室編《清史資料》第二輯，中華書局，1981 年），不再一一出校説明。

② 等：羅校本無此字。

疆界,次稽彝目部落,驅逐徙帳,無逼處地。[①] 然彝雖斂跡,而狂逞輒如故。時有滚卜台吉部落克代等仍恃野性,禦人於野。公即遣兵捕獲,奏請立斬以徇。自此,彝人始知有國法矣。[②] 丙午冬,海彝宰僧哈兔等恃其驕悍,帶領部落數百騎,從涼屬寧遠堡之古溝口越邊過北,公奮然率兵追擊,陣斬數十名,餘悉生擒下獄,請旨發落。自此彝人膽悸,不敢南下而牧馬矣。

然公之治邊也,又非剛戾自用,徒事誅戮爲也。蓋自金城渡河而西以迄嘉峪關,袤延千五百里,處處與彝爲鄰,鼠伺狐窺是其常也。公則以爲馴彝須馴其首,服彝貴服其心,必也恩威並用,寬嚴交濟,駕馭有方,撫綏得宜,而後可以爲久安長治之道。於是與海上諸大台吉明罰定法以彰信,講修敦睦以市恩,開心布公以結誠,問災恤患以修好,内外相安,番彝誠服,戴公如父母,敬公如神明。間有一二生事者,諸彝目必相戒曰:"寧死勿令一指諾彦知也。"[③] 無遠無近,無老無幼,咸稱"一指諾彦",不待問而知其爲公,即華言"大老爺"也。

外彝既已帖服,而公終念岩疆重地,兵力單薄,鎮標止設中、左、右三營,不足以資策應。商之提台張襄壯公,會疏題請復增前後兩營,又漸次條陳,將甘屬之永固城、涼屬之永昌營俱改設副將,其餘如金塔寺、嘉峪關、山丹、高古城俱改設遊擊,酌量各營堡之緩急,一一俱加增官兵。自此則兵威大震,甘肅一帶屹屹乎成雄鎮矣。於是休息物力,興行教化,重學校以培士風,[④]勸農桑以固邦本,捐俸重修學宫,以及敕建古剎之甚有關地方風景者。又春秋躬祀龍神,不憚跋涉迢迢,爲民間祈穀;歲荒旱,爲文親禱,輒痛哭流涕,引事以自責。至誠格天,或甘雨立沛以蘇困槁,或河水立發以

① 地:原作"此",據羅校本改。
② 有:羅校本無此字。
③ 指:羅校本作"揁"。下文同。
④ 風:羅校本作"氣",據文意,當以"風"字是。

資灌溉，連禩以來，[①]屢祈屢應，而河西軍民靡不歡聲動地，稱公爲一路福星云。而公則安不忘危，思患豫防，[②]嚴斥堠，勤哨防，整頓營伍，清理糧餉，修治甲械，訓練士卒，日昃不遑寧處。遇有彝情邊務，每秉燭達旦，悉心籌畫，事寢而後已。士有射藝優嫻、材品卓犖者，立拔之儔伍中而膺以上選，或賞以袍鎧或鞍馬弓矢之類，揮金似土，從無吝色。賢者獎掖之，不肖者激勸之，無一不鼓舞感奮，悉樂爲公用。將校有熟諳邊情、曉暢軍務、才勇過人、實心任事者，公愛之重之不啻如子弟。或加意甄拔，或特疏題薦，無非一片公忠報主、爲國舉賢之至誠，以期同策同力、報效清時而已。所以從將弁歷登提軍，或位至方鎮者，一一皆皇家心膂之寄，而副總戎以下不能更僕數焉。公居心仁恕，僚友將佐悉推誠以待，無傲容，無厲色，然威而不猛，人多畏服。至撫循士卒，恤其饑寒，憫其勞苦，冱寒溽暑，恍若身受，而戚戚每形諸色。有陣亡者必親臨跪奠，輒悲泣失聲，以是士皆出死力以報，故所向無前，每戰必勝。

康熙十三年，上因公衝邊效力，著有勤勞，加爲右都督。其年，吴逆反叛，全秦煽惑，逆黨王輔臣戕害經略，率衆倡亂。次年春，勢日鴟張，臨、蘭失守，兩河鼎沸，人心風鶴。公枕戈擐甲，[③]秣馬厲兵，誓以身殉，以圖剿滅。時襄壯張公、忠勇王公從署伏橋渡河攻圍蘭州，公從蘆塘渡河攻取靖遠衛，而領兵當事者欲行屠戮以示儆，公念吾民皆朝廷赤子，一時迫於賊勢，其從逆或罪非本心也，[④]不若開以生路，招之使來，俟其抗命而後屠之未晚也。隨出示曉以禍福，老幼男婦爭先投誠，咸稽首哀泣，公親加諭勉，衆姓歡聲若雷，全活者以萬計。疏聞，奉有"孫思克率兵恢復靖遠衛，招撫流民，區别投降，官兵皆得其當，具見籌畫周詳，勤勞可嘉"之旨。隨

---

① 禩：羅校本作"年"，據文意，當以"禩"字是。
② 豫：羅校本作"預"。
③ 擐：原作"環"，據羅校本改。
④ 罪：羅校本無此字。

加公左都督。

靖遠已復,即擬整旅東征固原等處,以收全效。忽甘屬紅崖堡地方被噶爾旦之部彝麥力幹乩手子與滚卜插漢糾合番目葉賽等乘隙入内,[①]大肆搶掠。而賊彝阿喇奈復肆狂逞,陣亡永固城副將陳達,河西一帶紛紛告急。公聞報,即晝夜兼程,馳赴甘州,賊彝聞公之至,蚤已驚魂遠遁矣。從甘甫回,隨又統兵渡河。王忠勇公攻圍蘭州,而公與張襄壯公攻取鞏昌。適秦州逆賊巴三綱糾川賊猖獗肆出,勢甚緊急,有定西大將軍多羅貝勒飛差章京至鞏,調公應援。公即統兵戴星而往。其城中逆孽一聞公至,旋受招安,川賊勢孤,亦鼠竄夜遁矣。公恐我師入城或致搶掠,有傷黎民,隨與領兵各大人極力陳懇,禁約滿漢官兵秋毫無犯,上以體朝廷好生之德,下以開脅從歸誠之階,[②]此公素性仁慈之本然也。[③] 又會挑精騎一路追剿川逆,而西和、禮縣亦因是漸次恢復。公仍同滿州將軍穆占復回鞏昌,[④]多方招撫,而城内從逆者聞公開誠布公,不嗜殺戮,俱傾心投順,立受招安。疏聞,奉有"覽卿奏,率領官兵,同將軍穆占前赴鞏昌會剿,隨差官宣諭招撫,衆賊盡行繳札投誠,恢復鞏昌府城,具見調度有方,剿撫並用,可嘉"之旨。

爾時臨、蘭俱亦平復,惟王輔臣負固平涼,逆氛正熾,儻延及三輔,則燎原可慮。公報國心切,恨不能滅此朝食,即率兵從鞏啓行,由西路進取平涼。行至紅寺兒地方,有僞總兵李國樑帶領賊兵據險自恃,公發兵撲剿,當陣斬獲無算。而静寧、隆德諸州縣俱經恢復。塘報張襄壯公。疏聞,奉有"覽卿奏,鎮臣孫思克率領官兵進剿平涼,於紅寺兒地方擊敗賊衆,生擒僞守備等,得獲僞札、器械、馬匹等項,恢復静寧州城,具見調度有方,將士奮勇,可嘉"之旨。

---

① 紅:通行寫法中一做"洪"。噶爾旦:今通譯作"噶爾丹",爲保持原貌,本文中不作更改。下同。
② 歸:原作"皈",據羅校本改。
③ 仁:原作"人",據羅校本改。
④ 占:原文無,據羅校本補。

及過六盤山，大雨如注，師不宿飽，攀崖陟峻，士氣倍增。哨賊見之莫敢攖鋒，而僞參將姜會陞即帶領賊衆納款投誠。方抵臥羊山，而僞總兵高某亦帶領僞官多員，[①]馬步兵千餘，斬門而出，率衆迎降矣。此皆公平日威聲遠播、恩信素孚，故凡所歷地方，兵不血刃，而奏捷之如是其速也。[②] 比至平涼，與大兵合師攻圍，公力以滅賊之事爲己任，殫精竭慮，調度策遣。而一載之中，其間或斷絶糧道，或捕拿奸細，或攻克賊寨，或生擒賊首，或分路撲剿，或堵截應援，出奇制勝，屢戰屢捷。節經題報，上聞天心，悉皆嘉悦，俱奉温旨褒嘉，不及一一詳載。

十五年五月十九日，公與撫遠大將軍公圖踏勘平涼城北形勢，商酌克取機宜，[③]詎料逆寇先於虎山墩埋伏賊兵萬餘，希出我不意，以逞螳臂。大將軍見賊勢甚衆，以未可輕動爲語，公曰："若不乘此好地利、好機會奮力殺賊以報國恩，更待何時？"言畢，即躬率將士鼓勇當先，陷陣摧鋒，力圖殲滅。忽公右臂爲賊所傷，刀痕深寸許，血漬衣甲，而公猶奮不顧身，斬將搴旗，勇往直前，所向無敵。賊衆披靡大敗，閉門不敢復出。王輔臣計窮力盡，旋受招安，全秦之危一旦瓦解矣。奏凱旋涼，恭報回營日期及備陳將士勞苦，奉有"覽卿奏，自逆賊煽亂以來，矢志忠貞，殫心籌畫，身先行陳，恢復地方，恩義素孚，將士用命，屢經戰陣，勞苦可嘉"之旨。又奉特旨："孫思克剿禦賊寇，功著岩疆，矢志忠貞，克副倚任。著優陞爲一等阿達哈哈番、涼州提督。欽此。"然公自平涼受傷，創疾時作，惟恐貽誤封疆，具疏乞休。上以公久鎮岩疆，剿除逆賊，奮勇克敵，屢建戰功，新簡提督，正資料理。著殫心供職，益展壯猷，以副倚任，不必以疾求罷。公感仰温綸，力疾視事，連歲出師，愈勵忠誠。遣部

① 【注】高某：即高鼎。
② 之：羅校本無此字。
③ 克：羅校本作"攻"。

恢復成縣,平定階、文,兵戈所指,悉奏膚功。[1] 在他人或矜爲己有,而公則絶口不言,其休容之度,豈淺嘗者所能窺其萬一哉!蒙聖明在上,洞見幽微,又特授公以阿思哈尼哈番世職。十八年,公忽染腿疾,不能騎乘,再疏陳情,力請休致,而亦未蒙俞允。

公自吴逆變亂以來,七載之中,東西奔馳,不避艱險,所過之地,禁令森嚴,民無騷擾。其間奠安反側,招集流亡,有臨、蘭、秦、鞏以及靖遠等處,賴公生全者不止數百萬衆。迄今家尸户祝、繪像立祠者,在在而是。

嗣同大兵駐漢中,正擬進川勦滅,因河西邊地緊要,大帥俱出無人。爰奉諭旨,令公帶領所屬兵馬回汛鎮守。甫抵涼州,又奉文移駐莊浪,彈壓兩河。駐莊二載,時有慶陽逆首耿飛率衆猖亂,[2] 又西彝打兒架祝囊攻困河州撒喇蘇直地方,公各遣官兵,授以方略,合師會勦,次第削平。

二十年,雲貴全復,撤兵回營。

二十二年,因遵諭陳言忤旨,部議落職。上念公夙系重臣,河東有事,屢著功績,止去提督世職,仍留總兵之任。明年夏六月,隨特簡甘肅提督矣。公聞命之日,感激涕零,望闕陳謝,深以任愈大而責愈重,不堪負荷,惟有益加黽勉,仰報主恩。奉職三載,而所轄甘肅、寧夏、西寧三鎮,邊境宴安,地方寧謐,蓋公實心任事,夕惕朝乾,在甘之日無異於在涼之日也。二十六年,軍政,公引例具辭。奉旨:"卿簡用提督,克副委任,和輯兵民,恪守安静,裨益地方,可嘉。著照舊供職,該部知道。欽此。"

二十八年春,有從北套逃來生彝憨頓擺代帶領部落由邊以北乘夜越南,搶掠西喇古兒番族,屢行驅逐,彝抗不受命。公曰:"雖屬生彝,罔識國法,然不可縱也,漸不可長也。"於是遣發官兵,於半

① 膚:羅校本作"虜",誤。
② 猖:羅校本作"倡"。

個山地方奮勇剿殺，陣斬甚多，餘孽俱敗遁。自此威懾大漠，而邊境益爲之肅清矣。

二十九年冬十月，[①]公腿疾復作，時年已六十有三矣。既老且病，繕疏力辭。奉旨："卿長才偉略，簡任提督，久鎮岩疆，熟諳地方情形，安輯兵民，勞績茂著，老成威望，邊方要務正資料理。著照舊供職，不必以衰老求罷。該部知道。欽此。"其時，欽差內閣侍讀學士達等出使西域，[②]旋至嘉峪關外，被彝目阿氣勞藏糾合套彝合宜勞藏邀劫，殺傷迎去官兵。公聞報，即暮夜發兵，星馳救援，公亦從嚴寒風雪中率兵後應，賊彝聞之，畏威悔罪，立將欽差送回。公以爲雖屬境外，然劫犯天使，罪不可逭，仍疾催進兵，力圖蕩剿，以昭國典，於關外黑山兒湖地方直搗彝巢，陣斬數百級而回。疏聞，聖心嘉悦，仍敕公分別首從，嚴正彝人之罪。其時阿氣勞藏業已遠遁無蹤，公遣能員前赴西海，著落彝目衆台吉，令其追賠擒解，並定其應得之罪。西海衆台吉凜遵法度，悉從該彝追出原搶諸物，並丐恩於公，轉達天聽，俯求寬宥。公具狀以聞，奉有"孫思克所議此案，區處極爲合宜，一切邊務盡心籌畫，效力可嘉。這本內事情俱依議"之旨。

不寧惟是，甘、寧、西三鎮地方處處俱皆沖險，[③]其一切防範禦侮之計，公實無時無刻不爲之小心顧慮也。[④] 至若肅州一協，設在極邊盡頭之地，南鄰海彝，北近套魯，西通哈密、回紇，內則復有番族插帳，與民雜處。且噶爾旦巢穴在於西北，距肅止月餘之程，常有吞并西海之陰謀，而嘉峪關外系其必由之路，雖狡彝一從烏瀾布通被天兵殺敗之後，亡魂喪膽，料不敢窺覦內地，萬一詭譎乘機，患生不測，亦難逆料，[⑤]況在我臨邊經過，不可不作先事之防。是肅

① 十月：羅校本無此二字。
② 【注】達：指學士達瑚。
③ 俱：羅校本無此字。
④ 之、也：羅校本無此二字。
⑤ 難：羅校本作"離"，當爲形近而訛，應以"難"字爲是。

州一汛，不惟無事，而副將一官，威望不尊，不足以資控禦，儻一旦促然有事，[①]而以該營不足一千之士馬，亦難責其衝鋒堵禦也。公條議：必得設立總兵一員，設兵三千名，不特官兵既多，不患分佈堵勦之不足，抑且總兵聲名既大，軍威丕振，而實陰奪狂彝之膽，潛消窺伺之萌矣。再甘肅處在天末，地瘠民貧，其一切布種收穫，大與腹省迴別，[②]小民終歲勤動，一年止得一收。若遇豐年，除輸將國賦而外，[③]僅足以贍八口；一遇水旱，輒室如懸罄，既無蓋藏之儲，更無市糴之家，所以節年兵馬糧料不敷供支。是本地之糧料尚如此艱難，萬一有意外之警，調集别處官兵，雲屯塞下，倉廒久矣空虚，[④]閭閻又鮮積蓄，輓運則不能驟至，召買則地狹民窮，兵馬一日不食則饑，將何以資騰飽？公條議，惟有捐輸一著暫開事例，無論本省、别省官員、人民，在於甘、肅、涼、莊、西、寧，准令一例捐納。邊儲既裕，兵食有賴。無事則積貯倉廒，以備年荒賑饑之需；有事則糧糗既充，自無匱乏之虞。既有益於邊防，又無妨於備賑，誠一舉而兩得之道也。三十年春二月，疏上，上悉可之。

肅州既新設總戎，大司馬以人進。上諭行文問公："肅州新添總兵官之任，甚屬緊要，副將潘育龍人材如何，可否堪充此任?"公以"潘年英志鋭，[⑤]材品超常，委系熟諳邊地、謀勇兼備之員，充補肅州總兵官，綽有餘裕"以對。[⑥] 旋奉欽簡潘爲肅州總戎矣。[⑦] 由此觀之，上之倚公也何其專，而信公也何其至，明良相合，上下交孚，即虞廷都俞之風，又何多讓焉![⑧]

其歲，寧夏賀蘭山後住牧之降彝額爾克巴兔魯祝囊一旦負恩，

① 促：羅校本作"驟"。
② 大：羅校本無此字。
③ 而：羅校本無此字。
④ 矣：疑此字爲"已"字誤。
⑤ 羅校本"潘"字後有"育龍"二字。
⑥ 以：從句意判斷，"以"字當衍。
⑦ 羅校本"潘"字後有"育龍"二字。
⑧ 原文"又"字前有"而"字，據羅校本删。

暗行逃遁，其弟博吉同叛，帶領部落至涼蜀之寧遠堡邊外昌寧湖屯扎，欲乘隙逾邊往南。公一面遣發官兵，一面移會涼鎮柯公合兵出邊，立行剿殺，以正叛國之罪。當陣斬首無算，博吉逃奔無蹤。事聞廟堂之上，深爲嘉尚。

三十一年春，上遣西安將軍馬、侍衛大臣阿會同公招撫祝囊，①如抗拒不遵，即令率兵出邊，直搗巢穴，竟行剿滅。公曰："屠此輩直㹢犬耳，惟所惜者數千生命耳，不若仰體皇仁以招徠之。"隨遣通官往諭，祝囊知公恩信素孚，毫無疑懼，亟欲來歸，而左右恐誘招安，仍詰其背叛之罪，尚疑信者半。祝囊曰："孫公，信人也，豈欺我哉！"隨差親近宰僧叩首公前，公指天欲誓，語未吐而宰僧力止之曰："大人請勿復言，歸即率衆來降也。"未幾，果如所言，祝囊親至嘉峪關款服矣。公會疏奏請仍安插舊地，以示朝廷柔來之意。上從之。聞祝囊受撫之後從甘經過，公饗以酒宴。是日，公舉次子，人皆以爲全活彝衆陰德之報云。

是夏，欽奉上諭，諭兵部："國家簡用武臣，委任封疆重寄，專期兵民輯睦，邊境乂安，其實有宣力累年、茂樹偉伐者，則旌庸之典必加渥焉。甘肅提督孫思克，久歷邊地，熟諳機宜，當秦省用兵之際，素著勞績。自任提督以來，益殫謀猷，實心幹濟，惠愛洽於士卒，威望讋乎外彝，特沛殊恩，用昭寵獎。著加太子少保，給一拜他喇布勒哈番，以示朕展勳酬勞至意。爾部即遵諭行，特諭。欽此。"公膺此寵命，且感且泣。恒思益加警策，盡力邊疆，以仰副皇上優崇之至意。但因年已六十有五，未免精力消耗，舉止艱難，誠恐遇有邊警，或致貽誤封疆，是以於本年軍政諄切懇辭，雖曰遵例自陳，實出公之本念也。乃蒙聖明寵眷，不但未允所請，且奉有"卿簡用提督，克副委任，和輯兵民，殫心籌畫，久鎮岩疆，勞績茂著，深爲可嘉。著加授將軍，彈壓地方，以示朕獎勵勞臣至意"之旨。部以加何將

① 羅校本"馬"字、"阿"字後均有"公"字。

軍之名,應候上裁。奉旨:"孫思克著授爲振武將軍。欽此。"隨頒給將軍敕印。

三十二年春,因噶爾旦有來哈密之信。奉旨遣發禁旅,同西安滿洲大兵來甘駐防。公恐套彝相隔遥遠,偵探難以驟得,隨移會肅鎮潘公,選差精騎,遠出嘉峪關外,直至哈密地方,捉獲回彝八名,縛解來甘。會同統兵將軍各大人研詢噶爾旦向往確情,始知前來哈密之語傳聞非真,復蒙欽差大宗伯席公等來甘會議,將滿洲大兵分駐蘭、涼等處,以便糧芻。其所以甦民力而省輓運共億之苦者,此功此德,豈淺鮮哉!

三十四年,上以噶爾旦背恩狂逞,蠶食鄰封,法在必誅,務期殲滅根株,無使滋蔓,特差大司寇圖公暨秦省將軍、督撫、提鎮大臣齊集莊浪,會議進剿機宜。公向闕跪奏曰:"臣老矣,來日苦短,乘尚未填溝壑,願將一旅滅此小醜,以報數十年國家豢養之深恩,我聖主知遇優隆之曠典,縱馬革裹屍,老臣死且不朽,況臣僚佐諸鎮臣與臣協合同心,誰非願出死力以報陛下者!"因開列寧夏總戎、今陞廣東提軍殷,[①]涼州總戎、今陞鑾儀衛使董,肅州總戎、今調天津總戎潘,直隸總戎、後陞四川提軍岳,貴州威寧總戎、今陞四川提軍唐,延綏鎮遊擊、後陞靈州參戎祁,河南陳州守備、今陞公標下中軍副總戎方諸公同往姓名,[②]及原任寧夏總戎、致仕馮公亦願出力報國,同公偕往,先後以聞。奉旨俞允。緣岳已經中路進征、方扈聖駕外,[③]其餘總戎等均如公所奏,以及甘肅、陜西副將以下武職官員俱令公揀選帶去,於明年三月二十間出鎮彝,順黑河、討來河合流之處前往坤都倫截剿,且奉有"滿洲兵丁著將軍博濟統領,緑旗兵丁著將軍孫思克統領,以孫思克爲長"之旨。

三十五年春正月,公方在整旅西出間,二十三日忽奉上諭,令

① 羅校本"殷"字後有"公"字。下文"董""潘""岳""唐""祁"等字後羅校本均有"公"字。
② 諸公:羅校本作"公"。
③ 羅校本"岳"字後有"公"字。

公於二月二十間從寧夏出口，與撫遠大將軍費所進甕金之路會合前進。[①] 二十六日公即率勁旅東行，二月望抵寧。十九日，兵部筆帖式蘇公捧齎敕諭一道，命公統領緑旗官兵一切事宜，與西安將軍博、一等侍衛副都統阿等計議而行，同統領滿洲官兵之揚威將軍覺羅恕前進。公聞敕諭略云："爾二人皆國家大臣，膺朕委用重任之人。凡關軍機重情，俱宜體朕委用之心，同心竭力，協謀舉行，勿分爾我，各執己見，互爭優劣，以致因私害公，負朕倚任至意。勿謂自知而不納衆論，勿當事會而致失機宜，勿恃兵强而輕視逆寇，嚴偵遠探，罔或疏虞，爾仍總統調遣。欽此。"公自以爲緑旗之將軍僭越滿洲之上，此乃從來所未聞，然成命已下，惟有竭盡心力，加意籌維，鼓勵官兵，務期搗其巢穴而剿滅之，以報皇上倚任之隆遇。誓師已畢，二十二日自寧啓行，從平羅營出口時，上親御六師，由獨石口而出。即僕劣如謨，亦備員從駕，得睹天討軍容之盛焉。

聞公之出塞也，越十有八日，逾狼居胥，自兹而往，率多戈必地方。戈必者，無莖草，無滴水，沙石鹵跡之鄉也。有竟三二日者或五七日者，人則載水以行，[②]而馬匹則不堪復問矣。自出邊之日，奔走二千三四百里，其間風寒雨雪固不待言，然猶以爲常也。迨至三月二十、二十一日，飆風兩晝夜，二十二日大雨一晝夜，寒威凛冽，儼若隆冬，馬匹既餒且凍，倒斃甚多，自此疲弱不行，沿途日見丢棄。行至郭奪利地方，每兵騎馱之三馬，有剩二匹、一匹者，甚且並無一匹者，合而計之，一兵不足一馬，且僅存皮骨，尪羸殆甚。有馬馱盔甲糧米，兵則徒步牽行者；有兵負盔甲糧米，馬則推前卻後者。至問其裹帶，皆因人馬交憊，不能負馱，率拋棄者多，約計兵食所剩不足一月之需矣。公曰："此去彝巢尚遠，我兵糧米不繼，不但臨敵制勝曷能有濟，行且深入不毛，悉歸於盡矣。"蒿目殷憂，計無

① 羅校本"費"字後有"公"字。
② 則：羅校本無此字。

所出。因下令將衆軍裹帶之糧盡行并聚,所乘之馬亦摘取膘壯者隨之,於所領緑旗官兵七千之内,挑選精健者二千以往,其餘盡數擇將佐之素有威望者帶領以歸。左右咸以奉命出師,行至中途輒發回未便,恐上怒,不利於將軍。公曰:"兵在精而不在多,吾二千人足以破敵矣。儻朝廷加罪於我,我自當之,且吾與其悉作餓莩而鬼於異域也,吾寧以一身之誅戮,而博數千子弟以生還,我之願也。"因痛哭流涕,商之大將軍費,[①]將軍恕、博,副都統阿等,僉曰:"可。"公於是具疏自罪以聞。上是之。當衆軍之未歸也,一聞此令,咸哭泣跪告,願隨將軍往,縱饑餓而死,亦所甘心。公含淚慰之曰:"爾等皆我平昔所練壯士,誰非捐軀報國之人? 但到此馬罷糧盡無可奈何之地,[②]不得不令爾等歸耳。"勸諭再四,衆軍方戴公之德而回。

公率此二千勁旅至甕金,上賜公錦段綿鎧,由是滿漢合兵馳進。越十有七日,至杭愛山,狡彝將山草焚燬殆盡,一望彌漫,燼灰無際。馬無水草,十斃八九,人不能爨食,死者相枕籍於道,而公所部士馬咸勇氣倍增。行七日始達昭磨多地方,時聖駕已抵克魯倫河矣。噶爾旦不信皇上親臨,云:"康熙汗不在中國安居逸樂,過此無水瀚海之地,寧能飛渡乎?"乃親登北孟納爾山瞭望,一見天兵隊伍規模,云:"此兵不似烏瀾布通時,甚是精練,難於脱身。"於是傳示其衆,令皆棄帳房、器械,連夜逃遁。上命大將軍馬、總戎岳等追之,[③]予亦尾隨師末,見沿途帳房、釜鬵一切器物盡皆抛棄,狡彝潰遁之狀,實不堪觀。

五月十三日,適與公西路兵相遇,大將軍費以公勁卒居中禦之。[④] 寧夏總戎殷公曰:"將軍先占此山梁,戰與不戰,我便得地利

① 羅校本"董"字後有"公"字。下句"恕""博""阿"等字後羅校本均有"公"字。
② 之地:羅校本脱此二字,誤。
③ 羅校本"馬""岳"二字後均有"公"字。
④ 羅校本"費"字後有"公"字。

耳。”公深然之，遂傳令整兵登山梁。對敵時日將晡，或有謂俟明旦進兵者，公曰：“賊遠來，當乘機撲殺，一戰成功。有退縮者，法無赦。”衆軍振聲一呼，山谷皆應，炮火之後，繼以弓矢，所向處鋒鋭莫當。賊披靡大潰，追奔逐北之餘，屍積如山，血流成谿，所遺駝馬牛羊以及器械委塞道途，噶爾旦僅以身免。

是役也，公悉遵皇上所授方略，仰仗廟堂威靈，各總戎俱奮勇先登，[①]公亦躬擐甲冑，不避矢石，指麾調度，滿漢協力，將士用命，人懷必死之心，士奮樂鬭之志。且賊彝爲禁兵所壓而下，勢甚狼狽，有不立視其登時潰敗、豕驚狼奔者乎？幕府上疏報捷，天顔大喜。十八日，特命一等侍衛馬至營慰勞，[②]召公赴京陛見。途次懷來縣，特差侍衛馬、關、吴等賜迎，並齎欽賜龍紗袍一、紗褂一、綴東珠涼帽一、佩帶一、靴一、襪一、詩畫扇一，上書五言律一首曰：“天討恭行日，軍威戰捷時，列營張犄角，扼吭有偏師。立見窮追盡，能承節制奇，鷹揚資遠略，宿望在西陲。”侍衛傳旨：“此扇系朕親筆寫畫的，口内地方天氣尚熱，著將軍打涼。”此秋八月十三日事也。

十七日將進京，上先差内大臣索，[③]内大臣公福，侍衛馬、關、吴公等攜茶迎十餘里，召見於暢春苑。舞蹈畢，上命公至御前。公跪請聖安，上親撫其肩，慰勞云：“將軍身子好麼？卿這一番委實辛苦了。”公奏云：“臣賴皇上福庇，身子好，亦不甚辛苦。”上云：“卿七十多歲人，在於荒徼異域之地受辛苦半年，建此大功，著實難爲你了。”公奏云：“噶爾旦被天威所懾，喪膽亡魂，迎刃而來。臣等適逢其會，所以報捷最易，其何敢貪天之功而以爲已力耶！且滿漢合力以奮登，將士同心而戮命，臣一人何功之有焉？”上云：“卿勿復言，你的好處朕都知道。”隨令公坐御榻右側，時皇太子坐左側，皇長子、諸皇子坐居下，諸王内臣侍立。公睹之，以不敢坐辭。上云：

① 羅校本“戎”字後有“公”字。
② 羅校本“馬”字後有“公”字。下句“馬”“關”“吴”等字後羅校本均有“公”字。
③ 羅校本“素”字後有“公”字。下句“福”“馬”“關”“吴”等字後羅校本均有“公”字。

“將軍但坐,朕正欲使他們大家觀看耳。”隨賜茶、賜宴。上復云:“朕知道老將軍不能食鎚硬之物,[①]此朕所御用者,俱甚爛,老將軍其食之。”隨問公當日在平涼虎山墩所中之傷,公出袖進覽,上爲之驚駭。公隨請旨謁陵。上云:“將軍老臣,著博濟陪老將軍前去。”

出,抵京,謁皇太后宫、皇太子宫,請諸皇子安。爾時凡公所過街衢,無論滿漢、男婦老幼,聞孫將軍之名,不知其爲如何人,皆欲一識其面,擁遮爭擠,致公馬幾不能前。次日同將軍博公就道謁陵,念七日返。次日,公進蒙古環子甲六、鳥槍六、馬六、滲金佛一。上云:“此俱老將軍當陣所獲噶爾旦之者乎?[②] 朕俱納之。”公隨捧疏,以年老辭。奉旨:“卿久鎮岩疆,威望素著,西路進剿,克奏膚功。年齒雖邁,精力未衰,邊方重地,正資料理。著照舊供職,不必以衰老求罷。欽此。”隨有侍衛闢傳旨:“著老將軍自己選一良辰,[③]朕還有賜的扁額領去懸掛。”九月初三日,欽賜御書“雄鎮秦關”綾扁一、御書“綏懷堂”内製龍扁一。侍衛闢傳旨:“朕凡賜大臣的匾額,[④]不過是幾個字,著他領去,自己做扁。今老將軍從塞外遠來,所以做了一塊現成扁,領去懸掛家中,以表老將軍鎮守河西三十餘年之功。”時四中使舁扁而出,上亦臨御宫門目送之。宸翰既焕金章玉符之彩,内造復極龍翔鳳翥之工。皇都諸色人等擁街塞巷,爭睹其盛,皆以爲皇上之光寵將軍如此其獨隆,而將軍之荷沐恩榮如此其獨渥也。初十日傳旨賜宴,上召公前,再前,親觴者三,始命就坐,侑以御樂。徹饌,同上登舟,宴飲至夜闌,仍命坐御船送出暢春苑。是日,同宴者將軍博公,提軍岳公,鎮戎潘公、唐公、馮公也;陪宴者内大臣索公、明公,内大臣公福公,鑾儀衛使公常公也。[⑤]

---

① 鎚:羅校本作“堅”。
② 之:羅校本無此字。
③ 羅校本“闢”字後有“公”字。
④ 羅校本“闢”字後有“公”字。
⑤ 衛:羅校本脱此字。

先是，噶爾旦敗逃，勢窮力竭。有從圖喇奔往甕金搶掠糧米，前往哈密之信，公以爲甕金地方與額濟奈、坤都倫相連不遠，而坤都倫離肅州鎮彝不足二十天之程，其肅州所屬之榆木山南亦有與噶爾旦輸納添巴之番族，萬一噶爾旦探知沿途提鎮俱未在汛，儻從坤都倫順黑河直抵肅州鎮彝，乘虛入内，越邊往南，糾聚伊之番族前往苦苦腦兒，舉未可料，宜令沿邊各總戎領兵回汛，以備不虞，此萬全之策也。因具疏以聞。上深然之，而總戎殷、董二公從十六台即已回汛訖，是以未入京預宴。

十一日，上諭户部："將軍孫、博，[①]總戎唐，帶來官兵，此番甚是辛苦，每名各賜銀十兩。"十二日，公帶各兵赴朝謝恩。奉旨："著西安滿洲兵并緑旗兵，分作三日赴景山射箭。"次日，上幸景山，皇太子坐御榻左側，仍令公席地坐右側，上云："老將軍之臂，當年在陣上著過重傷。"命皇太子視之，皇太子亦爲之驚訝。比將軍博公分撥滿洲官兵射箭畢，上云："孫將軍有年紀了，坐著罷。著博將軍代他分撥緑旗官兵射箭。"上見公標下兵丁所帶長靶劗刀，令侍衛逐一掣出，上俱親覽。凡見鋻口有血痕者，上親問："你殺了幾個蒙古?"各兵回奏殺一二名不等。[②] 上大喜，親賜公弓矢。賜宴，並賜各兵丁宴。侍衛傳旨云："皇上説'你兵丁們都辛苦了，今日親與你們賜宴'，著你們回去，向你們親戚朋友俱如此説。"又奉上諭，著侍衛領公同博公等游景山看活獅子、活虎畢，又撤御饌以賜之。十四日，公同博公各帶兵丁仍赴景山射箭，親賜海龍皮秋帽一、繡金四團龍銀鼠皮補服一。上謂公曰："明日九月十五，各官俱戴秋帽。朕與你帶來秋帽、皮褂，明日你穿。"公即欲跪領，上云："你就穿上罷。"於是二三侍衛解公之衣，脱公之帽，而更尚衣御帽焉。復命公前，上親摘所戴金珀數珠手賜之。射箭畢，賜公、博公及滿漢兵丁

① 羅校本"孫"字後有"思克"二字，"博"字後有"濟"字。

② 回：羅校本脱此字。

宴如昨日,又賜公元狐皮朝帽一、貂鼠皮朝衣一、元狐皮搭護一。侍衛關傳旨:"著將軍明日就將所賜朝衣、朝帽、皮連搭護穿來上朝。"[①]十五日入朝畢,仍同博公各帶兵丁赴景山射箭,賜宴如前。夫身游禁苑之中,坐餍天廚之味,侍衛大人授食行酒,且近睹聖容,特垂顧問,此方鎮連帥中所未易得者,而以荷戈之邊卒竟邀此殊恩。我皇上酬庸懋賞,其不遺於公所部之征夫也如此。[②]

十七日,公進見,請領聖訓。上云:"老將軍在邊年久,其地方一切事務卿俱知道,無庸朕與你再説。只是邊上兵丁,此番與朕出力,甚是辛苦,朕甚憐念,卿當嚴飭所屬武臣,不可克扣兵餉,不得虚冒錢糧,如有此等不肖官員,卿即指名參奏,朕處上幾個作個樣子,與天下人看。"公奏云:"臣受皇上如此隆恩,即粉身碎骨不足云報。但臣年老惛憒,恐誤皇上大事,所以具本懇辭。今既未蒙俞允,臣惟有凜遵聖訓,恤兵清餉,竭盡心力,仰報皇恩。惟是臣年已七十,恐此番出京,再不能得見天顔!"公奏及此,淚隨語下,上亦爲之淒然。隨命侍衛關領公同博公等乘舟游瀛臺,[③]看活孔雀、仙鶴、五色鸚䳇及諸色異鳥。至神武門,隨有侍衛馬捧孔雀帽翎一,[④]牽御馬一,金鞍玉勒,鵝黄色扯手,元狐尾踢胸,艾葉豹鞦轡,白狼皮鞍座,金錢豹花韉。傳旨:"此係朕所騎鞍馬,著將軍就在此處騎上,並將翎子戴上,著從大街回去,也不必謝恩。明日蚤來赴宴。"十八日,賜宴畢。上云:"朕明日北狩,卿於朕行。後擇一良辰,緩緩回汛。"又御臨董其昌書《燕然山銘》賜之。十九日,公至土城關送駕,上云:"卿有年紀了,不必送罷。卿從容擇一良辰,緩緩回去。"二十日,請皇太子安,賜公駟馬安車一。皇太子云:"老將軍,你是有年紀之人,路途遥遠,此轎乃上賜予所乘者,極其穩當,

---

① 羅校本"關"字後有"公"字。

② 遺:原作"遣",羅校本作"遺",據文意,當以羅校本爲是。

③ 羅校本"關"字後有"公"字;"等",羅校本無此字。

④ 羅校本"馬"字後有"公"字。

今與老將軍坐去,長途殊不困頓。"二十二日,公出京回甘。皇太子令旨,[①]命領侍衛内大臣公帶領上三旗一等侍衛三十員出彰儀門十餘里,攜茶酒送公而歸。行至安肅,上遣兵部員外郎韓馳追,[②]傳旨:"有賊彝於甕金地方搶糧,被我兵殺敗,將此事説與將軍知道,著他歡喜。欽此。"至陝西之青家驛,因噶爾旦甚屬急迫,必奔哈密,奉旨,令公帶領標兵赴肅州防備。公於冬十一月廿六日抵甘,隨即整頓兵馬,於十二月十六日前往。訖明年春,上遣壯大阿奇納捧賫鵝黄色五爪團龍皮襖一、貂鼠皮褂一賜公於肅州。

夫公之入都也,每逢進見,必召坐於上側,起坐皆扶帝座,而且錫予頻仍,天顔温霽,君臣之間藹如父子。公之在甘也,每逢欽使,必荷存問。至欽使還京,上必問:"曾見孫將軍否?邇者面容如何?精神如何?"凡此皆特恩也,亦異數也。然非公建此不世之殊勳,何能邀此不次之曠典?非遇此親賢禮下之聖主,何能得此超常溢格之殊榮?歷觀前史,直追三代明良之盛,豈止駕軼漢、唐而已哉!

嗣三十八年春,公具疏以衰老辭,一時紳士軍民以及商賈市販悉爲之罷市,南北彝目番族不憚百里、數百里者,跋涉而來,咸環泣轅門,哀懇挽留。公意決,密遣使賫疏以上,時督撫兩臺復各據輿情,交章保奏。奉有"卿久鎮西陲,效力年久,簡畀提督,勞績茂著,授爲將軍,同大兵征剿噶爾旦,克奏膚功,[③]岩疆重地,方切倚任。著照舊供職,不必以衰老求罷"之旨。公曰:"老臣黑髮臨邊,今已皓首垂暮矣。疊蒙聖主種種殊恩,身非草木,夫豈冥頑無靈,寧不知勉加策勵?在邊一日,與朝廷效力一日,無奈年已七十有二,衰老至極,心有餘而年不我假,足欲進而力不能前也。今皇上不以老臣爲不肖,將岩疆四鎮之巨任尚委於朝不保暮之人,亦惟有竭此餘

① 令:原作"領",據羅校本改。
② 羅校本"韓"字後有"公"字。
③ 膚:羅校本作"膚",誤。

生，死而後已耳。”遂抖搜精神，[①]益理營伍，精器械，訓士卒，秣馬匹，終日皇皇，刻不自逸。冬十二月中浣，忽疾作，公曰：“吾生平並未一病，今或是吾畢命之秋矣。”然神采精健，語言明爽，無異於居恒，日事藥餌，漸有起色。

今年春正月，遂具疏以老病辭。二月十五日，疾忽劇，是夜劇甚。公從容語曰：“予年逾古稀，不爲不壽矣；食禄邊庭，不爲不久矣；官至宫保將軍，不爲不榮矣；極荷皇恩寵眷，不爲不重矣。予實含笑九原，夫復何憾！獨是受皇上知遇之恩最深最厚，未獲盡命疆場，而竟死於床褥，且未得再見天顔一面，此則予之所不能瞑目者耳！”言訖而逝。遺疏辭謝君恩，並無一言及家事。

自公之歿也，麾下將佐躃踴號慟，如喪考妣，終喪苫塊不忍去。各路屬僚舉設位成服，河以西咸爲之縞素，部伍閭閻哀哀如失所天，即在家人婦子以及田夫童豎無一不哀戚泣下，遠近番彝俱扣關來吊，哭甚哀。若非公素昔之深仁厚澤，有以浹洽乎人心，烏能若是之纏綿固結而不可解也哉！

公性至孝，雖垂老，念及太翁、太夫人往事，輒潸然涕出。敦族親親，周其急而應所需，頻煩不厭。尤重友誼，及故人子弟解衣脱驂毫無吝色。生平無聲色貨利之嗜，位大帥數十載，家無儲蓄。保題將弁，必擇才技兼優、智勇足備者，以應其選。凡遇攻城破敵，務視其人親臨行陣，方繕疏入告。從不虚冒一功，濫予一官，其公忠不欺之心，真可矢諸天日，質諸鬼神。且度量寬弘，從未面斥人非，有如劉文饒；待士卒有恩，遇賢士有禮，有如衛長平；老成持重，悉心邊務，有如趙充國；番彝畏威懷德，戒邊人慎勿生事，有如司馬君實；招降納叛，不遺一鏃，不折一矢，不妄殺一人，有如曹武惠；清介自持，苞苴不污，有如楊伯起；節鎮邊疆，安静不擾，與軍民休息，有如羊叔子；寬厚容衆，在邊近四十年，有如班定遠；年七十尚奉命專

① 抖搜精神：羅校本無此四字。

征，奔馳塞外，殲滅狂寇，克奏膚功，[1]有如馬伏波；至若精忠誠慤，有功不居，獎薦人材而人不知，[2]其將佐爲名臣者甚衆，則有如郭汾陽。古人有一於此，則膾炙人口，傳爲盛事，而公則擅數者而兼之，他日鴻章鉅筆，載諸史乘，千百世而下，自有定論。而予忝列門牆之下，知公既詳且真，不過説實道有，故詞多質而無文，以備太史公之採擇焉。[3]

公生於天聰二年戊辰三月二十日亥時，薨於康熙三十九年庚辰二月十六日丑時，享年七十三歲。特進榮禄大夫、太子少保、振武將軍、左都督，兼管陜西、甘肅提督事務，[4]加六級，世襲拜他喇布勒哈番，又一拖沙喇哈番。元配蘇氏，系阿達哈哈番東素公女，誥贈一品夫人；故繼配計氏，系太宗長公主適固倫卜式額駙女，誥封一品夫人。子二：長承運，年甫十二；次承恩，甫九齡。女一，爲分守山東登萊整飭海防道布政司、參議郎諱廷極元配，[5]今故。

嗚呼！恨予庸懦，[6]待罪雲中，東西懸遠，未遑時候，惴惴私心，夙夜難安。二月十四日，欽差侍衛關、兵部員外郎雅並偕御醫使者梁過雲，詢其所往，[7]方知吾師違和。蒙署川陜制臺大宗伯席公以吾師西北天柱，關係匪輕，[8]具摺奏聞。上大驚，亟差關等由御塘往視，[9]晝夜星馳。余曰："吾師雖老，然猶强健，此不過爲國積勞，暫失節養。以理論之，天壽平格，自當勿藥；[10]以事推之，仁

① 膚：羅校本作"膚"，誤。
② 薦：羅校本作"勵"。
③ "不過説……太史公之"等十九字，羅校本作"謹記其實詞質無文以備史官"等十二字。
④ 【注】陜西：查閲相關史料，并無孫思克授陜西提督之載，故當爲作者誤記。
⑤ 諱：羅校本無此字。
⑥ 恨：羅校本作"痛"，誤。
⑦ 羅校本"關""雅""梁"等三字後均有"公"字。
⑧ 匪：羅校本作"非"。
⑨ 羅校本"關"字後有"公"字。
⑩ 勿：原作"無"，誤，據羅校本改。

者自壽,更當延年。況皇心眷切,[①]天醫星臨,有不霍然立愈者乎!"詎意御使到甘,而公已蓋棺浹旬矣。

嗚呼痛哉!聞公之垂絶也,有星炯炯自窗櫺出,不疾不徐,傍簷而上,初如熒,漸如燎如炬,直昇天際,不知所竟,人皆見之,非誕也。因附筆於此,以見上天之生公也,豈偶然哉!豈偶然哉!

賜進士出身、鎮守山西大同等處地方掛印總兵、左都督、門生俞益謨頓首謹述。

湖廣提督俞益謨奏謝賞賜肉品摺[②]

提督湖廣總兵官左都督加六級降二級留任又降一級臣俞益謨謹奏,爲天恩逾格,臣分難安,肅具謝忱,恭祈睿鑒事。

竊臣於康熙肆拾陸年拾貳月初貳日據湖廣提塘官陳輝稟稱,康熙肆拾陸年拾壹月初捌日奉傳旨:"大人蘇俊子、汪雙全轉傳聖旨:'各省提督俱已賞過,今湖廣提督俞益謨、貴州將軍李芳述二人未曾賞過,照各省提督例賞他。著傳他的坐京提塘哈番領去即送與他。欽此。'並領齎皇上賜臣遮鱸魚條叁封、乾鹿肉條叁十貳把、細鱗魚拾尾到臣。欽此。"該微臣恭迎祇受,望闕叩頭謝恩,並即具奏,内稱"欽惟我皇上仁敷海甸,德洽寰區,躬親萬乘之勞,時勤六龍之御。翠華南幸,寒暑備經;鑾輅北巡,風沙罔避。恒切切於民生運道,惟孜孜夫國計邊宜。治益求治,安不自安。是能四序順成,萬類咸若,雖唐虞不能比其熙皞,惟堯舜斯足擬其憂勤者也。臣伏處湖濱,虚糜豢養。安居飽食,莫伸報主之私;積歲經年,徒切瞻天之願。更以未奉特諭,不敢擅用摺子瀆請聖安,悚惶歉仄,無以自容。乃荷皇恩異寵,賜以尚食奇珍。鹿脡麋脂,舉非虞羅之

---

① 羅校本"況"字前有"又"字,當爲衍文。

② 【注】本文載《康熙朝漢文硃批奏摺彙編》第一册,第828—834頁。題目據原書目録加。

獲;銀鬐玉甲,悉含帝澤之弘。不特微臣嘗所未嘗,抑且見所未見,一時兵民聚觀,寵榮莫比,微臣何人,叨兹異數!當即薦陳祖禰,試識寵頒天廚之味;次以分給標弁,共戴優眷武臣之恩。臣欣際昌隆,感深難報。惟願同縱壑之淵魚,泳太平於有永;等銜芝之野鹿,獻聖壽以無疆耳"等因。恭疏於上年拾貳月初貳日,交該提塘陳輝親捧齎奏訖。

今於康熙肆拾柒年貳月拾叁日准通政司批查,"凡賜食物謝恩本章,久經奉旨發還,欽遵在案。此本不便封進,應將正本發還,副本本使司存案可也"等因批發前來。皇恩高厚,非奏謝能名;犬馬愚衷,非披陳莫達。但食物謝恩本章既未封進,臣悚惶歉仄,無以自安,不敢不冒昧繕具摺子,專遣家人徐應捧齎奏謝。伏乞皇上睿鑒施行,謹具奏聞。

康熙肆拾柒年貳月拾伍日提督湖廣總兵官左都督加六級降二級留任又降一級臣俞益謨

知道了。已後凡有請安或地方該奏之事即具摺來奏。[①]

湖廣提督俞益謨奏陳所屬苗民情況及撫剿之法摺[②]

提督湖廣總兵官臣俞益謨謹奏,爲逆苗叛服無常,撫防均非善策,謹陳以剿爲撫之機宜,宣威正以宣恩之大德,永除邊患,乞請睿裁事。

欽惟我皇上天地爲心,陽春遍德,統此兩間之内,無一夫不予安全,無一物遺於覆載。康熙肆拾貳年玖月貳拾肆日,奉上諭"湖

① 【注】本段爲康熙皇帝硃批。下同。

② 【注】本文載《康熙朝漢文硃批奏摺彙編》第一册,第913—927頁。題目據原書目録加。

南紅苗自明朝以來負固不服，今仍劫掠我民人牲畜，生事多端；其附近我處奸民亦搶奪人畜，及事發之後，諉罪於紅苗者有之。紅苗人等不可令在三省接壤之地以爲民害。着照招撫廣東八排猺人之例，遣在京大臣前往，帶荆州駐防滿洲兵一千，並酌帶廣西、貴州、湖南三省兵，乘此冬月直逼苗穴，勒令歸誠。設立州縣，庶幾民生不致如此之擾害矣”欽此欽遵等因轉行到臣。此時微臣仰服我皇上萬里之遥，洞若觀火，安全至計，千古無雙。無如在事諸臣意見各别，急切間不能仰體廟謨。苗子狡猾異常，一聞皇恩准予招撫，各各爭先剃髮，繳械歸誠，所經洞寨悉有撫示順旗。雖藏菁抗顔者頗有剿殺，[①]不過小試懲創，並未大暢天威。蓋苗子慣技，有招即來，有撫即順，落得賺騙花紅銀牌、酒食等項，彼用其智，我受其愚。征剿輓運者，希冀苗撫而竣征局，不知奸苗慣以投誠而撤官兵，歷來招撫俱是一轍。是以師旋之後，雖經督撫及臣會酌善後九款，移設道廳等，文員撫綏化理。無奈實心任事者少，以致逆苗陽聽登版輸糧，陰復裝塘坐草，未及一年仍萌故智，搶奪捉殺，擾害邊民。微臣一有所聞，即以咨會督撫查參，緣各省命盗等案，提臣無徑題之例也。詎意逆苗見屢犯無懲，愈恣無忌。去年八月内，輒敢哄拿兵丁黄萬年等二十三名，又甚至如僉事道鄭振揭報隱諱者，尚有二十五案。雖曰命盗，舉是劫殺慘情，似此荼毒，邊民何堪！切責汛弁疏防，汛弁無可如何也。地方遼僻，苗路如梳，設塘卡而不由塘卡出入，設遊巡而遊巡過後始發。自王會營至鎮溪所綿絙三百餘里，豈能比肩接袂，寸寸爲防？況有附近奸民爲苗耳目，某塘兵多兵少，何時巡來巡去，伊皆一一得其要領。夫前此撫苗而苗愈肆，今責防苗而卒難防。

臣故曰撫、防均非善策也。則是非剿不爲功乎？然“剿”有不同矣。有所謂“雕剿”者，彼地鎮將稔知某寨苗子不法，時出不意而

---

① 菁：《辦苗紀略》通作“箐”，疑爲“箐”字誤。下同。

撲殺之,如鷹之攫物者。是昔順治拾肆年,副將吴長春以此制苗,終其任苗不敢犯,蓋得其人也。倘不得其人,守備徐進朝於康熙貳拾肆年一用雕剿被擒矣;都司劉士瑧於康熙叁拾柒年再用雕剿覆轍矣;遊擊沈長禄於康熙肆拾年三用雕剿,官兵俱陷矣。豈真兵非苗敵哉?奸民預通聲息也。兵未出營,苗已設伏,既入伏中,何能不敗?此等奸民不除,雕剿決不可用。兵無擅舉,定例森嚴。查康熙捌年副將王雄以雕剿劾論正法之後,莫不凜然相誡,在當日是未經納糧之苗,今日則現在納糧之苗矣。殺未經納糧之苗,尚然正法;殺現在納糧之苗,寧不虞其獲罪?即奉恩綸,貸其無罪,終是權宜之術,非久安長治之道。

所謂久安長治者何在乎?即我皇上肆拾貳年之上諭,"紅苗人等,不可令在三省接壤之地以爲民害"也。臣至今捧繹王言,仁慈廣大,自古聖帝明王,未聞其洞察苗情至此。以臣駑駘之才,欣逢堯舜之主,苟有一得,敢不竭其區區?今日而言,耑撫非計也,饑鷹餓虎,終難禁其攫搏;今日而言,耑剿亦非計也,稂莠嘉禾,何忍盡膏斧鋞。臣有所謂以剿爲撫,宣威正以宣恩者,仍即皇上聖諭,不可令在三省接壤之地安置而已。然非天威大震,示以順撫抗誅,撫者請旨安插,誅者不留孑遺,不但仗劍逐蠅,終是道傍築舍。微臣感激天恩,無可圖報,自揣朽鈍,尚堪膺此剿撫重任。第非假以歲月,急切不能成功,更非許以便宜,傍撓必難圖事。以臣之愚,用臣之見,不但在京大臣免其遣發,即本省督撫亦可不煩監軍;不但荆州駐防不勞跋涉,即廣西官兵亦可無庸調遣。惟懇密敕川貴提臣,各領本省重兵,各由本境近苗隘口,同臣於明歲柒、捌月内一齊進兵。臣調集本省馬步官兵萬貳千員名,再准臣酌調永、保二土司官兵,由五寨司、乾州一帶步步爲營,堵墻而進。知會川、貴兩省提臣,亦照此法。如張翼合圍,漸合漸近;如層次剥筍,愈剥愈瘦。我無罅隙可乘,逆苗有何伎倆之施?鼠之在穴,一燻而斃;魚之游釜,不爛自焦。將見順者崩角稽首,感有路以投生;抗者漂杵倒戈,悔無端而取死。數百里蠻觸之窩巢，轉而爲億萬世昇平之樂地，流光史册，稱慶寰區，詎非我皇上除古今難除之害，成堯舜未成之功也耶！

然臣所請，假以歲月、許以便宜者，苗地山深箐大，鼠輩負固狡藏，不易搜剔，必如櫛髮者然，既已篦之，復從而絲絲梳之，乃無遺孽。蓋前此征苗者，一失之速而趨無善步，再失之掣而進止難由。臣請以柒、捌月舉事者，苗地各有所宜，先後皆非其時，惟是師行糧從，官兵行糧不可不預也。乞皇上詔諭楚省督撫諸臣，辰沅州縣係少産米穀地方，不拘何項，糧米預貯五萬石於彼處各倉，以備賑荒之用。務要實貯報完，俟臨期，臣請旨着落巡撫委賢能道府解運糧米餉銀，接濟征兵。其川、貴附苗處所亦如之，庶不致有誤軍興。

更請者，湖南衡、永、寶三府百姓，數年來攜男挈女，日不下數百名口，紛紛盡赴四川墾荒，蓋以本省人稠，無可耕之土也。然聞四川亦已充實矣。若以此項百姓即令赴臣軍前，臣進得一層即爲填實一層，不但安設州縣之日免其招徠，即此項百姓現亦免其度險遠涉、重費資斧，似亦公私兩便之芻議。至陣前受撫苗子，征兵無暇解送，各營調征之外留汛兵丁亦屬無幾，乞敕北南撫臣，伊標兵丁不必隨師征剿，但遇陣前發出苗子，交給南撫耑委文員同伊標下官兵押送湖北境地，湖北撫標官兵、文員接送河南境地交解。更敕户部給發南撫糧單，以便填給沿途州縣支給此等苗子口糧。

是臣一得之愚，積之已久而不敢於上陳者，軍機縝密，不便形之章奏。行則風聲先漏，不行徒爲逆苗所笑。近以奉有"地方該奏之事，即具摺來奏"之御批，臣甫敢冒昧密摺奏聞，恭請睿裁，其可否施行，仍請密敕下臣。臣無任戰兢，怵息待命之至。

再，臣於康熙肆拾貳年隨師撫剿紅苗之時，即知紅苗必有後來反覆之事，故爾方在招撫，即有《致總統總督公書》；[①]既而撫成，又

① 【注】亦見於《辦苗紀略》卷八，題作《致總統督撫諸公箋》。

有《戒苗條約》、撤兵告示,[1]是臣滿腔憤懣不能一日忘情於苗。無奈事局一定,勢有所牽,已撫良苗誰敢擅殺? 將臣從前之約示,竟成恐嚇之故套,而無可如何已。兹因摺奏苗情,爲此并録密封,遣臣家人羅慶一並賫捧奏覽。又書示内多有不恭字樣,義不當陳於至尊,因係原稿,不敢改易涉欺。又臣此摺係在密室書寫,未經書吏之手,是以字跡潦草,不合體裁理令,一並聲明,統乞弘慈寬宥,睿裁乾斷施行。

計並賫抄録《康熙肆拾貳年拾貳月内撫剿紅苗書示稿》一册。[2]

康熙肆拾柒年閏叁月拾伍日提督湖廣總兵官臣俞益謨

紅苗事小,征剿事大,不可不同督撫細心商量妥當,百發百中才好。爾即將此摺情形密同督撫確議,再寫密摺來奏。

過大清閘[3]

唐漢平分萬里流,中添一道入青疇。沿堤柳浪村村密,刺水秧針處處稠。[4] 長筧濤翻橋閘外,[5]虚亭額映塞垣秋。春風策馬頻來

① 戒:原作"誡",據原文後所附《戒苗條約》及《青銅自考》《辦苗紀略》等改。【注】《戒苗條約》亦見於《辦苗紀略》卷八、《青銅自考》卷五,題目同。撤兵告示:指本文後附《撤兵曉諭苗人示》,亦見於《辦苗紀略》卷七、《青銅自考》卷五,題目同。

② 【注】《康熙肆拾貳年拾貳月内撫剿紅苗書示稿》即前述之三篇文章,原附於本文後,分别爲《致總統總督公書》《戒苗條約》《撤兵曉諭苗人示》,此三文已見於《辦苗紀略》,此略去不附。

③ 【注】原詩載於《(康熙)新修朔方廣武志》(以下簡稱《廣武志》)卷之下《詩》,另見於《(乾隆)中衛縣志》(簡稱《中衛縣志》)卷之十《藝文編·銘詩》,《(乾隆)寧夏府志》(簡稱《寧夏府志》)卷二一《藝文·詩》,以及《(道光)續修中衛縣志》(簡稱《續中衛志》)卷之十《藝文編·銘詩》等。

④ 本聯《寧夏府志》作"沿堤柳絮糝鋪密,刺水秧針組織稠"。

⑤ 筧:《寧夏府志》作"覔";橋:《中衛縣志》《續中衛志》作"渠"。

往,幾度低徊去復留。[1]

詠百八塔[2]有小引

《阿育王經》言:諸佛滅渡後,晝夜役鬼神造塔五千四十八所,意者是即其數歟!然海内郡縣所見寥寥,獨兹百八聚於一區,厥義未必無謂。余生斯長斯,靡所究竟,率成俚句,請質高明。

百八浮圖信異哉,無今無古壯山隈。降魔蜜頓金剛杵,說法偶成舍利堆。只慮激湍穿峽破,故將砥柱挽波頹。誰能識得真如意,唱佛週遭日幾回。

① 徊:原作"回",《寧夏府志》亦作"回",據《中衛縣志》《續中衛志》改。
② 原詩載於《廣武志》卷之下《詩》。

附録二

青銅君傳[①]

敍

自文武之途分而天下無全才。非無全才也，有全才而不見知，與無才等。知之而不適於用，亦與無才等。若夫既已知之，既已用之，而資格之見不破，年勞之例必循，亦與無才等。其媢嫉讒間之僉壬不與焉，此千古英雄樂有鮑叔而尤樂有齊桓也。不然，處士虛聲，禍人家國，致使龘獷見惡於儒林，板腐叢怨於介胄，嫉忌日深，水火鑿枘。抱全才者，處莫可如何之勢，擇一途以就功名，雖亦嘗紆青拖紫，而所志不酬，欝欝人後。且復市虎興讒，[②]投杼莫悟，亦復可惜。及間有一用之，艱大不辭，肆應罔匱，前之毀者，今且譽之，悠悠道路，豈足云知？故從來之論，知管子者只及鮑叔而不及齊桓；即言克副鮑知者，止言管子而不及知鮑；因以知管而能克副鮑知者，有一齊桓，當其三釁三沐之後，一則曰唯仲父，再則曰唯仲父。一匡九合之勳，由是以起非。然則管鮑不過世俗之雷陳耳，何足言知？何足言克副其知者哉！當今世而有管不難乎鮑，不難乎桓，而難乎資格年勞之例。鬚眉非昔，髀肉增悲，李廣不封，馮唐空

① 本文以内蒙古圖書館藏清康熙五十二年至五十六間刻本《青銅君傳》爲底本，参以《青銅自考》《辦苗紀略》《廣武志》等文獻進行校注。

② 讒：原作"饞"，根據"市虎""投杼"之説，以及上下文之意，此字當作讒言、訛語解，再根據字形，當爲形近而訛。據改。

老,縱柝爵擔圭,例也非知也。魚魚鹿鹿,面目孰真?予讀俞大都督實録而有感矣。

都督幼事詩書,長精韜略,穎悟早矣;西省掄解,南宫聯登,聞望隆矣;憤國之耻,仗劍從戎,志氣壯矣;前膺先鋒,後督運輓,機宜著矣;千里轉鬬,百戰成功,武公赫矣;[①]攝倅代尹,保障一郡,吏治優矣;上馬繫賊,下馬露布,名譽閎矣;年甫强仕,力在方剛,爵晉左府,位登二帥,功名顯矣。若夫恂恂容與,朗朗襟懷,見者傾心,真有何人不識君之望。用是所歷之地,懷德畏威,聲稱藉藉。丈夫得志於時者,苟能是,是亦足矣!况乎薦滿當塗,所至悉有鴻聲,似乎青萍結緑,盡人知君者也。然亦何足爲!君少獨是兩石弓,能以吐上公之舌,而萬言策不能上彤庭之案;德威並著,能以慰兵民之心,而成例一定不能破資格之舊;薦剡數上,能以邀歷任之褒嘉,而年勞必循,不能越尋常之故套;操守廉介,能以對天日之鑒,而苞苴不行,不能免小人之讒。

噫,僊矣!茫茫仕路,强半知音;落落長途,不無齟齬。桓耶鮑耶,知管者誰耶!雖然,金須百煉,玉必千錘,天降大任,勞苦必先,矧都督志孔、顔而宗濂、洛,世盤心珠,所應靡窮耶!

今起而應西征之詔,吾知定遠驃姚之勛將克建焉,則是都督之見知者於此起,而副其所知者亦於此成矣。麟閣紀功,將假手於太常,或不俟此家乘爲也。第二十年慘淡經營之事,有隱而不及知者,無論今日之學問事功,非復當年之吴蒙,即今玆之道貌德躬,亦異當年之英毅。

黎子爲都督鄉中遺老,知其事甚悉,爰立爲傳,進於都督。都督輾然笑。黎子曰:“前之實,吾能書其概;後之實,公更恢其功。願勿以此自足。”余秦人也,知都督甚深,观其傳,無溢美,無遺情,使鄧仲華當日見之,亦且悔三十封侯之未多歷耳。因樂爲

① 公:疑爲“功”字誤。

之序。

康熙三十五年臘月既望賜進士出身提督江西全省學政按察司副使年家眷弟王綜頓首拜題

青銅君傳

西夏西音黎宗周紀實
江左夢漁王基續筆
提標中營守備沐恩俞禮
永定營守備沐恩張禎　　仝梓

榮禄大夫大都督俞公本傳

公姓俞,諱益謨,字嘉言,號澹菴。青銅君者,以青銅峽而名也。[①] 系出河間勳裔,先世宦關中者,即陝西咸寧灞橋之沙家寺里居焉。[②] 曾祖諱大河,服賈西夏,閱廣武山水之勝,因爲卜築。生子二,長天義,次天誠。長即公王父,恂恂謹敕,樂善好施,鄉人稱之曰“俞佛子”。生丈夫子三,長諱君輔,仲諱君佐,季諱君宰。季仕雲南郡丞;仲英敏不羈,早逝。伯以諸生老,即公父也,倜儻豪邁,博識弘通,性至孝,以親老不仕,承歡課子,罔競榮利,邑中事無鉅細就而質成者,莫不各得其平,人以方之仲連、北海。其詳具載鄉賢録中,[③]兹不復贅。生子一,即嘉言公。

公生時有異徵,幼而穎慧。性仁慈,重信義,篤孝友。童子嬉戲,好爲營戰事,每食桃枣杏栗之屬,必聚而布之床蓆間,兩設其壘,左右手各爲開合,有起伏,有奇正。七八歲時嘗躍騎突豕,勇健

① 【注】號青銅之意,可參見《青銅自考》中《〈青銅自考〉敍》及王基《跋》二文。

② 陝:原作“陜”,查全書,凡作“陝西”之意時,均寫作“陜”,當爲形近而訛,據改。下同,不再出校。

③ 【注】俞益謨父俞君輔入祀鄉賢一事,參見《青銅自考》卷一〇《崇祀鄉賢乞言小引》及卷八《上陳地官》《致家寧世編修》《致戴編修》《致樊檢討》《致岳檢討》《致胡修撰》《致楊員外》《致趙觀察》《致張鎮臺》《致羅通政》《致叢編修》《致于學使》《致劉刺史》《謝武鄉紳》《謝文鄉紳》《謝喀撫軍》《謝李提軍》《謝胡狀元》《謝宋司馬》《謝謝世潤》《寄寧世代謝》《致寧夏葉鎮臺》等文。

莫倫。父太公雖默識其必以武事顯，但世方右文，開兩石弓不如識一丁字，携公鄉塾，習經生業。公讀書一目數行，過即成誦，喜習孫吴韜略，父太公不之强。十二應童子試，騎射冠場。十五入膠庠。二十應鄉試，獨阻朝議，言總督不當移置邊方，遂得掄解。二十一公車北上，試京闈，馬射精熟，無有比倫；步射九矢中七，每發一矢，風吼鶻叫，鏗然貫革百武，入地尚躍躍數動，作蒼龍振尾勢。時監射者一等公伊力克面見之，色動，亟呼至前，取弓試之，三拽未滿彀，爲之嘖嘖稱異。殿試時僉以鼎甲相期。在廷目公者曰，是郎河西少年，解元也。會權要私有所植，伺公交卷，潛以燭煤污卷背，遂不得上呈御覽，第寘三甲，還里待銓。公天資神警，意氣冲和，喜結交當世士，凡呼盧走馬，選伎徵歌，一切不爲局謹。

甲寅，吴逆之變，天下震動。朱龍、陳江等爲之響應，延綏、下馬關、惠安、花馬池、定邊所在，悉爲賊踞，惟寧夏一片土，人心摇摇，勢不能以旦夕。提督陳公福僉軍殲寇墓，致忠勇，公攘袂起曰："門庭之寇，不可不除，况爲國深耻耶！"維時皋蘭、秦隴、平慶、鳳漢挾滇蜀之勢，視寧夏一隅若几上肉，啖之易易耳。公親友有以蹈險爲公危、親老爲公止者，公曰："待寇於家與拒寇於境，其計孰得？雖有智慧，不如乘勢，功名之會，時不可失。家嚴康莊健飯，桑田足辦饘粥。予不能於金戈鐵馬中博斗大黄金，爲吾親光寵，坐視君父之難，不爲一出死力，朝廷養士何爲者！温太真獨非人子也耶！况余請命家嚴，非敢絶裾。"有識者壯其志，乃謁陳公於軍門。陳公，老於行陣者，覘公年少，易之，徐叩所藴，公指陳賊形及進取方略，有如聚米畫沙，鑿鑿可聽。陳公改容爲禮，署以隨征總統，俾科目秀士從戎者咸隸焉。鏖戰鹽池梁，克復花馬池，斬縻五，擒朱龍，所在克捷，公之籌畫居多。此康熙十四年事也。

是年五月初十日，因截殺陳江，駐軍铁柱泉。是夕相爲夜候，所隸同年輩舉古絶對以相難，或有舉"烟鎖池塘柳"者，公即應曰："何不對以'營壘铁柱泉'。"一時無不欽其明敏。僞帥陳江別猝遁踞下馬關,[1]爲平凉聲援。公度其不可力取,爲間書,略云:君等從逆,原非得已,今尚在不得已時耶?若不早爲自圖,一旦大兵臨城,又到不得已時,代爲君謀,蓋亦晚矣。倩樵子藏書鞋尖,投賊右軍李訓,訓果疑貳,約誓湯三詔,誘縛陳江以獻。陳公大奇之,時有詩讚曰:"一封短札下雄關,千古仲連誰可班。驀見嘉言論上智,開城縛將有餘閒。"

七月,進征固原。陳公慮東邊雖復,遺氛未淨,恐有起而躡其後者。柳樹澗爲諸道衝,守此而後無患。因以公智勇兼資,請於朝,得授柳樹澗守備。柳澗,小堡也,城山阿,去水甚遠,界逼塞垣,穹廬爲鄰,寥寥居民,若旅寄而苦驛騷。兵丁數十人,出征已過半,餘充差巡,僅存空壘。餉不到營,俸不入橐,衝道應酬,日不遑給,而供頓之酒漿茭糈悉出無米之炊。兼之逼塞,穹廬虎視眈眈,意在相隙而動。斯時即老吏宿將,亦且無可如何。公從容暇豫,若不爲意,惟開誠撫綏,講學課文。人有議公遷者,公曰:"士者,民之望也,士安則兵民舉安,務莫急於此者矣。"由是講鐸書,敬耆老,恤地方疾苦,清營伍弊竇,斷虀煮糜,潔清自勵。其皇華絡繹,悍驁騷擾,公以剛柔互劑,莫之敢肆,柳澗藉有寧宇。時馬禁甚嚴,柳係衝跕,[2]原無設立馬匹,公獨弛禁,勸民蓄養,以故衝陲有濟,軍興無誤,心良苦哉!塞外雖多曠地,禁漢不得通彝,時值餉米斷絶,屢年無支,民困兵危。公下令堡中兵民出塞,租彝牛墾種,屢獲有秋。彝之悍者忿之,率衆來鬭,公授計健民勝之,彝遂懾服。時公年二十有三,守此凡六載,柳澗以巉險窮瘠,特公而化爲樂土樂郊。嗣後,山、陜近邊之民舉得出塞耕種,例由公始,至今堡民尸祝,良有以哉。其他如緩征以紓民力,人感其恩,歲無逋賦;徹水甃井一方,汲牧稱便;苫盖倉廒,整理察院,補造衙署,砌築城垣,修理邊墻,公

① 猺:疑爲"徑"字形近而訛。"徑",同"逕"字。
② 跕:疑爲"點"或"站"字誤。

設備材料,悉以一身先士卒,親操土木爲之役,雖頻年不休,人樂趨事。孔子云"擇可勞而勞之,雖勞不怨",於公信然。堡地南達延、慶、三川,劫財盜馬終年不休,公自歷任,激勵士卒,凡有警聞,必親率窮追務獲乃已,是以兩年之後,賊遠徙,不敢入境,地方以安,威名頗著。

十六年,詔以鎮帥高公孟徂征漢中。時寇勢張皇,士情疑阻,行間庸懦不無營求脱籍之謀,獨公踴躍樂從。大將軍畢吉免一見,器重之,語高公曰:"如有要事,只着俞守備來説。"高公唯唯,任以心膂,前領塘馬,兼督糧運,吃緊之事非公不委,呼以阿哥而不名。群小妬者謂公書生年少,不練於軍。時寇據險拒我,欲爲老師乘隙之計。[①] 軍中悍弁楊洪者素驕恣,藐視同列,厲聲呼曰:"大老爺要奪李家山,你們誰敢去?"時在坐喬瀚、楊麒等皆垂首不敢應。公奮曰:"官軍之來,求賊以戰,非止爲守禦計也。賊壘雖險,間道乘之,以繞其後,賊走且不暇,敢言戰耶! 勿多言,我與汝往。"後先迭進,寇果棄屯而走,遂奪李家山、園門關,頓大兵於紅崖堡,築壘以守,賊衆奪氣。適袁士秀作亂延、慶,奉詔班師,以公仍守舊職。

十八年,奮威將軍王公進寶調赴征川。十月,取土門子、鳳縣、兩當、武關、漢中、褒城等處,爲攻爲戰,歷有勞績。復揆守陳倉,護送糧運。十二月,調取入川,克復朝天等關,保寧、重慶、順慶等郡。所至,他人縱極淫掠,公獨嚴禁所部不得攫取民間一絲一粒。公自少時思慮過度,得心腎不交、夜輒夢遺之症,百治不痊,適於軍中撿長春藥酒方一紙,公服之有效,三年大愈。人咸謂公不淫不掠之報,因名其方爲"青銅長春酒"。

十九年,王奮威以公才兼文武,可藉安集驚鴻,題請改授順慶

① 老:疑爲"勞"字音近而訛。據上下文義,當爲"寇據險"與官軍對壘,候官軍勞乏"乘隙"擊之,此之謂"勞師"。黎宗周爲今銀川、青銅峽一帶人,"勞""老"之音近似,故疑爲音近而訛。

通判兼攝郡符。維時兵燹之後,民情未定,公下車潔己開誠,課文訓士,内撫難民,外供軍億,公私咸濟。下有來暮之歌,上有理劇之譽,交章以薦,部議武職不便改文,仍歸原職。建威將軍吴丹調征瀘州,輔遊擊蕭應秀往。蕭所統不滿百人,渡瀘未成,列賊衆萬餘,驅象直衝駐防,遊擊繳應善、周龍及投誠總兵謝泗等臨陣大潰。公方奮呼而前,值蕭應秀墜馬僵昏,公率七騎持滿待敵,賊不敢近,蕭得登舟先渡,公率二人踞岸坐,賊望而辟易。然瀘州已陷,進退無據,公騎騍馬渡江,賊濟而躡後,行未里許,見蕭無馬,二卒掖之不能前。公奮勇轉戰,殺賊數人,奪馬予蕭,得免難。再里許,守備劉體義病劇,臥地不能起,賊衆逼近,公迫之。劉泣曰:"君往矣,勿爲我留。"公嘆曰:"居平而友,急難而棄,非夫也。"挈劉上馬,自以單騎殿後,經兩晝夜,收拾散亡、待罪統帥。將吏、戰士咸直之曰:"非俞守備,蕭、劉且虜矣,孰叢是咎,[①]而令殿軍者罹罪乎?"疏上,衆坐失機,公獨以功免議。

本年九月,川陝總督哈占檄征東川,仍隸鎮軍高公孟麾下。高固舊帥,知公最深,配以鋭卒,任以前鋒,使得展布所長。但所隸悉鎮軍戎纛健勇,向與守備分庭抗禮,今爲所隸,傲桀難馴。公不動聲色,惟申嚴號令賞罰,餘不爲較,久乃愧服。賊衆憑險,勢甚猖獗,高公遣公覘之。公自廣安岩渠洞馳告於高曰,某地可戰,某寨可攻,賊之信任爲誰,賊之驍將爲誰,一一指畫甚悉。高問賊兵多寡,公曰:"約五六萬人。"高頗以衆寡不敵爲憂,公曰:"賊雖多,烏合協從耳。我以感恩思奮之人臨之,如拉枯朽。若復示以恩信,攜其黨羽,十萬之衆立見土崩瓦解矣。"高拊公背曰:"阿哥籌畫甚善,其勉力圖之。"爰整衆而往,[②]克復營山縣,再戰羅氏橋,取靈鷲寨。賊雖數敗而憑險如故。公與中軍葉君日芳計之曰:"賊敗而不退,

---

① 叢:其意殊不可解,疑爲"從""叢"音近而訛,"叢"當爲"從"。
② 而:原作"面",依文義,當爲連詞"而",顯系形近而訛,據改。

必知我近日所奉新旨有譚弘、彭士亨不准招安之語，是以協從之衆固結其心，相爲死守，曷若釋其俘獲，給以招安告示，此開誠釋疑。機不可失，不然川東險阻，大費兵力，賈勇苦戰，難保久利。"葉意雅與公同，乃進言於高，盡釋所俘，且給告示數十張，[①]令其遍散營壘，賊果疑貳。

先是，士亨、譚弘假高公示，張皇其説，内有不准投誠、淨剿無遺之語，鈐以方印。至是，見我所用條印，咸知爲弘所欺。再觀示内語曰："當寇勢之方張，既畏虐焰以相從；及天兵之丕振，復懼國法之不赦。嗟爾小民，投生無路，但思今兹之醜嘍囉，要皆前此之良百姓。本鎮仗國家威靈，宣朝廷德意，凡諸協從，咸與維新，若能革面，一概罔治。爾民各具二三分之良心，當思三十年之豢養，倘或迷而不悟，必是定業難逃，慎勿戀釜底之魚，以致燃崑崗之火。"賊衆見者無不感泣，我兵乘之，因而瓦解。[②]

復戰於牛角石，乂戰於渠縣，由是戰無横陣，攻無堅城。十二月十九日取鐵山關，恢復達州、東鄉、廣安等處，一切文告、露布皆出公手。其露布略云："臣等奉彰天討，深入蠶叢，師轉戰於千里，月連飛於三捷。兵不留宿，達、廣之門户已開；聲已先傳，夔、萬之腹心將潰。"

二十年正月，擒僞總兵侯滿英，敗僞將軍譚天倫，一時"小俞守備"之名振於川東。時議進取遵義，僞將軍譚天秘、僞總兵胥士秀尚盤踞於太平桃花洞，因達州初定，民少兵單，反側子未能貼席，當一面者難其人。高籌之再四，[③]匪公不可，乃以公署達州遊擊，川陝總督哈公占據咨題請，得報可。公抵署時，草萊荆棘，[④]欝欝蓬蓬，手自剪闢以爲兵民寧止之倡。居民避處山谷者猶首鼠兩端，不

① 給：原作"結"，其意不可解。查上文有"給以招安告示"之語，故此處當爲"給"、"結"形近而訛，據改。

② 【注】參見《青銅自考》卷五《剿逆安民》《招撫脅從》等文。

③ 籌：原作"壽"，依文義，顯爲形近而訛，據改。

④ 萊：原作"菜"，依文義，顯爲形近而訛，據改。

即入城。公思士爲民倡，欲得民無如先士。於是開誠延納，且與州刺史深相交契，聞紳衿之老成賢達爲人望者，造盧式訪，日周旋於飲酒賦詩，作種種太平景象，四民觀者始有有生之慶，輻輳來歸。公於訓練之餘選拔精鋭較獵山阿，人人悉有超距投石之勇，聲勢赫濯，達巋然一雄鎮矣。八月，遣謝雄、左成恭、杜汝崑等擒譚天秘、胥士秀，解赴成都。前征者無顧後之虞，得以長驅大進，底定遵、永，克復全川，節敘戰功，加一十七等，授左都督，仍管遊擊事。不二載，達之四民各職其恭。政閒事簡，公讀書自娱。及觀《西銘》《原道》諸篇，恍然有得，由是究心程朱之學，博延師儒，辨天人之合一，體知行之同歸，凡所張施，悉准於道，出詞吐氣，雅雅彬彬，儼一醇儒氣象矣。

廿六年六月，聞太公之變，搶地呼天，籲請解任丁艱。紳士、兵民等懇留至切，近州文武現任者咸爲合請大憲奪情留任，公以大義阻之，迫請交代奔喪，無如督、提兩公逡巡不遣，而參將以下武臣不准丁憂之特旨下矣。公仍迫懇，提、督僉稱新令初頒，不敢代爲入告。公望天號泣，自傷不得爲人子，而苫茨寢塊，三年如一日。[①]歷任八年，時當軍政，大帥注考曰："清餉裕兵，束伍安民，英才雅度，有輕裘緩帶之致。"督、撫題薦，轉陞廣西鬱林州參將。所轄一州四縣，山川叢雜，爲盜寇出没之藪，風俗獧薄，有無人非盜之謡。路出鬼門關，人皆憂之，公曰："王尊非忠臣也歟哉？"咤車而過。視事之後，廉得情實，乃蒐軍實，明號令，勤訓練，信賞罰。置循環籤於塘鋪，來往繳送。草無伏莽，行旅鮮梗道之虞。遣間諜於山中，偵賊向止，先爲守衛。賊出，無所獲利，憚不敢動。公猶曰："以我察賊，不若令賊自察之爲愈也。"乃懸賞格，有能擒斬盜首以獻者賞五十金，而盜首能自投誠者，除免罪外，給以名糧。時有興業令館客李梅鄰者，善公之策，言於令。令固書生，吝阿堵物，李以己金懸

---

① 【注】參見《青銅自考》卷一《請假還葬》，卷八《致秦滋稼》《致黄欽錫妹丈》等文。

之。不逾月,渠魁王三、梁進基、没欄牛、相打牛等後先自首。[①] 李詰其實,諸寇咸曰:"吾不慮督捕之索,我慮黨羽之利金殺我也。"遞解鬱林,公寬罪優恤之,僉爲捕快,使之察盜。

時有大盜盤踞兩粤之界,總督石公琳謀將帥能制寇者,其中軍副將王起龍進曰:"寇出没無常,播遷不一,非可徒恃兵力也。辦此者惟鬱林參將能。"石公檄公領兵進剿,時三十年十一月廿四日也。同城刺史等憂形於色,僉曰深山鳥道,何日凱旋,公去城孤,何恃無恐。公曰:"吾籌之已熟。城守不足慮,但我到彼之日,寇已聞風遠遁,搜擒清理及種種善後必七十日甫能竣事,大約春仲初旬可以回州矣。"衆漫然應之而别。公率兵至王將大山,寇寂無影響。公曰:"是必有主之者。"公設計掩之,斬獲數十人。究得其窩,設法窮搜,盜無所棲而一朝解散矣。前此,柳州僞帥黄明者,閩人也,詐死埋名,爲群盜所影射,拳勇善戰,趫捷絶倫,目無官兵久矣。公物色之不可得,至是,憚公威名,遠避交趾。二月九日軍旋至州,衆始服公料賊如神。自兹兩廣寧謐,公名愈震。

提軍李公林盛飭躬蠲潔,學博行修,居恒聖賢自命,雅重於公,歲時一二圖晤,晤必繾綣情深。嘗語刺史曰:"汝輩中有此等人耶?"公居鬱數年,李公嘗陰遣人内訪刑于,外察政治,久久無疵,欲以卓異上聞,扼於制軍之例,僅同爲列剡薦舉。其考語曰:"才獻邁衆,智勇兼優,師中夙著成勞,蒞任尤臻善政。年青力健,恤兵愛民,誠岩疆之保障,將領之翹楚者。"乃陞兩江總督中閫,以左都督管副將事。

三十二年正月二十日,發自欝林,扳轅者延數十里遥,紳士牽袂呼曰:"萑苻不警,唯公之賜。一旦榮遷,伊誰爲恃。"相對欷歔,人人泣下,公亦灑别。過鬼門關,朗吟曰:"五載烟荒苦未閒,勤勞

① 【注】参見《青銅自考》卷八《致李梅鄰》。

尚愧奠河山。恩光來自江南路，畏道從今自我删。"[①]循次登舟，由八桂達三湘，所歷名勝，必停橈登眺曰："不可當面錯過。"舟泊九江郡，郡之副帥岳昇龍征川時雅聞公而未晤，至是，就舟次延訪，抵掌論當時事，深相契合，信宿而别。

四月十八日抵金陵。其時，兩江制軍傅公臘塔固矯矯一時者。庭謁之初，制軍有問，公侃侃而談，不爲媚態，傅銜其不遜。受事後，制轅胥役顧盼縱恣，視諸文武將吏藐如也。公絶不假以顔色，群小側目，讒言蜂起。比閲視營伍，强半淨鞋暑襪，慱帶絨纓，儼然清客家風。公曰："此等士卒，若使羊叔子統之，大足以壯裘帶之度，豈堪禦侮？"點視一過，老弱疲癃之外，按册有兵，點到無兵；兵食馬餉，實無馬匹。公言於傅，欲爲汰揀。傅曰："父死子頂，兄亡弟繼，江南例也。太平需馬不急，何多事爲？"公默然而退。越數日，見其民以犯上爲直，兵以驕悍爲能，胥役以舞文弄法爲賢智。公曰："兵象人也，民狡猱也，胥役則城而狐、社而鼠也。博得好爺爺之名，出刁悍之口，豈知黑沉沉之冤，良善無告矣。"公明目張膽，屢爲之言。傅怫然生疑，語其相賁泰曰："中軍頭項强頸，得無憑我威福希求染指者？"賁泰曰："彼正人，非求温飽者。"傅猶疑貳未釋。泰再四爲公剖白，尋方悔悟。遽隕，夫人亦亡。公襄厥喪事，周詳畢至。左右仇公者至是感愧，無以自容，公弗較也。十月上旬，范制軍至，廉得其實，屢試，直公者悉正人，而譖公者皆宵小，乃腹心相寄，諭公殫心盡職。因得細陳得失，清衙蠹，革冗員，禁刁健，理沉獄，緩帶徵，訪疾苦，而風俗一變；蒐軍實，汰老弱，懲驕悍，勤訓練，明號令，信賞罰，更以"聖諭十六條"手自注釋，爲簡明直解，散入行伍，朔望講訓，而軍政一變。[②] 中軍舊有輿臺十六人，兵爲之，公曰："兵者，戰士也。以兵擡轎，則戰士之名賤，稍有氣魄、欲效力

① 【注】詩亦見於《青銅自考》卷一二《强硂詩集》，題作《遷吴東還再度鬼門關》。五：《青銅自考》作"六"。

② 【注】參見《青銅自考》卷五《申講上諭》、卷一一《〈上論直解訓戎簡本〉序》等文。

行間者必耻爲兵，士氣阻喪，莫甚於此。”於是自倩輿臺，還兵歸伍，兵心奮勵，爭以濯磨，兩江文武以及兵民群譽沸然。

三十三年，兩廣盗寇充斥，欝川繼任者以不飭軍伍敗。[①] 李提軍先後貽公書，略云：憶麾下鎮粤五載，兵沐飽騰之德，民享安作之庥，加意綢繆，而不靖之區遂成盤石，吾徒之增色多矣。又略云：不佞自己未謬膺節鉞於兹已十五年矣，[②]每於同事屈指歷數，若言行足以表世、才守足以服衆如麾下者，不可多得。自榮遷後，繼此者不得其人，視今思昔，寧不感嘆。鍾山粤嶺，爲程將萬，未知續晤之期，神溯江流，曷勝瞻注。總河于公成龍素聞公剛方特立，與其意合神交已久，未嘗謀面，時公以規啓上之，於復書云：“比來聆君措施，知非熟讀孫吴家所可辦也。”江南提督張公旺稱公以弟，爲忘年交，公逡巡不敢當。張曰：“吾與老弟形雖未交，而心神結納者久矣，名位安足論耶！”廣東提軍李公鎮鼎道過金陵，傾蓋如故，深悔向之失於廷薦。

三十四年臘之晦日，特旨召公，時天津總鎮岳公昇龍在京，因蒙顧問，推薦於公。公至都，上意親率六師討平西魯噶爾旦，庭臣咸以遠涉絶塞難必成功建言。上遣使召勇略將軍趙良棟還京，趙老成宿將，時方就醫江南。出征人員聞趙將至，知其夙具骨鯁，强諫敢言，意其必能諫止北征。公聞之，語同寅城守副將劉國寵曰：“趙勇略，吾等鄉望前輩也，盍往迎之，以受其教。”馳至大王莊，趙於旅榻延見，因叩時勢，臥而聽之。公曰：“今在庭諸臣莫不望將軍能抗諫主上無勤遠征也。然將軍可以勿諫。”趙愕然問故。公曰：“本朝之待蒙古，與蒙古之事本朝，迥異前代。及今王師不出，逆勢愈張，一處藩籬有失，則四十八家蒙古附我之爲何？”趙曰：“能保必

① 川：疑爲“林”或“州”字誤。俞益謨前任欝林州参將，此處文意當指欝林州。

② 此處記載當誤。“己未”即康熙十八年(1679)，至康熙三十三年(1694)是十五年。但李林盛任廣西提督乃康熙二十三年(1684)，至三十七年(1698)離任是十五個年頭，故“己未”當爲“甲子”即康熙二十三年(1684)之誤，“又略云”當指四年後即三十七年(1698)又“貽公書”。

勝乎?”公屈指計,本朝之制勝者有十,逆噶亦有三策,而必出中下。[①] 趙悚然起坐,曰:“此段議論,出人意表。”連浮大白,稱奇才快論者再。趙陛見,果不諫阻。但不知於密勿陳奏者何言何事,及公廷見時,上顧問再四,并詢出身歷任之事,公一一敷奏詳明。上又問:“汝識字否?”公曰:“臣以武進士出身,頗識字。”上又曰:“你還作得來文移麽?”公曰:“臣隨總兵高孟入川,雖在前鋒,一切露布皆出臣手。”上顧大臣,語良久,賜蟒服,配總督糧運于公成龍下護糧先行。

四月十五日至和爾布地方,聞與噶爾旦兵相近,奉特旨,調岳昇龍與公等作頭敵。是時兵丁之馬疲不堪,又促兼程而進,殆至托諾地方,僅到三十餘人,衆危甚。公曰:“但前進,勿憂,其不勝也。”衆有憤然者曰:“勞逸之情既不相侔,衆寡之勢又甚懸絶,將何恃而不恐。且既入虎穴,豈數十將領所可辦也?”公曰:“班仲升不以三十六人制鄯善,平三十六國乎? 兵丁雖少,吾等各官親丁尚有二百餘人,中豈無致死不渝者百人耶?《易》曰:‘二人同心,[②]其利斷金。’何況尚有二百餘人,大兵已在其後。且寇知聖駕之來,而不知聖駕之去也,一見我兵,其膽必怯,走且不暇,何敢戰乎?”同事者信疑相半,鼓勇前進,寇果聞風奔潰。至土拉地方,遇我西師截堵,砲殺噶爾旦之妻阿奴格圖。[③] 賊潰,尸横遍野,噶逆僅以數百人西遁。

奉詔班師,八月抵都門,十月回兩江任,日以淬礪軍裝爲務。或問治此何爲者,公曰:“來歲尚有出師之舉。”進問其故,公曰:“噶爾旦之敗,緩則彼將復振,更難制矣;亟追之,封豕長蛇,衆所皆惡,伊舟中即是敵國,不自走死,則將爲仇家所殺。”衆頗韙之。果於十

① 【注】與趙勇略臥談時事一事,參見《青銅自考》卷一〇《歷議北征噶酋經驗録》、卷一一《祭勇略趙將軍文》 等文。

② 二:原作“三”,誤,據《周易・繫辭上》通行本改。

③ 旦:原作“且”,當爲誤刻,據上下文之“噶爾旦”改。

二月晦日奉詔抵都,時又有西征之舉。

正月二十七日,奉旨授公大同總兵。馳駟往任鎮事,[①]候調出征。二月十七日,聖駕至大同。公請先馳,聖論整頓兵馬,俟後聽調。[②] 蹕駐鄭家莊地方,有兔入於行宫。衆異之,公曰:"噶爾旦授首徵也。"衆問:"有説乎?"公曰:"白魚躍入王舟而紂亡,蒼兔投入王城逆必死。"識者是之。[③] 公就行在面陳大同軍政之弊,汰馬添步,并設立中營,指名題補,[④]上皆特賜俞允,一時倚任之專,罕有其比。送駕保德州,内務府高君璜招公行幄,叩以出師之略。公曰:"此番出師,聖駕勿出塞外,噶逆必然成擒。一出口,則事未可知。"高問故,公曰:"塞外部落,地荒人窮。鑾輿一臨,供億是懼,必且聞風遠避,我之轉輸難繼,噶逆得以弱肉强食,掠之而遁。但駐蹕寧夏,命將窮追,塞外部落各固其壘,噶逆無所投止,勢窮必死。否則,袁尚之投公孫康,未有不成擒者。"高大然之。[⑤] 聖駕果駐蹕寧夏,遣將出師,噶逆之子就擒,侄就撫。爾旦窮蹙以死,傳首獻俘。聖駕還京,而沙漠永清矣。公料敵之神,操如左券若此,異矣哉!

公抵鎮後,國事軍務稍有未協,他人不敢言者公能言之,他人不能行者公力行之。如五年軍政二年舉劾一次,定例已久,無敢議,公獨以煩贅疏。自三十六年軍政後算起,改計二年半一次舉

---

① 馹,疑爲"馹"字刊刻錯誤。

② 【注】大同陛見及授大同總兵官一事,參見《青銅自考》卷一〇《歷議北征噶酋經驗録》一文。另,據《青銅自考》卷一《遵例自陳》,與本傳"正月二十七日,奉旨"不同,《遵例自陳》言"三十六年正月二十八日,蒙皇上特恩,授臣山西大同總兵官"。查《清實録·聖祖仁皇帝實録》,應爲二十七日,但俞益謨《遵例自陳》所載未必錯,可能二十七日是康熙下旨之日,二十八日是俞益謨接旨之時。

③ 【注】蒼兔入於行宫一事,參見《青銅自考》卷一〇《歷議北征噶酋經驗録》一文。

④ 【注】汰馬添步、設立中營、指名題補等事,參見《青銅自考》卷一《省馬增步》《題補標營將備》等文。

⑤ 【注】高璜詢問出師之略一事,參見《青銅自考》卷一〇《歷議北征噶酋經驗録》一文。

劾，[①]遇軍政之年將舉劾停止，永著爲例，命下通行直隸、各省遵行。[②] 自公一疏，省卻天下許多無益之費。三十九年内請假遷葬，事屬創例。奉旨："俞益謨給假三月，前往爲伊父改葬，該部知道。"[③]諸如大同各營堡武職帶管站馬内有站軍，長夫代戍防、應差操者，公謂：制兵喂站馬則士氣不振，長夫供差操則名不雅馴，於是通盤打算，合計站馬若干匹、長夫若干名，照兩馬一夫之制，尚餘站夫若干名，撥歸汛多兵少營内食糧充伍。此外多出站夫五十六名，裁汰節餉。營、站各有耑司，兵、夫兩無牵混。[④] 疏上報可，積弊爲之一清。河保營所管黄河邊汛，例以偏、老二營官兵代其防凍，明末因套彝而設也。至國家五十餘年，中外一家，因循故事，無有覺其非者。公毅然罷之，百餘年兵丁防凍之苦一旦頓蘇。[⑤] 營汛每月取具並無容留廢官等項各甘結，煩文故套，不勝其擾。公謂疏忽自有嚴例，一概飭行停止，地方晏然，兵民感頌。凡此皆人之所不敢言不能行者。

至公聽訟之審，感人之誠，可即一二事以例其餘者。大同民楊傑，訴其子永泰忤逆不孝。公察其無他違犯，止於不能幾諫。下令："齋戒，不便行法。縶泰項，屬伊父母牽市，號於衆三日，絞死來報。"未二日，父母哀嚎迫切，懇貸其死以贍老，公量懲釋之。泰後竟以孝聞。[⑥] 又兵丁賈永旺父士啓，控其逆倫殺父。公密訪士啓素無行，妻死，旺差操外出，責其媳不爲近侍，因怒其子不能將順，必欲置之法而甘心。公以父惡未著，子情可矜，留旺給役轅下，察之幾一載，旺所得糧餉必以遺父，且日夜號泣，思親不置。遣還。

① 劾：原作"刻"，據上文"舉劾"一詞及《青銅自考》改。下句同。
② 【注】參見《青銅自考》卷一《請改舉劾》一文。
③ 【注】參見《青銅自考》卷一《請假遷葬》一文。
④ 【注】參見《青銅自考》卷一《請定夫站營兵之例》一文，亦言"請定夫站、營兵之制以專責成，以昭節省事"。
⑤ 【注】參見《青銅自考》卷四《革除越界防凍咨山西撫院噶》一文。
⑥ 後：原作"浚"，依上下文意，當爲形近而訛，據改。

父士啓悔悟改行，遂相慈愛。由是觀之，天下一如，公之善處於人倫骨肉，容有逾兒頑父哉。公之居心也厚，不忍爲其刻薄寡恩；公之行事也真，不敢襲其因循苟且。是以四十一年《軍政自陳》一疏，懇辭至切。奉旨："俞益謨擢用總兵，實心任事，和輯兵民，居官甚優，着照舊供職。该部院知道。"①

計公節鎮雁門凡六載，其受知主上、特蒙恩賜者難可悉紀。先是，三十六年送駕保德州，偶染寒患，②上遣侍衛闗保到寓存問，③御醫林鴻診視，并賜御製藥酒、御書獅子贊綾字一幅，面諭回去静養不必遠送。次年二月内迎駕五臺，賜以攝授黄綾、茶碗、數珠及上用食品。④ 四十一年春再幸五臺，迎駕之頃，呼爲舊人。御書"焜燿虎符"匾額，以示褒寵，俾立侍御案仰觀書法。并命皇太子、皇子各書對聯以賜。⑤ 復賜孔雀翎冠、貂皮袍褂。一時眷遇之隆，諸臣無出其右。

四十二年正月二十六日，奉上諭："近今湖廣提標兵丁少亂，湖廣提督員缺甚屬緊要。提督林本直年老，着解任。大同總兵官俞益謨着授湖廣提督，⑥着馳驛速赴新任。此去着伊將素所親信官兵酌量帶去，但不可空其汛地。此帶去官兵姓名，令其一面奏聞，一面速行起程。着兵部速行文。欽此。"公聞命之日，即酌帶高一靖、許仕隆、吴郡等十八員，馬兵四百，⑦各於二月初八日自大同星馳前進。⑧ 大同兵民攀轅哀號，聲聞數十里。野老村豎頂香叩馬，壅不得行，公不遑計也。是月二十七日，馳抵常德府提督駐節所在，衆方異其神速。尚有噪兵鄭先達、張林、王漢傑、李朴、張可委、

① 【注】參見《青銅自考》卷一《遵例自陳》一文。
② 【注】參見《青銅自考》卷一《謝賜醫藥御書》一文。
③ 闗：原作"閣"，據《青銅自考》改。
④ 【注】參見《青銅自考》卷一《謝賜綾碗數珠》一文。
⑤ 【注】參見《青銅自考》卷一《謝賜匾額翎帽貂裘》一文。
⑥ 《青銅自考》"授"字前有"補"字。
⑦ 馬兵：《青銅自考》作"馬、戰兵"。
⑧ 【注】參見《青銅自考》卷一《謝陞楚提并報起程等事》一文。

羅啓龍、李應世等，不虞公之猝至，盡爲物色得之，發交法司收審。前年更有提督林本直出征八排，標兵毛四、焦三、史永祚、涂定國四人在於藍山縣首倡爲亂，拔刀砍纛，架銃扣箭，辱駡提督。提督林不敢具題，姑息隱忍。是以四十一年十二月二十二、三等日，復有噪搶站隊之事。公廉得其實，以爲四凶首禍，難置法外，即日捕得毛四、焦三、史永祚、涂定國，重杖、枷示四門斃之，人心稱快。公謂賞罰不明，善惡無由勸懲。擇日集其標員士卒於演武場，將在常堵禦噪兵致被打傷之守備梅開甲，在藍山拔刀抵拒噪兵之千總陳國相，命坐參遊上列，手酌金卮奉之，簪花披紅，賞以銀牌、緞袍緞褂。兵丁閆啓望、陳應學二人，[①]藍山堅持大纛不肯爲毛四等搶去，亦各坐賜酒食、花紅銀牌、布匹等物。[②] 時不能禦噪，反爲噪兵叩頭之參遊、守備、千把總等，[③]咸汗出如注，慚惶伏地久之。公曰："爾等不職，國家有三尺法在，姑起。"於是觀聽欣欣，闔郡始有安枕之慶。公以楚兵驕悍，嘩噪爲常，[④]由於事經發覺，罪官而不罪兵所致。疏請天語，嚴加申飭。奉旨："俞益謨自簡任以來，實心效力。覽奏，楚省官兵積弊，無不悉陳，前任官員未有如此行者。該部確議具奏。"[⑤]

湖廣向無保題之例。公抵任，熟察苗悍兵驕，舉由將備不得其人。因上書，[⑥]略云：皇上軫念苗猺冥頑，[⑦]剿撫在我，緩急待時，猶外患之小疥也；營兵驕悍，將備非人，固循不改，實内患之痼病也。苗患無異圈獸，兵悍漸成養癰，擇人而治，當務爲急。恩允各營將備缺出，暫開保題之例。督、撫、提、鎮不論省分，各舉所知調見，皇

---

① 啓：《青銅自考》作"起"。

② 【注】參見《青銅自考》卷三《謝恩並懇矜諒》、卷四《查訊標兵噪搶咨楚督部院郭》等文。

③ 噪：原作"操"，據上下文意改。

④ 噪：原作"操"，據上下文意改。

⑤ 【注】參見《青銅自考》卷二《請嚴飭楚兵驕悍》一文。

⑥ 【注】參見《青銅自考》卷二《請開保題之例》一文。

⑦ 冥：原作"寘"，據《青銅自考》及文義改。

上試其才識技勇，[①]果否克當厥任，然後俯賜俞允。行俟三年停止，雖未必全楚盡得能員，亦可交相觀感等語。奉旨："這事情着照俞益謨所請行。若伊有深知之人，亦着保舉具奏。該部知道。"各省營伍千、把缺出，不論何營兵丁可以拔補，惟楚省必以本營之兵方補本營之官，以致紀剛廢弛，上下貓鼠。公上疏，[②]略云：臣自抵楚，訪知營弊雖多，惟此爲甚。故檄行各營，挑選該營把總、百隊、兵丁之有弓馬嫻熟、才識優長、束兵有方、膽勇過人者，呈送前來，考較弓馬，歷試才能，果堪拔用，嗣後不拘何營缺出，即爲書名籤補，以免倉猝用人之失。業咨督臣郭琇，恐督臣衙門不識錮弊，宜更藉以成例拘守，致臣一片救弊之苦心，反爲違例之口實，所當特疏題明等語。奉旨："這所奏的是。該部確議具奏。"從來武職所帶親丁，雖有食糧之例，惟督、撫、提、鎮到任，即以親丁數目報部起支，副將以下所有親丁必須督、提、鎮保結方准食糧，往往私頂私裁，漫無稽考。公疏：特請副將以下官弁家丁，如有弓馬嫻熟、人才壯健者，寬其保結，按照品級，到任之日即以花名報部，陸續遇缺頂補。並請皇仁軫念武弁多貧，其報效疆埸，束兵整伍，動用浩煩，乞於酌定名數之時，按照品級差等，量爲裕額，俾得免捉襟露肘，以爲養精蓄鋭之資。區區之誠，欲爲天下武臣明乞恩養於皇上，不欲私昧天恩而貽侵冒於營伍等語。[③] 奉旨："九卿、詹事、科道會議具奏。"會議得：湖廣提督應准隨帶親丁八十名，總兵官應准隨帶親丁六十名，副將應准隨帶親丁三十名，參將應准隨帶親丁二十名，遊擊應准隨帶親丁十五名，守備應准隨帶親丁八名，[④]千總五名，把總四名，俱於步兵缺内頂補等因具題。奉旨："依議。"是皆人之所不能言、所不敢言者，披瀝肝膽，直陳無隱，非其積誠之至，上格

① 技：原作"披"，據《青銅自考》及文義改。
② 【注】參見《青銅自考》卷二《請拔千把不拘營分》一文。
③ 【注】參見《青銅自考》卷二《請定親丁食糧額數》一文。
④ 《青銅自考》於"守備應准隨帶親丁八名"句前有"都司應准隨帶親丁十名"十字。

天心,何以有請必從,且屢荷温旨嘉予!《書》云一德交孚,[1]信不誣矣。

是年十月初九日,奉旨:欽差禮部尚書席爾達前往,帶荆州滿洲兵一千名,[2]並酌帶廣西、貴州、湖南三省兵,乘此冬月,直進苗穴,勒令歸誠,設立州縣,庶幾民生不致擾害。[3] 又訓旨與席爾達云:湖廣提督俞益謨漢仗最好,行兵練達,與伊等商酌而行。[4] 十一月初三日,公以大隊踵總統諸公後,[5]發自武陵,抵辰州,公遣副將高一靖等帶兵由瀘溪進發,直向崇山衛,繞出龍蓬、鴨堡諸寨。後公與總統、都統率滿漢官兵進自五寨司。既至五寨,滿洲前鋒欲先馳,公不許,曰:"苗之伎倆非有他能,但於蓊翳要害散處伏匿,俟我官兵之至,暗發鎗弩。今者我當領兵爲導,騎瞭步搜,夾輔大兵由中而進,庶可無虞。"總統諸公咸是之。駐扎五寨凡十日,苗人迎師乞降者日數百,督撫概以銀牌花紅、酒肉勞來之,惟公不與,且不假以顔色,但宣播朝廷恩威而已。督撫以公詘於物力,遣賚銀幣前來,公不受。或詢其故,公曰:"此輩旋撫旋叛,姑息久矣。今若一概施恩,彼但知有羶可逐,弗知感也。諸公恩懷,我以威馭,正在今日,有以破奸頑之膽而生其感激。"諸公大爲稱服。師由清溪入口至殺苗坪,聞副將高一靖等已過崇山衛,直逼龍蓬、鴨堡,控其肩背。公疾馳據其地良坡。坡處苗地腹心,我師糧運必經,且與龍蓬、鴨堡相呼應,據此則勝自我操,爲撫爲剿,舉可相機施設矣。一日,總統密計於公曰:"滿漢官兵連營扼險,環壘週遭,而龍蛟洞諸賊恃有天星寨險固,抗不來降。是寨不下,則龍蛟諸洞難平,已撫

① 一德交孚:《尚書》中無此詞,當系誤引。
② 兵:原文無,據《青銅自考》補。
③ 【注】參見《青銅自考》卷二《密題起程撫剿》一文。
④ 【注】參見《青銅自考》卷四《欽奉催進撫剿咨楚督、撫部院喻、趙》。
⑤ 【注】本傳以下所記撫剿紅苗之事,參見《辦苗紀略》及《青銅自考》卷二《撫剿事竣回常》,卷四《駐逼天星寨咨報總統部堂席》《圍攻天星寨咨覆總統部堂席》《驗看天星寨咨覆總統部堂席》《彙敍撫剿捷咨報總統部堂席》,卷一〇《撫剿紅苗記》等文。

諸苗勢且翻覆。非藉公行,他人未易任此也。"公慨然許諾,率師逼天星寨下營。審寨,孤峰特立,周圍削石高逾千尋,趾雖有級可登,及頂數百尺,上廣下斂,勢如張蓋。自上引以葛梯,方可及巔。上有土有樹,饒於薪汲,幅員之廣,可屯萬人。寨趾有澗,澗沿有徑。公相視久之,先以官兵屯扎澗之上下,各予以聲援,使苗潰莫能逸。然後試以砲礮攻擊,大抵高遠難及,間有及者,破屋揚塵,絶無驚擾。公曰:"是有土穴爲蔽耳,且奈何?"時見寨苗引頸西向,密詢嚮導,知其處爲小天星。遥睇岩磵陡絶,林木幽深。公曰:"此處非有伏,則慮我兵得之,以窺天星寨耳。"因密授副將高一靖:"次日以正兵搜剿龍蛟洞,以奇兵透出小天星之南。參將許仕隆等今夜銜枚緣險,斬棘披荆,務在詰辰繞出小天星。"後遵約如期,果見逆苗蜂聚,不虞官兵猝至,群起攻殺,意在突圍南向,高一靖等奇兵突出,奮呼擊殺,苗賊數百咸殲焉。寨知伏苗盡誅,失所觀望,又以小天星砲擊難支,哀呼就撫。或以窮蹙,請勿許。公曰:"皇恩原在用撫。剿者,不得已用之耳。"但虞苗性多狡,非出於誠。因詰之曰:"撫之,將何如?"應之曰:"願薙髮去環,繳械輸糧,永服王化,不敢生事。"公曰:"爾能於來朝許我官兵上寨查户口、頒賞賜乎?"①應之曰:"可。第勿多人,多且驚畏。"公因授計膽勇敢死士二十人,挾利刃赤幟,五人先登,將所賚銀牌花紅燦陳於前。苗嗜彩繒,聚衆來觀,十五人乘隙而登,可奪其氣。平明一如公諭,五人之後,十五人一鼓湧上。苗覺,持斧砍梯,將欲爲亂。二十人抽刃揚幟,厲聲叱之曰:"我等非欲生還者,但一人殺汝數十人,足抵矣。"苗惶懼,羅拜曰:"願撫,無異志。"二十人復麾幟大呼,曰:"寨已降,且無攻。"時總統屬上前親信、護軍參領齊寇等,②馳十餘騎相視攻擊,睨謂公曰:"提督幾時得天星寨?"公漫應之曰:"午時。"衆各掩笑,

① 於:《青銅自考》卷一〇《撫剿紅苗記》作"以"。

② 護:原作"獲",據《青銅自考》卷一〇《撫剿紅苗記》及文義改。

相與坐山巔。俄見我兵登寨，麾幟大呼，驚喜馳還，白總統。總統方飯，輟箸鼓掌，曰："吾固知非我們提督不能辦此也。"是日，二十人插帳於寨，苗以男婦十數人詣軍門謝，遣還之。次早，復以稚子十數來，給飲食還之。且諭二十人撤帳還營，以示不疑。苗遂感服。

先是，十四日早，蒼兔自巽方越幕入於營，至中軍，獲之。公曰："昔聖駕至鄭家庄，兔入網城，余謬爲噶逆授首之兆，既而果然。今圍天星，復見蒼兔入營，取寨必矣。"[①]二十一日，總統親臨閱視，苗衆率衆趨迎，登寨無阻，大爲稱悦。是寨既撫，而滿洲、黔、粵、鎮筸官兵搜剿箐洞者，在在告捷。我楚兵復有排樓梁大敗逆苗之捷，[②]蓋各洞之苗，視天星爲去向。天星既下，各無固志，所向披靡莫支矣。總統以既得天星，復剿殺逆苗甚衆，首惡求乂子、老穎、老普、老管、六昭等又徑就擒梟示，[③]天星寨苗頭陸麻子、老寅、老鄧三名，特貸其死，許與三百八寨一體歸誠。

事竣，於四十三年正月十七日還師武陵，總統、都統等各領滿洲赴京及荆州駐防訖。督撫條陳善後六款咨請會酌前來，公增建設義學，教訓苗人子弟，鎮筸新設道廳、文員，請照邊俸陞轉以勵勞員。疏上，俱蒙報可。[④]

苗事既定之後，公於每歲冬初調集湖南兵馬到常，較獵演陣，使知坐作進退、開合奇正之方，核其騎射優劣，賞罰各以差等。不

---

① 【注】關於蒼兔自巽方越幕入於營一事，《青銅自考》卷一〇《撫剿紅苗記》記載解釋征兆的人不是俞益謨，而是王基自己。《撫剿紅苗記》文曰：先是，十四日早，有兔從巽方越幕自入於營，至中軍，獲之。余友人王基卜其兆，將校從旁書一"勝"字。對此的解釋應從兩個方面考慮：一是可能是俞益謨或王基記憶有誤；二是王基或許爲了將此事與前面征噶爾旦時蒼兔入行宫一事相呼應，體現俞益謨料事如神，將解釋徵兆的任務交給了俞益謨。

② 排樓梁：《辦苗紀略》多寫作"排六梁"。

③ 乂：原作"义"，據《青銅自考》卷一〇《撫剿紅苗記》改；六昭：《青銅自考》卷一〇《撫剿紅苗記》作"龍六昭"。

④ 【注】參見《青銅自考》卷四《增議筸邊善後准偏院咨覆總督喻》一文。

二年而積弛一變，盡爲臨淮壁壘，水陸塘汛俱出公意改創，莫不焕然改觀。然所費不貲，而公之心血殆竭，毛髮種種矣。[①] 湖廣標營馬匹報斃，定例赴西牽領茶馬，兵丁苦累難堪。公援江西、四川爲例，剴切陳奏，請動司庫朋銀購買，不必赴牽茶馬。數十年兵丁苦累，一旦得蘇。[②]

工科給事陳一本密陳澘除土司，奉旨："密行查議。"公力陳以爲不可，其詳具載咨移。[③] 總督石公文晟忿容美土司田舜年驕恣不法，盡以各土司所揭舜年劣迹密摺奏聞，上殊不爲然，特敕公與偏撫趙公申喬不必相商，各出所見具奏。公疏略云，"舜年穢迹，臣亦有案，雖不敢謂事事皆實，抑未必件件涉虚。若一概置之，弗問弗較，不但無以服此蠻彝各土司，且無以白舜年之心"，乞敕"廉能大臣赴楚審理，並請欽限稍寬時日"，"詳加研審，務得真情"，"王章肅於一時"，"天威震於萬世"等語。奉旨："這事情着遣部院堂官一員確審具奏。該部知道。"察院正堂梅鋗、内閣學士二格，六月十七日請訓旨，[④]奉旨前往常德，會同總督、巡撫、提督審理。命下之日，公以偶患背瘡，疏奏云"皇上優渥武臣，俾得與聞讞典"，"狗馬之恙，敢不力疾支持"，"誠恐奄奄微息再加沉篤，[⑤]不及始終會讞"等語。奉旨："俞益謨病症痊愈，仍與梅鋗會審田舜年事情。該部知道。"蓋公之精誠可以昭日月，格鬼神，是以用一人而海内服其公，建一言而至尊嘉其是。[⑥]

上一日語九卿云："如今現任提督内，有做得總督的麼?"九卿回奏："張雲翼、趙弘燦、俞益謨、梁鼐，都做得總督。"上點首，即以

① 【注】參見《青銅自考》卷五《嚴飭操練》《檄調合操》《申飭塘汛》《再四飭練》《特飭水操》《申明教練之益》等文。

② 【注】參見《青銅自考》卷三《請免茶馬牽領》一文。

③ 【注】參見《青銅自考》卷四《澘除土司條議》、卷三《降革土司例》等文。

④ 六：原作"二"，據《青銅自考》卷三《初次回奏密疏》改。

⑤ 奄奄，《青銅自考》卷三《患瘡奏明疏》作"淹淹"。

⑥ 【注】參見《青銅自考》卷三《初次回奏密疏》《二次回奏密疏》《患瘡奏明疏》《會讞具題疏》等文。

梁補浙閩總督,趙補兩廣總督。雖公尚提軍旅,隱然公輔之望,固已中外具瞻矣。上又一日廷試天下武臣,顧諸大臣云:"湖廣兵馬狠不堪,如今操練得好了,提督俞益謨天下第一好官,不特外邊文武官説他好,就是九卿科道都説他好。"遂賜御製石硯貯之玻瓈榼中,覆以龍文異錦。上秋狩頒賞鹿尾、鹿脯、鱗魚、榛子等物,歲以爲常。其褒寵優異,豈易得之數哉!

公處貴盛,焰然如布素,親戚故交,不以涼燠易視。所得俸餘,先父族,次母族,以次及於戚友,又以次及於鄰里鄉黨。通都冠婚喪葬,力不克舉者,莫不仰給於公。公虞久之難繼焉,爲捐千金修築渠堰,俾千百年無壅壞,享有灌溉豐穰之利,鄉人感其賜,名其渠曰"千金渠",豐碑紀其事。[①] 公虞養之不可無教焉,諭其長君念兹爲置義塾一區,禮延師儒,率鄉人子弟習肄其中。復置義田若干畝,收其租爲館穀費。[②] 公以地處邊隅,書籍難購,人士寡所見聞,捐鏹數百,就金陵坊肆多所購採,送貯寧夏鎮學,備人士觀覽。經史外,三教九流、陰醫星卜之書,莫不畢具。[③] 寧夏雖繞河渠,不能溥利舟楫,[④]行者載者車徒爲勞,公劄水利都司何卜昌,[⑤]請以漢、唐兩渠杠梁中柱略加高廣,當渠水暢流之時,試以小艇往來,可否有資運載?[⑥] 何是其議,毅然爲之,不一月而方舟鼓棹,如在罨畫溪中,南北幾三百里信宿而至,既免車徒之疲,更乏波濤之險,千數百年來未聞有此碩畫。自公一札,利濟無窮,仁言利溥,寧不信然?

先是,壬申、癸酉間,關内歲大祲,流移楚豫,死亡道路者相枕

① 【注】參見《廣武志》卷之下李品蕎《千金渠碑記》及《青銅自考》卷九《寄廣武闔邑公扎》等文。

② 【注】參見《廣武志》卷之下俞汝欽《餘慶堂捐建義學義田記》。

③ 【注】參見《青銅自考》卷四《捐送寧庠書籍照會寧夏道鞠》,《青銅自考》卷一〇及《廣武志》卷之下俞益謨《重修牛首山正頂説法臺并製藏經碑記》等文。

④ 溥:原作"溥",根據上下文意,當爲"溥"字形近而訛,據改。本段"仁氣利溥"及下段"溥及鄉人"同。

⑤ 劄:原作"扎",據《青銅自考》卷九《劄水利何都閫》改。

⑥ 【注】參見《青銅自考》卷九《劄水利何都閫》一文。

籍。公時兩江中權，哀鄉人之流離死喪，力弗能救焉，遣使橐金致書鄖襄副使俞公諱森者曰："吾官卑禄薄，弗克濟鄉人於難，忍見同姓父老子弟殍死異鄉耶！乞查境内有所謂關中俞氏者，以所橐金計丁口老幼給之，使還里中。"有因餒自鬻於人者，且數家并得贖還，所活千數百人，公猶以不能溥及鄉人爲恨。又寧夏武舉戴國瑾挈家至子任大田所官，子死，累重不能歸。公聞而招之，歲以百金爲贍，凡三載，公籌之曰："費我千金，贍彼十年，我徙官，彼終異鄉梗耳。"乃計行李舟車、田園廬舍之需，厚予之資，遣護歸里，然猶鄉曲之誼焉。公在粵西時，有鉅賈程公睿者，任俠輕財。宦斯土者，悉賴其濟。有言於公請善程者，公拒之曰："友其義則可，望其濟則不可。大丈夫當濟人，乃望人濟耶！"越十年，程以事至京師，窘甚且病，狼狽難堪，遣人求救於公。公慨予之千金。未幾，程竟死，公亦不責其家以償。程固俠士，公前無所藉，後慨爲援，卒踐大丈夫濟人之語，異哉！厚哉！

公鄉年好友張氏兄弟元公、亮公者，性遽無養，公爲切切規勸。雖宦遠方，每於書椷往復，備盡忠告。弗聽，厥後皆以官敗，不保令名。[1] 又鄉人楊鳴吾者，幼給事於提督董公，居京師。公癸丑計偕至京，楊一見奇之，甚相敬禮，語人曰："斯人傑也，必顯名天下。"結納間且以後嗣爲托，公慨然曰："果得志，不負君言。"迨癸酉入覲，楊已物化，遺子宗廉，貧孑不能娶。公給銀幣予之完婚，且許將來挈其成立。不三載，公再至京，宗廉無子亦亡。公悼惜之深，不忍鳴吾絶祀，乃擇伊族孫楊廷彦爲宗廉後，娶妻置産，一出於公。夫公於張氏兄弟，爲好友，切偲之藉，義所難辭。若鳴吾於公，非有深契，一言之諾，拳拳在心，既周其子，復立其孫，展轉週摯，費盡苦心，既無負於生交，且不忘於死約，公誠千古一仁人君子矣！

---

① 【注】參見《青銅自考》卷八《致張亮公》，卷九《規諍張元公都閫》《規諍張亮公鎮臺》等文。

公自守備歷顯職，所在聲名赫赫，士卒願爲死，人才樂爲用者，無過賞罰嚴明，不肯一毫假借。大同總兵康調元出征口外，士多亡去，其相從塞外竣事還者，僅李春等四十一人。有死事者，康漠如也。公繼鎮，不忍忠勤淹没，自解俸橐，人各賞銀二十兩，死者恤其家，子弟任持戟者復其伍，他人從征之士，公猶鼓勸優恤。至此，則自隸麾下者可知。居常有犯，雖甥侄親友，必准律撲責，略無寬恕。至親若此，則在疏賤者可知。至公隱德深仁，更非一二事所能盡者。公自扈蹕殲虜，拜官大同總鎮，抵任後，力振頹靡。迴署多隙地，公於前爲坊，後爲樓，左拓爲馳射圃，右拓爲花蔬畦。[①] 墾闢間得其枯骨數具，公悟爲兵亂委棄瓦礫蒿萊者，一一撿殮設奠，瘞之高原。癸未春，奉命督楚軍，訪得從前倡嘩悍卒若而人，不能控馭，官弁示期集演武場而創焉。事畢，視場之廣不十畝，逼狹坎坷，士馬無所容。公初疑場不在兹，索郡乘考之，場固舊趾。第所載五里三分者，今僅五分之一。相其迴，有爲廬者焉、沼者焉、田及圃者焉，更有累累若若爲塋墓、白骨皚皚暴而出者焉。公詢之故老，自流氛灰劫，本朝鼎新六十年，詰戎兹土者，訓練無聞，場久不葺，黠者從而兼并，匪朝夕矣。公惻然曰："廬可徙，沼可壅，田與圃可夷也，惟此累累若若、白骨皚皚者，將安措？"於是訪於有主者，俾擇善地遷之；無主者，公即爲主，厚價買地瘞之。不數月，場拓其半，講武有藉，幽魂泉底且不聞有金戈鐵馬聲。[②] 郡人感悦，謂公仁及枯骨。

公之始從戎討賊也，賊帥陳江遁踞下馬關，攻之弗克。公以間書攜其部，伊部將李、湯二人密相約，誓縛江獻之軍門。公之功，劉伯玉之謀也。伯玉官遊擊，以事免，至是隨征，志在立功還職。公識其老成練達，雅相友善。伯玉因畫計於公，公用之，賊果成擒。

---

① 【注】參見《青銅自考》卷一〇《鼎建雲中鎮署資事堂碑記并銘》一文。

② 【注】參見《青銅自考》卷一〇《修復常德府教場重新演武廳碑記》一文。

去闒,公數言於提督陳公,謀出伯玉,可大用,公唯唯而已。迨後事奮威、勇略二公,勞迹頗著而仕路偃蹇,終不嚮於大用以死。公每爲人道其長,惜其遇,不掩人之善如此。公任鬱林參將時,有馗纛營守備劉如龍,以索安南貢使賄事覺,擬辟繫獄。公聞其爲伯玉子,密以橐金營救司讞左右,平反得脱,如龍不知覺也。厥後回鄉展墓,如龍號泣,匍匐來謝,公曰:"細事,安足齒?"伯玉一事之長,公不忍掩爲已有,已屬人情所難,况其後人未嘗識公,公陰爲營救,竟脱死。公之讓可及,公之仁不可及也。

公歷任官署,殫力經營,務規模宏壯垂久遠。人有議傳舍非世守者,公正色曉之曰:"署之不葺,身心於何安頓?身心不寧,尚望其辦公家事哉?朝廷俸禄仍以還之朝廷,何容遺爲子孫累?"[①]識者韙之。公旁午軍戎,未嘗釋卷,口誦手抄,夜分乃罷。每有論列,切中軍情,不但今人不能道,且發古人未發之藴。所至謁學課文,勸賞士子,敬禮師儒,是以武陵學中諸生有紀公求誠主敬語録。黌宫廢墜,引爲已任,至今寧夏、大同、常德咸有公捐修至聖先師及武成王廟碑紀實也。[②]若大同之修葺四牌樓,清理官道,而一城之坊表正壅塞通;[③]常德之代置五營將署,有寧止而後責勤事。[④]已安安人,仁者如是矣。至廣武之修關聖祠,崇正祀,衛梓桑也。[⑤]捐成牛首山大寺,工即,以贏鏹購藏經貯之寺,非佞佛以博陀羅鉢底佳名,總不使橐有餘俸,普所利濟而快心耳。[⑥]夫公之一生所重者,綱常名節,忠孝大義,其拯急扶危,出自性成,自不知其所以然

① 【注】參見《青銅自考》卷一〇《鼎建雲中鎮署資事堂碑記并銘》《鼎建常德提督公署碑記》等文。

② 【注】參見《青銅自考》卷一〇《重修雲中武成王廟碑記》《文昌宫募緣小引》等文。

③ 【注】參見《青銅自考》卷一〇《重修四牌坊暨通逵道碑記》一文。

④ 【注】參見《青銅自考》卷四《詳請空衙作署咨楚督撫部院喻趙》一文。

⑤ 【注】參見《青銅自考》卷一〇、《廣武志》卷之下《重修廣武關夫子廟碑記并銘》一文。

⑥ 【注】參見《青銅自考》卷一〇及《廣武志》卷之下俞益謨《重修牛首山正頂説法臺并製藏經碑記》等文。

而然者。至在貴能謙,敬賢愛士,則又當世鉅公罕有其儔者矣。

公涖楚,以營伍弛甚,弊由兵丁不練,歲抽協營兵丁赴常操演,浹歲更番,以底精鋭,①糧餉以時解給,雖良法而未經題名咨會,同事諸公不察也。四十八年秋,偏撫趙公過衡陽,偶閱兵籍,核其有名無兵者三十人,爲疏上聞。公坐是累,陳乞致政,詞甚懇。遲遲久之,乃得報。蓋宸衷眷念老臣,猶不忍其遽以原官晝錦也。四十九年秋八月,公解組入關。遐邇瞻依者無不望公暫憩六翮,旋起東山。公歸興既濃,榮名日淡,日偕二三故老怡情緑野,散步青銅。有時放棹觀魚,有時賦詩飲酒,督耕課讀,餘無事事,恒誦姚嗣宗詩云:"欲挂衣冠神武門,爲尋水竹向南村。賣將舊斬樓蘭劍,買得黄牛教子孫。"②

五十二年春,覲賀萬壽,抵都,賜宴内庭。公入朝,疾作,遂以三月二十二日卒於京。訃傳將星西墜,海内驚悼。公生順治十年癸巳,康熙癸丑成進士,歷官柳樹澗守備、達州營遊擊、鬱林州参將、兩江總督中軍副將、大同總兵官、左都督提督湖廣軍務,誥封榮禄大夫。至是年六十有一,齒未艾也,蘊未竟也,使天假之年,賜環制閫,其勛猷炳耀足以懸日月而震天壤者,寧有量哉!天不慭遺,吁嗟已矣!

公生子四人,長君念兹,官授副使,猶未仕,餘方習童子業。候選知縣在兹,其從子也。汝□、汝□,族子,育於公者也。③

---

① 【注】參見《青銅自考》卷五《嚴飭操練》《檄調合操》《再四飭練》《特飭水操》《申明教練之益》等文。

② 姚:原作"王",誤。宋姚嗣宗詩《題閩中驛舍》:"欲挂衣冠神武門,先尋水竹渭南村。却將舊斬樓蘭劍,買得黄牛教子孫。"據改。參北京大學古文獻研究所編《全宋詩》第七册,北京大學出版社,1998年,第4877頁。

③ 【注】俞益謨子已知長子俞汝欽,一名汝敬,字念兹,生卒年不詳;另一子俞汝亮,生卒年不詳,曾任寧夏鎮標前營守備;還有一子爲副室安氏所生。此處所謂子四人,具體情況不詳。在兹,當指俞臯謨子、俞益謨侄俞汝翼,曾任河南府偃師縣、祥符縣知縣。族子,具體情況不詳。參見拙文《清代寧夏籍湖廣提督俞益謨家世考》,《寧夏社會科學》2008年第3期。

基受公國士之知者餘二十年,左右承教者且十年,解衣推食,報德無能。兹聞公逝,始招魂而哭之野,繼焚楮而哭之祠,恨不能身殉九原,轉思轉慟,老眼已枯。因珥筆黎生宗周後,爲成《青銅君傳》,語雖不馴,事皆紀實。倘云阿私所好,黎宗周耻之,基亦耻之。

黎宗周曰:天下唯有真男子,人世乃無假勳名。故巧營曲徑,未必不躋榮顯通途;而柔骨媚顔,先自失其英雄本色,若此之骯髒氣概,直欲推倒藩籬。及觀其灑落胸襟,且不傍人冷暖。先達笑彈冠,肯向侯門輕曳裾?相知正按劍,不從仕徑暗投珠。顛顛倒倒,人覺無憑;早早遲遲,已各有主。周當公束髮之時已許馳驅,及今豁齒之年,猶能珥筆,文無典訓,誠哉!人以言輕,語不蔓枝,幸矣!事以實重,續三十六年未盡之傳,爲百千萬祀攸定之評。

夢漁王基曰:公解組後,余送之入關,公欲爲余築室置産,晨夕素心爲老友,余以累重懇辭再三。明年偕至京邸,臨岐把贈逾恒情,握手欷歔,似有欲言未吐者。余歸,僑寓武陵,日望公再起東山,猶可一晤顔色,庶幾無憾。孰意曩之欷歔,竟成永訣!聞訃崩悼,曷其有極!惟是公此番入覲,人咸擬其定邀宸眷,何以是《傳》貯之行篋?公既卒,經紀倉皇,又何以是《傳》屬余續成?設非公有先見,有治命,余將不信。余别公,年益衰,腕愈病,邇爲鉅公物色,辭不獲免,勉於冗中燈下載筆,草草其間,掛一漏萬,朴率無文,惟他日陪侍九京,請謝不恭之咎。

癸巳夏仲,濡淚書。

續序

古今來之評將者,曰智曰勇,而將之見知於世者,亦惟智惟勇。居今稽古,代不乏壇上淮陰、隆中諸葛,求其籌未至之事業,如數指上螺文;建素期之功名,若取囊底寄物者,不數數見,則又何也?蓋智不本學,而時至則億中,疇非戡亂之飛熊;勇不出於養,而運泰則往壯，豈遜摧堅之臥虎。究之，智不深而勇不沉，孰與向封侯之貳師，責以知來壯往之用哉？予嘗持此意以觀近今之孫吴，人或咎其過刻，然而予之自信更自有在。孔子曰："吾見其人矣，吾聞其語矣。"①所見所聞，若合符節，又何古今人之不相及哉！

昔予在蘇郡任事時，蘇之撫軍攝督軍篆，嘉言俞公爲兩江二帥，隨篆佐理，予得識交於蘇門。始覺奕奕英發，繼覺恂恂容與，久則穆穆可敬、藹藹可親，冬日春風，莫可臆度。予知公之粹於學、深於養也，乃疇昔所聞者則又各異。有曰"敦詩説禮，彬雅宜人，其概尚文"，有曰"曉暢軍機，精嫻弓馬，其質尚武"，有曰"義氣如云，俠腸似雪，若劇孟、魯朱"，有曰"静觀天心，動稽人事，若濂流、洛派"，人分見之，公合藴之。予樂交其人，而究莫測其藴也。

丙寅春正，予有輓運之役，公亦捧護運之檄，燕邸盤桓，長途絮語，凡所開陳，每不落人齒頬。至其對趙勇略之夜話，聚米劃沙，不異捫虱景略；佐岳提軍之籌算，正合奇變，無殊借箸留侯。人雖奇其説，而尚疑其落落難合也。及調赴前鋒，鼓勵衆志，更不以多寡計。老壯勞逸，主客雖未交綏，而沉鷙之氣辟易萬夫。噶逆西馳，果爾敗衄，與公之夜談畫籌者，毫釐不爽。師旋，雖未敍公功，而名臣宿將聲稱藉藉。丁丑受詔出征，特擢雲中總鎮。鑾輿西行，路徑其地，内務高璜見公内出，手攜公至寓，問此行之宜。公抵掌駐蹕之宜與遣將之事，鑿鑿可聽，且預以永清沙漠爲今日賀。至若獲兔而斷窮凶之授首，望塵而知永清之克奏，則又其見象而占，不與於大智大勇之内迹。其前後二事而批卻導窾，識王者有征無戰之弘圖，後實先聲，得兵家扼吭之勝算，皆能定於未事之前，符於事成之後，較之壇上、隆中，又何多讓焉！太公曰："知幾者，其神乎？"②予於公而益信。

① 【注】參見《論語·季氏第十六》。
② 【注】實爲《太公陰符經》引《周易繫辭傳下》中孔子語。

黎子續建節出征事於前《傳》,後求予弁之,謂予與公共事而目見之也。固亦摭實之意,但公新膺節鉞,建豎必多,其足傳者尚未艾也。際今退食之暇,手不釋卷,倦則兀坐若禪,所學所養寧有既哉。即今六合清平,牛歸馬放,而制治保邦之略,公自裕鎮静之善政焉。況任甫逾歲而頑廉懦立,一十七營路盡勵官方,訓詳練精,而一萬五千兵咸遵節制,比及三年,吾知有勇知方之效。當年季路有其志,今日俞公致其事也,僅良將也云乎哉!以知一《傳》,黎子開其端,王公序其首,予復繼之,而後之勒爲全書者,自有太常彤管,或不俟一韋布、二俗吏之不律增重也。

康熙戊寅暮春開封府尹年家眷弟三韓張國卿君錫氏頓首拜言。

附録三

康熙年間孤本《青銅君傳》考述①

田富軍　葉根華

俞益謨(1653—1713),字嘉言,號澹菴,别號青銅,清代寧夏廣武營(今寧夏青銅峽市)人,官至湖廣提督。有《孫思克行述》、《辦苗紀略》八卷、《青銅自考》十二卷、《(康熙)新修朔方廣武志》(以下簡稱《廣武志》)二卷等多部著述傳世,另有《道統歸宗》《投贈瓊集》《投壺廣義》《上諭直解訓戎簡本》《路程》《便覽》等多種著述散佚。據《廣武志》載,"門人馬見伯等紀實編次,梓有《青銅君傳》",②是爲俞益謨的傳記。但學界一般都認爲此傳今已不傳。近來,筆者有幸在内蒙古自治區圖書館見到此書,當爲孤本傳世。現不揣淺陋,略作考述,以求教於方家。

一、《青銅君傳》的成書過程

《青銅君傳》主要記述俞益謨一生的事蹟。書前有康熙三十五年(1696)時任提督江西全省學政按察司副使王綜所作《敍》。王綜,字孝齋,陝西蒲城人,康熙九年(1670)庚戌科進士。③《敍》曰:"麟閣紀功,將假手於太常,或不俟此家乘爲也。第二十年慘淡經

① 本文原載於《寧夏社會科學》2018年第6期,今附於此,以便讀者對《青銅君傳》有進一步瞭解。

② (清)俞益謨、高嶷等纂修:《(康熙)新修朔方廣武志》卷上《武階志》,甘肅省圖書館藏清康熙五十六年(1713)刻本。

③ 朱保炯、謝沛霖:《明清進士題名碑録索引》,上海古籍出版社,1980年,第2656頁。

營之事,有隱而不及知者,無論今日之學問事功,非復當年之吴蒙,即今兹之道貌德躬,亦异當年之英毅。"所謂"二十年",當指傳主俞益謨自康熙十四年(1675)正式從軍至康熙三十五年(1696)此敍初步寫作完成二十年左右的時間。可見該傳的目的,就是要以親歷者和身邊人的角度,對俞益謨人生歷程和功績進行詳盡記載,讓"慘淡經營之事"和"隱而不及知者"爲衆人所知。但康熙刻本《青銅君傳》的成書卻經過了一個較爲長期的過程,是由黎宗周、王基等多人共同參與完成的。

《青銅君傳》最早的作者當爲黎宗周。關於黎宗周,目前所能查到的資料甚少。《青銅君傳》題有"西夏西音黎宗周紀實"。王綜《青銅君傳·敍》曰:"黎子爲都督鄉中遺老,知其事甚悉,爰立爲傳,進於都督。"在該傳正文後,黎宗周説:"周當公束髮之時已許馳驅,及今豁齒之年,猶能珥筆。"可見在康熙三十五年(1696)左右黎氏完成此傳時已是"豁齒之年",故有"遺老"之謂。查《青銅自考》卷八《尺牘統集》,所收《答黎今用茂才》一文中黎今用致信益謨,希望追隨益謨做幕僚。[①] 同卷《致郭表兄》中,益謨表達了對此事的歡迎態度:"倘蒙踐約來川,吾其鷄黍以待,真可謂他鄉遇故知矣。慶幸之私,曷可言喻!"[②]此時俞益謨在四川達州遊擊任上,約爲康熙二十年(1681)至康熙二十七年(1688)間。康熙三十五年(1696)十二月,俞益謨與諸人縱論清朝對噶爾丹用兵之事,預言噶爾丹戰敗必死的可能性極大,自認爲此預言將來可備查,"遂顧謂黎西音曰:'爲我筆記之。'"[③]可見此時黎子仍爲益謨幕僚。再查《青銅自考》卷九《尺牘》所收《致慰黎古處喪兄》,[④]以及卷一二《强唫詩集》所收《答黎秀才七言古》,[⑤]結合《青銅君傳》文末王基稱呼宗周爲

① (清)俞益謨著,田富軍、楊學娟點校:《青銅自考》卷八,第394—395頁。
② 同上書,第412頁。
③ (清)俞益謨著,田富軍、楊學娟點校:《青銅自考》卷一〇,第509頁。
④ (清)俞益謨著,田富軍、楊學娟點校:《青銅自考》卷九,第457頁。
⑤ (清)俞益謨著,田富軍、楊學娟點校:《青銅自考》卷一二,第586—587頁。

"黎生"可知,黎宗周,字西音,又字今用,秀才,爲俞益謨同鄉,又是金蘭之好,[①]且多年作爲益謨幕僚隨其左右,故能作此傳。黎古處者,宗周之弟。

王綜所做《敍》落款時間爲康熙三十五年(1696)臘月,張國卿康熙三十七年(1698)作有《續序》。張國卿,字君錫,奉天(治今遼寧沈陽)人,[②]隸屬鑲紅旗,一説爲霸州(治今河北霸州)人,[③]監生,康熙三十七年知開封府,[④]曾任長蘆監運使司。[⑤]《續序》中説:"黎子續建節出征事於前《傳》,後求予弁之,謂予與公共事而目見之也。"可見黎宗周所記主要爲俞益謨前半生事蹟,且分兩次:一次是康熙三十五年(1696)前,一次在康熙三十六年(1697)俞益謨任大同總兵官後至三十七年(1698)暮春期間。《續序》中也稍有遺憾地指出黎宗周此傳"固亦摭實之意,但公新膺節鉞,建豎必多,其足傳者尚未艾也"。《青銅君傳》文末"黎宗周曰"部分,宗周自己也明確説明此傳爲"續三十六年未盡之傳,爲百千萬祀攸定之評"。所謂"新膺節鉞"和"三十六年",均指康熙三十六年(1697)俞益謨由兩江督標中軍副將升任山西大同總兵一事,黎宗周所"紀實"俞益謨生平事蹟,也當止於這一時段。

黎宗周所作《青銅君傳》得到了俞益謨本人的肯定。王綜《敍》中記載,黎宗周將所作《青銅君傳》呈給俞益謨本人,"都督輾然笑"。王基在該傳中也記載,俞益謨於康熙五十二年(1713)進京覲見之際,仍將該傳"貯之行篋",可見其本人對該傳也是十分肯定和珍惜的。黎宗周所作《青銅君傳》完成後,即邀王綜、張國卿二人分

---

① (清)俞益謨著,田富軍、楊學娟點校:《青銅自考》卷九,第457頁。
② (清)李衛等撰:《(雍正)畿輔通志》卷六〇,《景印文淵閣四庫全書》第505册,第411頁。
③ (清)和珅等編:《大清一統志》卷一五一,《景印文淵閣四庫全書》第477册,第57頁。
④ (清)李鴻章等編:《(雍正)畿輔通志》卷二二九,商務印書館,1934年,第8076頁。
⑤ (清)李鴻章等編:《(雍正)畿輔通志》卷三〇,第1002頁。

別做《敍》《續序》。至此,也即至張國卿《續序》完成的康熙三十七年(1698),黎宗周《青銅君傳》即已成書。

從康熙四十六年(1707)刻本《青銅自考》所收《致慰黎古處喪兄》一文可知,康熙四十二年(1703)至四十六年(1707)間,黎宗周卒。待王基修改、續寫黎宗周《青銅君傳》已是俞益謨卒後。王基,生卒年不詳,康熙年間人,當與俞益謨年紀相仿,字夢漁,曾爲俞益謨《辦苗紀略》《青銅自考》作序跋。在《辦苗紀略·序》中,他自稱"瀨上布衣";[①]在《青銅自考·跋》後,他自稱"江左布衣"。[②] 俞益謨曾説與王基"百粤一遇,十載心交"。[③] 由此可見,王基當爲江東吴越一帶人氏。關於瀨上,查《中國古今地名大詞典》:"瀨水,古水名。又稱溧水、陵水。即今江蘇省南部荆溪溧陽市境内河段。"[④]《肇域志·南直隸·南京應天府·溧水縣》:"溧陽縣西北四十里,水名瀨水,古瀨渚,縣得名疑此。吴音訛瀨水爲溧水,秦置溧陽,以其在此水之北,故名。而溧水又溧陽析置,故亦以名云。"[⑤]再查《景定建康志》卷一九《諸水》"投金瀨"條有"溧陽瀨上"之説。[⑥]《六經圖考》傳世有清康熙元年(1662)瀨上潘氏禮耕堂本,潘氏即潘宷鼎,《江南通志》卷一二四《選舉志》載:"潘宷鼎,溧陽人。"[⑦]綜上可見,瀨上當在溧陽,或者爲溧陽某地的别稱,故王基當爲溧陽人。

作爲俞益謨好友,至完成此傳的康熙五十二年(1713),王基自認爲受益謨"國士之知者餘二十年,左右承教者且十年"(《青銅君

① (清)俞益謨編集:《辦苗紀略·序》,北京大學圖書館藏康熙四十四年(1705)餘慶堂刻本。
② (清)俞益謨著,田富軍、楊學娟點校:《青銅自考·跋》,第633頁。
③ (清)俞益謨著,田富軍、楊學娟點校:《青銅自考》卷八,第399頁。
④ 戴均良等編:《中國古今地名大詞典》,上海辭書出版社,2005年,第3276頁。
⑤ (清)顧炎武:《肇域志》第一册,上海古籍出版社,2004年,第6頁。
⑥ (宋)周應合撰:《景定建康志》(四),《景印文淵閣四庫全書》第489册,第101頁。
⑦ (清)趙宏恩等監修,黄之雋等編纂:《江南通志》(四),《景印文淵閣四庫全書》第510册,第672頁。

傳》),可見俞、王二人在康熙三十二年(1693)俞益謨任兩江督標中軍副將時就已交好,四十二年(1703)俞益謨升任湖廣提督後,王基一直追隨俞益謨左右,一起參與過康熙四十二年(1703)十一月至康熙四十三年(1704)正月撫剿紅苗的戰事,在攻打天星寨最關鍵的時刻,俞益謨曾"令友人王基卜其兆",[①]在俞提督眼裏王基是作爲朋友對待的,不是一般的下屬。與俞氏關係密切的王基,經歷過俞提督整頓湖廣軍務的各項事務,經歷過益謨與時任偏沅巡撫趙申喬互參的是是非非,經歷過俞嘉言被解職休致的全過程。康熙四十九年(1710),俞益謨休致返回故里時,甚至想爲王基在故里"築室置産,晨夕素心爲老友"(《青銅君傳》)。俞、王二人可謂"傾蓋如故"。[②] 因此,王基對俞益謨非常瞭解。作爲雅好詩文的俞益謨,能讓王基爲自己的《辦苗紀略》《青銅自考》作序跋,説明對夢漁的文章水平之肯定和信任,這就爲王基續寫《青銅君傳》奠定了基礎。

王基"續筆"黎宗周《青銅君傳》是受俞益謨囑托。俞氏既然十分重視《青銅君傳》,在自己解職回家後希望有人能將此傳續完,而對自己非常瞭解又有文采,且又是自己看重的,王基自然就是首選者。所以在王基返回武陵時"握手欷歔,似有欲言未吐者"(《青銅君傳》)。在入京慶賀康熙皇帝六十大壽時卒,"以是《傳》屬余續成",其中之意,希望王基將該傳續寫完成應當是俞益謨自己的意思。受知遇之恩的摯友臨終囑托,夢漁於康熙五十二年(1713)"夏仲,濡淚書"(《青銅君傳》),完成了對黎宗周《青銅君傳》的續寫。

王基完成續寫後,俞益謨曾經的下屬俞禮、張禎等人將該傳刊刻成書。俞禮,生卒年不詳,俞益謨康熙四十二年(1703)至康熙四十三年(1704)撫剿紅苗時曾任湖廣提標中營守備。[③] 張禎,生卒

---

① (清) 俞益謨著,田富軍、楊學娟點校:《青銅自考》卷一〇,第 514 頁。

② (清) 俞益謨著,田富軍、楊學娟點校:《青銅自考》卷八,第 399 頁。

③ (清) 俞益謨編集:《辦苗紀略》卷八,北京大學圖書館藏康熙四十四年(1705)餘慶堂刻本。

年不詳，寧夏人，撫剿紅苗時曾任湖廣提標千總，[①]康熙四十三年(1704)"准以署守備管湖廣永定營中軍守備事"，[②]至遲康熙五十六年(1717)《廣武志》刊刻時就已升任"湖廣永州鎮標左營遊擊"，[③]康熙五十八年(1719)任山西平陽營參將(案：《山西通志》原作"張正"，[④]當爲"張禎"，避雍正諱改)。二人均長期追隨俞益謨，也得到了俞益謨的重用和提拔。故《青銅君傳》卷首"仝梓"人俞禮、張禎均稱"沐恩"。從二人生平可以看出，張禎康熙五十六年(1717)升任遊擊，按照清朝武將任職一般規律，從守備到都司，再升任遊擊，約需四五年，故王基續寫完成的《青銅君傳》由二位守備刊刻於康熙五十二年(1713)至五十六年(1717)之間，康熙五十二年(1713)當年刊刻的可能性最大。

綜上，《青銅君傳》的成書經過了一個較爲漫長的過程，是由黎宗周、王基等多人參與共同完成的，黎宗周大概完成了康熙三十七年(1698)之前俞益謨生平的撰寫，形成了《青銅君傳》的前半部分。王基於俞益謨死後，對該傳進行了全面的續寫，於康熙五十二年(1713)當年或此後不久，由俞禮、張禎等人刊刻成書。目前所見内蒙古圖書館藏《青銅君傳》即爲此刻本。

二、《青銅君傳》的版本

《青銅君傳》除見諸《廣武志》外，後世文獻只有《内蒙古自治區線裝古籍聯合目録》(以下簡稱《聯合目録》)的《史部・傳記類》

① (清)俞益謨編集：《辦苗紀略》卷八，北京大學圖書館藏康熙四十四年(1705)餘慶堂刻本。

② (清)俞益謨著，田富軍、楊學娟點校：《青銅自考》卷二，第62頁。

③ (清)俞益謨、高嶷等纂修：《(康熙)新修朔方廣武志》卷上《武階志》，甘肅圖書館藏清康熙五十六年(1713)刻本。

④ (清)覺羅石麟等修：《山西通志》卷八〇，《景印文淵閣四庫全書》第544册，第769頁。

有載。[①]

《青銅君傳》不分卷,刻本,白口,四眼線裝,保存基本完好。後面書衣已失。書高 26 厘米,寬 15.1 厘米。全書版高 20.2 厘米,寬 13.5 厘米,四周雙邊,單黑魚尾。版心上鐫書名“青銅君傳”,下刻頁碼;書後《續序》部分版心除鐫書名“青銅君傳”外,黑魚尾下還鐫“後序”二字。

是書共分三部分:前有《敍》,共七頁,每半頁六行,行十二字。落款爲“康熙三十五年臘月既望賜進士出身提督江西全省學政按察司副使年家眷弟王綡頓首拜題”,落款後有“王綡之印”陽文方印。首頁上題“敍”,下鈐“内蒙古圖書館藏書”漢蒙朱文方印。中爲主體部分,共四十八頁,每半頁八行,行二十字。主體部分首頁上題“青銅君傳”,下題“西夏西音黎宗周紀實、江左夢漁王基續筆,提標中營守備沐恩俞禮、永定營守備沐恩張禎仝梓”,具體内容前居中又題“榮禄大夫大都督俞公本傳”。後爲《續序》,共五頁,每半頁七行,行十七字。落款爲“康熙戊寅暮春開封府尹年家眷弟三韓張國卿君錫氏頓首拜言”,落款後刻有陰文方印“張國卿印”、陽文方印“君錫”。從目前所見内蒙古圖書館藏本來看,《青銅君傳》全書行文流暢,脈絡清晰,線索突出,詳略得當,風格一致,歷敍俞益謨之家世、生平、宦績等。傳末有“黎宗周曰”和“夢漁王基曰”兩段文字,記載了立傳的緣由、過程以及作者對傳文的評價等。

《聯合目録》將該書列於“史部・傳記類”,考訂作者爲“黎宗周撰,王基續撰”,[②]並據卷首序確定版刻時間爲“清康熙三十五年(1696)”。[③] 目録對於該書的分類和作者的考訂大致不錯,但對於版刻時間確定有誤。《青銅君傳》的成書時間應當爲康熙五十二年

① 何遠景主編:《内蒙古自治區線裝古籍聯合目録》,北京圖書館出版社,2004 年,第 313 頁。

② 同上。

③ 同上。

(1713)當年或此後不久,至遲不會晚於康熙五十六年(1717)。

另外,《廣武志》卷上載,"門人馬見伯"等將俞益謨生平事蹟"紀實編次,梓有《青銅君傳》",[①]查《(乾隆)中衛縣志》、《(乾隆)寧夏府志》、《(道光)續修中衛縣志》、《(民國)朔方道志》等均未提及此事。馬見伯,生卒年不詳,字衡文,[②]一字樂顧,[③]寧夏人,康熙三十年(1691)武進士,曾隨俞益謨多有征戰,累官太原、天津總兵官。康熙五十八年(1719)授固原提督。後統兵平藏回,卒於軍。入祀名宦。《(乾隆)寧夏府志》卷一三《人物·鄉獻》,《清史稿》卷二九九有傳。俞益謨《辦苗紀略》題有"……馬見伯重閲",《辦苗紀略》卷八還收録了馬見伯《平苗頌凱》一詩,頌揚撫剿紅苗"從來未有事,今日始開天。巍巍功與德,照耀在簡編"。[④]《辦苗紀略》亦題"瀨上夢漁王基參定",可見王基與馬見伯當熟識,且同時參與了俞益謨《辦苗紀略》的編集與刊刻。作爲俞益謨長子,俞汝欽也曾與見伯等共同參與俞益謨撫剿紅苗之事,與見伯熟識。汝欽於康熙五十六年(1717)在世時主導編輯《廣武志》並刊刻,時見伯亦在世並官至總兵。該志所載見伯等梓有《青銅君傳》一事距康熙五十二年(1713)僅時隔四年,當不會有誤。但目前所見内蒙古圖書館藏《青銅君傳》却並未題馬見伯之名,且《(乾隆)寧夏府志》等志書未載此事,合理的解釋是:《青銅君傳》成書過程中見伯並未參與,非撰者;亦未具體參與刊刻工作;只是見伯時官居顯位,作爲俞益謨昔日的部下中較有名望者,倡導或出資刊刻,故《廣武志》有此載。當然,還有一種可能就是目前所見内蒙古圖書館藏康熙五十二年(1713)左右刻本《青銅君傳》刊刻後,至康熙五十六年(1717)之間,馬見伯等人見此刻本版式不統一(如魚尾前後略有不同),略顯粗

① (清)俞益謨、高嶷等纂修:《(康熙)新修朔方廣武志》卷上《武階志》。
② (清)張金城修,楊浣雨纂,陳明猷點校:《乾隆寧夏府志》,寧夏人民出版社,1992年,第452頁。
③ (清)俞益謨編集:《辦苗紀略》。
④ (清)俞益謨編集:《辦苗紀略》卷八。

疏,又重新校定刊刻。但此説只是猜測是否如此,待考。

三、《青銅君傳》的價值

(一) 版本價值

《青銅君傳》刊刻於清康熙後期,距今逾三百年,保存基本完好,是典型的善本。對於豐富清初乃至於整個中國古籍刻本武庫有一定價值。截至目前,此書從之前一般認爲的散佚到發現,疑其孤本傳世,文物價值和版本價值都很高。

(二) 史料價值

其一,提供了俞益謨研究的最直接的史料。俞益謨是清代寧夏籍名人,文才武略,著述頗豐。作爲武將,官至湖廣提督,他幾乎經歷了康熙朝所有大的戰事,深得康熙皇帝青睞,對他的研究,從某種程度上就是對康熙朝戰事縮影的研究。此前對其研究主要依靠俞益謨《青銅自考》《辦苗紀略》等著述和部分地方志中的零星記載,缺乏較爲詳盡、系統的史料。《青銅君傳》用詳細的史料和系統的記述填補了這方面的空缺,對於俞益謨的研究是不可多得的文獻資料。特别是康熙三十六年(1697)前的史料,筆者之前曾撰文考述,[①]卻未盡詳細,但《青銅君傳》記載翔實。其他如壬申、癸酉關内大祲俞益謨周濟鄉人,資助寧夏武舉戴國瑾,以及幫助程睿、楊鳴吾,不忍忠勤淹没自解俸槖、仁及枯骨,不掩劉伯玉之功等事,皆爲以前所未見,對於認識、分析俞益謨的思想觀念和性格特點具有很好的補充作用。

其二,是研究清前期寧夏廣武俞氏家族的重要史料。清初寧

① (清) 俞益謨著,田富軍、楊學娟點校:《青銅自考·俞益謨及其〈青銅自考〉(代序)》,第1—11頁;田富軍:《清代寧夏籍湖廣提督俞益謨著述考》,《寧夏社會科學》2005年第2期,第97—103頁;田富軍:《清代寧夏籍湖廣提督俞益謨生平考》,《寧夏大學學報》(人文社會科學版)2005年第6期,第29—37頁;楊學娟、田富軍撰:《清代寧夏籍湖廣提督俞益謨家世考》,《寧夏社會科學》2008年第3期,第106—109頁。

夏廣武俞氏家族屬地方望族,俞益謨三叔父俞君宰順治年間官授雲南永昌軍民府(治今雲南省保山縣)同知;俞益謨父俞君輔爲寧夏衛學庠生,在鄉人中很有威望,死後崇祀鄉賢;俞益謨長子汝欽,康熙三十八年(1699)中武舉亞元,南河功授按察司副使,編輯、刊刻《廣武志》;俞益謨侄子汝翼,康熙六十一年(1722)任河南府偃師縣(治今河南偃師市)知縣,雍正三年(1725)任河南祥符縣(治今河南省開封縣)知縣。當時,廣武城中建豎有諸多如"焜耀虎符""忠孝傳家""徽流四世"和"令緒三傳"等俞氏家族的坊表牌樓,反映了俞氏家族的名望和顯赫地位。此前研究這一家族主要依靠《廣武志》,康熙刻本《青銅君傳》不僅對俞益謨生平事蹟進行了十分詳盡的敍述,對俞氏家族祖上的記載是首次發現的,所載俞益謨有子四人也是前所未見的。

其三,可與相關史料互參。俞益謨傳世的《孫思克行述》《辦苗紀略》《青銅自考》《廣武志》等著述中的資料,很多都可以在《青銅君傳》中得到印證。如《廣武志》多處記載俞益謨著有《道統歸宗》一書,《(乾隆)中衛縣志》等志書亦有著録,今惜不傳,《青銅君傳》載,益謨"政閒事簡……讀書自娱。及觀《西銘》《原道》諸篇,恍然有得,由是究心程朱之學,博延師儒,辨天人之合一,體知行之同歸,凡所張施,悉准於道,出詞吐氣,雅雅彬彬,儼一醇儒氣象矣",揭示了俞益謨著《道統歸宗》之緣起,評價了該書之特色。查《青銅君傳》所載康熙三十六年(1697)以後之事,《青銅自考》一般都有記載,可互校。除俞益謨著述外,《青銅君傳》所載平定朱龍、陳江之亂,康熙親征平定噶爾丹,撫勦紅苗等重要歷史事件的細節,爲同時代人所記,均可與正史相互印證,對相關史實具有較高的史料補充價值。如《青銅君傳》記載,康熙欲御駕親征噶爾丹之時,群臣對此持不同態度,大部分人並不支持,"上意親率六師討平西魯噶爾旦,庭臣咸以遠涉絶塞,難必成功建言。上遣使召勇略將軍趙良棟還京,趙老成宿將,時方就醫江南。出征人員聞趙將至,知其夙具骨鯁，强諫敢言，意其必能諫止北征”，益謨往見良棟，勸其勿諫，並陳述朝廷出征必勝之道十條、噶爾丹防禦之三策。後康熙果親征平定了噶爾丹。此事趙良棟《奏疏存稿》卷八《欽召赴京恭陳下悃疏》同樣有簡要記載，可互參。另外，《青銅君傳》所載史事，也可作爲第三方資料，印證其他文獻内容。如康熙十八年(1679)俞益謨隨王進寶征川。該傳載，“所至，他人縱極淫掠，公獨嚴禁所部不得攫取民間一絲一粒”。此載爲益謨與黎宗周親歷，可信度很高，而這恰恰可以印證趙良棟在《奏疏存稿》卷八《剖明心跡疏》及其他奏疏中多次陳述王進寶馭兵不嚴、到處殺搶所言不虚，對於評價相關涉事歷史人物很有幫助。

(三) 藝術價值

《青銅君傳》經過黎宗周、王基等人的多次創作，文詞質樸，精於選材，詳略得當，曉暢生動，展現和塑造了仁厚知禮、機智善謀、富有才幹、宦績突出的俞益謨形象，具有一定的藝術價值。尤其是選材上，從俞益謨豐富的人生經歷當中擇取精要，做到該詳則詳，當略則略，張弛有度，體現了作者較强的駕馭能力。比如，對於英勇挽救蕭應秀、劉體義一事：

建威將軍吴丹調征瀘州，輔遊擊蕭應秀往。蕭所統不滿百人，渡瀘未成，列賊衆萬餘，驅象直沖駐防，遊擊繳應善、周龍及投誠總兵謝泗等，臨陣大潰。公方奮呼而前，值蕭應秀墜馬僵昏，公率七騎持滿待敵，賊不敢近，蕭得登舟先渡，公率二人踞岸坐，賊望而辟易。然瀘州已陷，進退無據，公騎騳馬渡江，賊濟而躡後。行未里許，見蕭無馬，二卒掖之不能前。公奮勇轉戰，殺賊數人，奪馬予蕭，得免難。再里許，守備劉體義病劇，臥地不能起，賊衆逼近，公迫之，劉泣曰：“君往矣，勿爲我留。”公嘆曰：“居平而友，急難而棄，非夫也。”挈劉上馬，自以單騎殿後，經兩晝夜，收拾散亡，待罪統帥。將吏戰士咸直之曰：“非俞守備，蕭劉且虜矣，孰曩是咎，而令殿軍者罹罪乎?”疏上,衆坐失機,公獨以功免議。

此事記載詳細,從一言一行之中體現了俞益謨的勇敢、仁義。又如平定噶爾丹前與趙良棟臥談的記載也十分詳細,體現了俞益謨的深謀遠見。對於“他人不敢言者公能言之,他人不能行者公力行之”,則簡略列舉了上疏的幾個事例,用語簡潔,點到爲止,所謂“一二事以例其餘者”。如幫助程睿一事:

公在粵西時,有鉅賈程公睿者,任俠輕財。宦斯土者,悉賴其濟。有言於公請善程者,公拒之曰:“友其義則可,望其濟則不可。大丈夫當濟人,乃望人濟耶!”越十年,程以事至京師,窘甚且病,狼狽難堪,遣人求救於公。公慨予之千金。未幾,程竟死,公亦不責其家以償。

寥寥數筆,言簡義豐,勾勒出一個不求人濟而慷慨濟人的人物形象,儼然有大丈夫風範,甚至帶着一點俠客氣魄,令人稱奇。這些事蹟對於一名武將來説,看似於其武功不甚相干,但作者卻費心於此,其背後體現的實際上是作者的價值取向,反映了作者對於儒將風流的一種仰慕。對於這些事蹟的記載,塑造了俞益謨仁愛、俠義的儒雅形象,使俞益謨形象更加豐滿,有血有肉,更具有了穿透歷史和人心的人格魅力。

參考文獻

古籍:

(唐) 孔穎達:《周易正義》,中國書店,1987 年據嘉業堂本影印

(宋) 周应合:《景定建康志》,影印文淵閣《四庫全書》本,臺灣商務印書館,1986 年

(明) 朱㮵撰,胡玉冰、孫瑜校注:《(正統)寧夏志》,中國社會科學出版社,2015 年

(明) 馬理、吕柟等纂,董健橋等校注:《(嘉靖)陝西通志》,三秦出版社,2006 年

(明) 管律等修,邵敏校注:《(嘉靖)寧夏新志》,中國社會科學出版社,2015 年

(明) 崔景榮、楊應聘修,(明) 楊壽等纂,胡玉冰校注:《(萬曆)朔方新志》,中國社會科學出版社,2015 年

(清) 顧炎武:《肇域志》,上海古籍出版社,2004 年

(清) 俞益謨著,羅振玉輯刊:《振武將軍陝甘提督孫公思克行述》,《東方學會叢書 · 史料叢刊初編》,東方學會,1912 年;《史料叢刊初編》第九册,東方學會,1924 年

(清) 俞益謨著,李新達標點:《孫思克行述》,載中國社會科學院歷史研究所清史研究室編《清史資料》第二輯,中華書局,1981 年

(清) 俞益謨:《孫思克行述》,中國國家圖書館藏清抄本

(清) 俞益謨撰,田富軍、楊學娟點校:《青銅自考》,上海古籍

出版社,2012 年

(清) 黎宗周撰、王基續撰:《青銅君傳》,内蒙古自治區圖書館藏清康熙刻本

(清) 俞益謨、高嶷修,(清) 李品嶠、俞汝欽纂:《(康熙)新修朔方廣武志》,甘肅省圖書館藏清康熙五十六年(1717)刻本;寧夏人民出版社,1993 年吴懷章校注本;上海古籍出版社,2018 年田富軍校注本

《清實録·聖祖實録》,中華書局,1985 年

(清) 許容等:《(乾隆)甘肅通志》,中國國家圖書館藏乾隆元年(1736)刻本

(清) 李衛等:《畿輔通志》,影印文淵閣《四庫全書》本,臺灣商務印書館,1986 年

(清) 段玉裁:《説文解字注》,上海古籍出版社,1981 年

(清) 和珅等編:《大清一統志》,影印文淵閣《四庫全書》本,臺灣商務印書館,1986 年

(清) 陳宏謀、范咸纂修:《(乾隆)湖南通志》,《四庫全書存目叢書》第 217 册,齊魯書社,1996 年

(清) 嵇璜、劉墉等:《皇朝通志》,影印文淵閣《四庫全書》本,台灣商務印書館,1986 年

(清) 黄恩錫修纂,范學靈等校注:《乾隆中衛縣志校注》,寧夏人民出版社,1998 年

(清) 覺羅石麟等修:《山西通志》,影印文淵閣《四庫全書》本,臺灣商務印書館,1986 年

(清) 沈初等撰,杜澤遜、何燦點校:《浙江採集遺書總録》,上海古籍出版社,2010 年

(清) 永瑢等:《四庫全書總目》,中華書局,1965 年

(清) 張金城等修纂,陳明猷點校:《乾隆寧夏府志》,寧夏人民出版社,1992 年

(清) 趙宏恩等監修,黄之雋等編纂:《江南通志》(四),影印文淵閣《四庫全書》本,臺灣商務印書館,1986 年

(清) 昆鋼:《欽定大清會典事例》,臺灣新文豐出版股份有限公司,1976 年

(清) 黄恩錫編纂,(清) 鄭元吉修纂,寧夏中衛縣縣志編纂委員會點注:《標點注釋中衛縣志》,寧夏人民出版社,1990 年

國學保存會:《國粹叢書》第二集《銷燬抽燬書目　禁書總目　違礙書目　奏繳咨禁書目合刊・禁書總目》,光緒丁未年(1907)版

(清) 翁元圻等:《(嘉慶)湖南通志》,嘉慶二十五年(1820)湖南布政使司刻本

(清) 劉寶楠:《論語正義》,上海古籍出版社,1993 年

(清) 賀長齡、魏源等:《清經世文編》,中華書局,1992 年

(清) 嚴如熤:《苗防備覽》,清道光間重刻本,紹義堂藏版

(清) 李鴻章等編:《畿辅通志》,商務印書館,1934 年

(清) 卞寶第、李翰章等:《(光緒)湖南通志》,《續修四庫全書》本,上海古籍出版社,1996 年

(清) 葛士濬:《皇朝經世文續編》,上海久敬齋光緒二十七年(1901)鉛印本

今人專著:

馬少僑編著:《清代苗民起義》,湖北人民出版社,1957 年

南炳文:《清代苗民起義(1795—1806)》,中華書局,1959 年

朱保炯、謝沛霖:《明清進士題名碑録索引》,上海古籍出版社,1980 年

中國第一歷史檔案館編:《康熙朝漢文硃批奏摺彙編》,檔案出版社,1984—1985 年

陳育寧:《寧夏通史(古代卷)》,寧夏人民出版社,1993 年

胡迅雷:《寧夏歷史人物研究文集》,寧夏人民出版社,1993 年

中國科學院圖書館整理:《續修四庫全書總目提要(稿本)》,齊魯書社,1996 年

北京大學古文獻研究所編:《全宋詩》第七册,北京大學出版社,1998 年

胡學祥:《寧夏古代風光詩選注》,寧新出管字[2000]第 053 號

何遠景主編:《内蒙古自治區線裝古籍聯合目録》,北京圖書館出版社,2004 年

黄永年:《古籍版本學》,江蘇教育出版社,2005 年

戴均良等編:《中國古今地名大詞典》,上海辭書出版社,2005 年

國家文物局主編:《中國文物地圖集·寧夏回族自治區分册》,文物出版社,2010 年

胡玉冰:《寧夏地方志研究》,中國社會科學出版社,2012 年

期刊論文:

曾文俊:《俞益謨生平事略》,寧夏回族自治區文史研究館編:《寧夏文史》第 3 輯,1988 年

徐莊:《明清時期寧夏版本經眼録》,《固原師專學報》1997 年第 2 期

吴曉紅:《康熙〈朔方廣武志〉考》,《寧夏史志研究》2001 年第 3 期

田富軍:《清代寧夏籍湖廣提督俞益謨著述考》,《寧夏社會科學》人文社會科學版,2005 年第 2 期

田富軍:《清代寧夏籍湖廣提督俞益謨生平考》,《寧夏大學學報》(人文社會科學版)2005 年第 6 期

楊學娟、田富軍:《清代寧夏籍湖廣提督俞益謨家世考》,《寧

夏社會科學》2008 年第 3 期

馬麗、田富軍:《清代寧夏籍湖廣提督俞益謨〈青銅自考〉卷十一校勘札記》,《西夏研究》2010 年第 3 期

田富軍、葉根華:《"試罷吴鉤學詠詩"——清代寧夏籍湖廣提督俞益謨詩詞的思想内容探析》,《寧夏大學學報》(人文社會科學版)2011 年第 5 期

田富軍、葉根華:《寧夏籍湖廣提督俞益謨散文創作簡論》,《寧夏社會科學》2012 年第 6 期

田富軍:《清代寧夏籍湖廣提督俞益謨〈青銅自考〉版本論略——兼論臺灣抄本的價值》,《圖書館理論與實踐》2012 年第 11 期

後　記

關注、研究俞益謨已有多年。十五年前，我碩士剛畢業便與愛人田富軍一起開始從事寧夏古代地方文獻的整理與研究，重點從俞益謨及其著述入手，我主要關注《辦苗紀略》，他則負責《青銅自考》。因諸多瑣事的干擾，研究工作進展緩慢，於是我們集中精力先點校出版了《青銅自考》，確定將《辦苗紀略》的點校出版作爲下一個目標，並決心在出版《辦苗紀略》的時候要將俞益謨所有散見著述"一網打盡"。

"《辦苗紀略》整理研究"是我 2012 年申請立項的全國高等院校古籍整理研究工作委員會一般項目，是時，我剛考入陝西師範大學文學院，師從傅紹良先生攻讀博士學位。因課業較爲繁忙，只能利用課餘時間查閱資料、完成文字録入等基礎工作，前后歷時一年多。後來，因忙於博士論文的撰寫，加之怀孕生子，分身乏術，遂將《辦苗紀略》的整理工作暫置一旁。2016 年 6 月，我博士畢业，再次將擱置已久的書稿撿起重做，並計劃在當年出版。但事與願違，除了正常的教學工作外，2016 年 11 月是我和愛人各自的國家社科基金項目結項的最後時刻，經过一番紧張忙碌，按期提交了結項書稿後，這一年也到此爲止。所以，《辦苗紀略》的點校工作是從 2017 年才全身心投入的。

好在前期有《青銅自考》的點校經驗，在古籍整理的理論指導和專業修養方面也略有積累，雖然每日進展很慢，但我們努力使書稿能够達到自己期望的质量。遺憾的是，此書只有這一個版本，只能結合其他資料進行校勘，且書中所編集的資料在正史及其他書籍中(《青銅自考》除外)幾乎没有相關内容,對校、他校内容很少,只能以理校和本校爲主,問題肯定很多,只能請方家批評指正了。

2017年,我們無意中發現了此前一直認爲散佚的俞益謨的本傳《青銅君傳》,欣喜若狂,立即抽空驅車千里,一天趕到呼和浩特,在兩位研究生同學的幫助下,對全書進行了録文。感謝内蒙古圖書館的馮麗麗等幾位老師,没有因孤本而拒絶我們,還放棄了周末的休息時間,給予了我們盡量多的照顧。

關於本書的整理,正文八卷内容基本由我完成,三篇序言和附録的内容由田富軍完成。

在本書出版之際,要特别感謝寧夏大學人文學院胡玉冰院長的大力支持和幫助,作爲地方文獻和古籍整理方面的知名專家,他不僅在大的框架上給予我們指導,在具體問題上也經常不厭其煩地進行解答,在出版經費方面也給予直接的支持。感謝我的恩师傅紹良先生给予我學术上的鼓励和支持。感謝研究生王敏、李星、付明易、陶慧、魏一等同學,她們幫忙校對,搜集資料,付出了很多時間和心血。感謝葉根華君多年來與我们夫婦一起爲研究俞益謨默默付出的一切。也感謝寧夏大學科技處的李學斌處長和其他老師,使本書能順利出版。最後要專門感謝上海古籍出版社的王珺女士和本書的責任編輯張禕琛女士,你們的认真负责和辛勤勞動,令人感動。

古籍整理工作看似簡單,實則非常艱難,极其考驗功力,也恰恰容易暴露能力和水平,在這方面,我們夫婦还有很多不足,期待您的批評和指正。

楊學娟

2018年8月16日

圖書在版編目(CIP)數據

辨苗紀略 /（清）俞益謨編集；楊學娟，田富軍點校. —上海：上海古籍出版社，2018. 12
ISBN 978-7-5325-9145-9

Ⅰ. ①辨… Ⅱ. ①俞… ②楊… ③田… Ⅲ. ①苗族－民族歷史－史料－中國－清代 Ⅳ. ①K281. 6

中國版本圖書館 CIP 數據核字(2019)第 044152 號

辨苗紀略
（清）俞益謨　編集
楊學娟　田富軍　點校
上海古籍出版社出版發行
（上海瑞金二路 272 號　郵政編碼 200020）
(1) 網址：www. guji. com. cn
(2) E-mail：guji1@guji. com. cn
(3) 易文網網址：www. ewen. co
蘇州市越洋印刷有限公司印刷
開本 890×1240　1/32　印張 10　插頁 5　字數 251,000
2018 年 12 月第 1 版　2018 年 12 月第 1 次印刷
ISBN 978-7-5325-9145-9
K・2613　定價：58. 00 元